HISTOIRE

DE

BARRÊME

SOCIÉTÉ SCIENTIFIQUE ET LITTÉRAIRE

DES BASSES-ALPES.

HISTOIRE
DE
BARRÊME

PAR J.-F. CRUVELLIER
CHANOINE.

(OEuvre posthume).

CALAIS

IMPRIMERIE DES ORPHELINS

70, QUAI DE L'EST, 70.

M DCCC LXXXIX.

HISTOIRE DE BARRÊME

PRÉFACE [1]

> *Nescio quâ natale solum dulcedine cunctos*
> *Replet, et immemores non sinit esse sui.*
> (OVID. *Pont.* III.)
>
> Le sol natal remplit la vie entière
> De je ne sais quels parfums enchanteurs,
> Et garde empreint jusqu'à l'heure dernière
> Son souvenir au fond de tous les cœurs.

On aime d'autant plus son pays qu'on en connaît mieux le passé glorieux ou obscur, prospère ou malheureux, et que vivant, pour ainsi dire, avec ses propres ancêtres, on sait mieux apprécier les hommes et les choses, les institutions et les coutumes d'autrefois et mettre à profit pour l'avenir, l'expérience et les leçons de ses devanciers.

Il n'est peut-être pas un grand événement dans les annales de la France, et par là même de l'Europe, qui n'ait eu son retentissement jusque dans nos moindres localités. Dès lors il suffira de montrer les liens nombreux et étroits qui rattachent les faits de

---

[1] Cette notice est tirée d'une autre plus longue et plus détaillée (2 vol. in-folio). Comme celle-ci, elle est tout entière de la main de l'auteur. *(Note du Comité de rédaction).*

l'histoire générale à ceux qui intéressent le clocher du village, le berceau de la famille et le foyer domestique, pour les graver tous à la fois et d'une manière ineffaçable dans la mémoire. Puisse ce travail répondre aux vœux de ceux dont le poëte a dit :

A tous les cœurs bien nés que la patrie est chère !

Il se divise naturellement en deux parties : **1re Partie, Barrême avant la Révolution ; 2e Partie, Barrême depuis la Révolution,** jusqu'en 1870.

A la suite, on trouvera deux notices biographiques : l'une sur le Père Bruno, ou Jean de Villeneuve, natif de Barrême, et l'autre sur le Frère Jacques de Grasse, frère utérin de Jean, et comme lui religieux capucin, morts l'un et l'autre en odeur de sainteté.

Les principales sources où ont été puisés les renseignements qui ont servi à composer cette notice sont :

1º Les *Archives communales*, largement mises à contribution, grâce à l'obligeance de M. A. Ravel, maire de Barrême ;

2º Les écritures des anciens notaires de Barrême, — (Étude de Me Lions, aujourd'hui de Me Laurens) ;

3º Les archives de l'ancien évêché de Senez, actuellement au presbytère ;

4º Un grand nombre de pièces tirées des archives des Bouches-du-Rhône, (ancienne cour des comptes) ;

5º La plupart des ouvrages publiés concernant la Provence, et surtout la *Chorographie et l'Histoire de Provence,* par Honoré Bouche, ancien prévôt de Saint-Jacques-les-Barrême. (2 volumes in-folio, 1664.)

HISTOIRE DE BARRÊME

PREMIÈRE PARTIE

BARRÊME

AVANT LA RÉVOLUTION.

CHAPITRE PREMIER

ORIGINE DE BARRÊME, D'APRÈS BOUCHE ET PAPON.
PEUPLES DES ALPES.
CULTE DRUIDIQUE A BARRÊME.

Barrême était autrefois un lieu fortifié, situé, comme on sait, sur le coteau de Saint-Jean, où se voient encore les ruines d'une partie du mur d'enceinte et d'une tour carrée, vers l'est et le sud-est.

Son origine remonte à la plus haute antiquité. Les principaux historiens de la Provence, Honoré Bouche, Papon et autres reconnaissent comme un fait incontestable l'existence d'une ville dans le territoire de Barrême au temps des Romains et même auparavant.

H. Bouche, qui fut près de trente ans prévôt de l'ancienne collégiale de Saint-Jacques, où il composa sa grande et célèbre Histoire de Provence, atteste que de son temps (1633-1661) et à plusieurs époques différentes on avait trouvé, soit à Saint-Jacques soit à Gévaudan, une incroyable quantité de médailles ou monnaies marseillaises toutes en argent, qui n'avaient cours dans le pays qu'avant la conquête romaine. Or, Marseille avait été fondée par les grecs Phocéens vers l'an 600 avant J.-C., et ce ne fut que plus de 400 ans après que les Romains ayant franchi les Alpes, soumirent cette partie de la Gaule qui, depuis, a porté le nom de *Provence* (154-123 av. J.-C.). Papon ajoute même « qu'après avoir soumis le plat pays, ils ne jugèrent pas à propos » d'aller porter la guerre dans les Alpes, où la situation des » lieux et la bravoure des habitants auroient pu les arrêter dans » leurs conquêtes. » Nos pays ne furent définitivement assujettis à Rome que sous le règne d'Auguste ou peu d'années avant l'avènement de ce prince à l'empire (31. av. J.-C.).

D'après H. Bouche, Barrême s'appelait d'abord Barremina; et le même historien conjecture que, du temps des Gaulois, ce village était le chef-lieu d'un peuple nommé *Veamini* dont le nom se lisait autrefois sur le trophée des Alpes élevé par Auguste (en l'an 15) à la Turbie près de Nice (1).

Toujours est-il que les riverains de l'Asse faisaient partie de la province de la Gaule méridionale qui portait le nom de Ligurie. Cette province elle-même se divisait en une multitude de peuplades indépendantes entre elles ou réunies quelquefois en cantons ou états confédérés. Tels étaient les *Salyens* sur le littoral de la Méditerranée, les *Albiciens* ou *Albiques*, vers les racines des Alpes, et plus au nord, les *Voconces*. Les habitants de Barrême et des environs se trouvaient compris dans la confédération des Albiques dont la capitale était Riez (*Albece Reiorum*), et qui défendirent Marseille contre Jules César, l'an 49 avant notre ère. Elle se composait en tout de huit tribus ou cantons, savoir : les *Sentii* ou *Sanitii*, chef-lieu Senez ; les *Gallites*, chef-lieu Allos ; les *Véaminiens*, chef-lieu Barrême ou Thorame ; les *Suetrii*, chef-lieu Semiranis (2), aujourd'hui Castellane ; les *Verguni*, chef-lieu Vergons ; les *Bledontici*, chef-lieu Digne ; les *Avantici* chef-lieu Avançon, et les *Reii* chef-lieu Riez. La peu-

(1) « Peut-être, dit-il, c'est le lieu de Barrême en Provence et du diocèse de Senez, qui est encore aujourd'hui le chef de quelques villages, autrement dit *chef de vallée*, et qui étoit anciennement surnommé *Barremina* comme on lit dans quelques documents de l'église cathédrale de Digne parlant d'un certain Chabert du Château de *Barremina*, guéri par le mérite des reliques de saint Jean Chrysostome qui sont à Digne : ainsi dit comme Varremina ou Veamina. Ou bien les *Veamini* sont les habitants de Thorames (*Thoramina*). » (T. I, p. 105).

(2) Ou bien autrement *Ducelia*, et plus tard, sous les Romains, *Salinæ Suetriorum*.

plade des Véaminiens à laquelle appartenait Barrême, paraît s'être fondue de bonne heure avec celle des *Sentii* ou Sénéciens.

La religion de ces diverses tribus, aussi bien que de la Gaule entière, était le druidisme qui reconnaissait un Dieu suprême appelé Teut ou Teutatès, et plusieurs autres divinités secondaires présidant aux différents éléments et phénomènes de la nature. On leur immolait quelquefois des victimes humaines.

Le culte druidique n'avait d'autres temples que les vastes et sombres forêts qui couvraient jadis la plus grande partie du sol et notamment les montagnes des Alpes. Les seuls monuments qui en restent sont d'énormes pierres connues sous le nom de *peulvans, menhirs* ou *dolmens*. Les unes étaient probablement des autels, les autres des tombeaux celtiques.

Barrême a conservé très longtemps un de ces *menhirs*. Il se voyait encore en 1703, à mi-chemin du sentier qui conduit de la chapelle de saint Jean-Baptiste à celle de Notre-Dame. L'évêque Jean Soanen fit alors détruire cette *grande pierre*, qu'*on nous a assuré*, disait-il, *avoir été très longtemps un ridicule objet de superstition, par des restes de paganisme que nous avons pris occasion de combattre.* (1)

On trouve aussi dans les environs et particulièrement dans le terroir de Gévaudan des silex taillés, qu'on appelle, à raison de leur forme, des *haches celtiques*, mais dont il n'est pas facile d'indiquer l'origine et la destination. Ils appartiennent, dit-on, à une époque extrêmement reculée qui a reçu la dénomination de *temps préhistoriques*.

CHAPITRE II.

BARRÊME SOUS LES ROMAINS. — CONVERSION AU CHRISTIANISME. — PREMIÈRE ÉGLISE PAROISSIALE.

Vers la fin de son règne (14 ap. J.-C.), Auguste avait créé sur le versant occidental des Alpes une petite province qui reçut le nom d'*Alpes-Maritimes* et dont la capitale fut *Cemelio* (Cimiez) : « Cette ville, dit Papon, étoit le séjour ordinaire d'un comman-

---

(1) Visite de 1703.

» dant ou président dont l'autorité s'étendoit, d'un côté, depuis
» Gênes jusqu'à Digne, et de l'autre, depuis Vence jusqu'au
» sommet des Alpes. Les peuples de ces montagnes avoient
» obtenu des Romains la liberté de se gouverner en forme de
» république, moyennant un tribut annuel. » (1)

« Antonin le Pieux (138-161), dit Ch. Bouche, fit réparer les chemins militaires qui traversent la Provence dans les territoires de Riez, Mourgues (Monaco) et Barrême (2) », et qui avaient été négligés depuis le règne d'Auguste. Il s'agit ici des deux grandes voies *Prétorienne* et *Aurélienne*, reliées entre elles par la voie dite *Salinaria*. La première partant de Rome venait aboutir à Cemelium (Cimiez), d'où elle côtoyait le Var, passait par Glanateva (Glandèves), Annot, Vergons, Angles, Castillon, Castellane, et de là par Chasteuil, Rougon et Moustiers, allait joindre, à Riez, la voie *Aurélienne*. La seconde appelée quelquefois *Sinistris*, de gauche (parce qu'on prenait la gauche en venant d'Italie par Suse?), suivait la direction d'Embrun, Gap, Alamon, Sisteron, Peyruis, Alaunium, Reillanne et Céreste, où elle retrouvait la voie Aurélienne et conduisait à Apta-Julia (Apt). Enfin, la troisième, nommée *Salinaria*, du nom de *Salinæ Suetriorum* (plus tard Castellane), passant par Taulane et Senez, arrivait à Barrême, où elle se divisait en deux embranchements : l'un se dirigeait vers Digne par Chaudon et Bédejun ; et l'autre par Norante, Majastre, Trévans, Estoublon et Puimoisson, aboutissait à Riez.

On a trouvé de tout temps et l'on trouve encore çà et là des monnaies romaines en grand nombre, preuve du long séjour des Romains dans nos contrées. H. Bouche fait mention d'une médaille d'argent trouvée de son temps à Saint-Jacques à l'effigie de l'empereur Géta, portant d'un côté cette inscription :

P. SEPT. GETA CAESAR PONT.

et au revers : FELICITAS PVBLICA. (3)

Un peu plus loin, il parle d'une autre, frappée en l'honneur de Faustine, femme d'Antonin le Pieux. « Il m'en fut présenté une, dit-il, trouvée dernièrement sur une montagne au

---

(1) T. I, p. 561. Le nom de cette ville a changé vingt fois d'orthographe : *Cemelio, Cemenelium, Cemenella*, etc.

(2) *Essai sur l'Histoire de Provence*. T. I, p. 151.

(3) T. I, p. 431.

terroir de Saint-Lyons, hameau de Barrême, qui étoit assez épaisse et de *leton*, avec ces caractères bien lisibles :

DIVAE FAVSTINAE (1).

« De même en 1657, continue le même auteur, il fut trouvé au terroir de Senez, en la descente de la montée de Taulane, un pot de terre où il y avoit six à sept cents pièces de monnoye de cuivre à l'effigie des empereurs Probus, Valérien, Gallien, Maximien, Dioclétien et Constance Chlore, l'un des deux Césars (2) ». Celui-ci était le père de Constantin le Grand et résidait à Arles, siège du gouvernement des Gaules. Peu d'années auparavant, Probus avait permis de replanter les vignes que Domitien avait fait arracher en Provence, et ordonné de réparer la route militaire de Castellane à Digne, en ayant soin d'y placer des pierres milliaires. (3)

Parmi les découvertes archéologiques opérées à Saint-Jacques, H. Bouche cite encore un fragment de marbre où on lisait en beaux caractères romains :

```
. . . D. ET     peut-être : Domitius et
JVL. C . . .              Julius Cæsar
CO . . . . .              Consules.
```

D'où il conclut : « Il y a de l'apparence que ce lieu a été habité de gens de condition... et je ne sais si ce fragment de pierre de marbre ne seroit point en l'honneur de ce prince » (*Jules César*) (4).

Enfin, tout récemment, on a trouvé dans le terroir de Barrême une médaille de l'empereur Commode, en bronze, de module moyen, parfaitement conservée et portant ces mots :

IMP. CAES. MARC. AVR. COMMODVS.

Ce sont là tout autant de témoignages évidents qui démontrent la fréquence des relations établies dès cette époque entre nos pays et les autres provinces de l'empire, et par là même, l'influence que dut exercer sur les mœurs des populations alpestres le contact de la civilisation romaine.

(1) T. I, p. 499.
(2) *Ibid.* p. 523.
(3) *Histoire de Castellane*, par Laurensy.
(4) T. I, p. 276 et 431.

Mais une autre révolution plus salutaire encore allait bientôt s'opérer chez nos ancêtres par la prédication de l'Évangile.

On ne sait ni à quelle époque précise, ni par quelle voie la foi chrétienne fut apportée dans nos contrées. On dit que saint Nazaire et saint Celse au 1er siècle, saint Pons au IIIe, avaient déjà évangélisé les peuples des *Alpes-Maritimes*. Tel est le sentiment de notre historien H. Bouche, de Laurensy, de l'auteur de l'*Histoire du diocèse d'Embrun*. « Saint Pons, dit ce dernier, » est regardé comme un des apôtres de la Provence et surtout » de la contrée des *Alpes-Maritimes*, depuis Nice jusqu'en Dau- » phiné, où son nom et sa mémoire sont en grande vénération. » Il y a plusieurs églises et abbayes fondées à son honneur dans » les diocèses de Nice, de Vence, de Grasse, de Glandèves, *de* » *Senez*, de Digne, de Riez, de Fréjus, de Toulon, d'Aix, de » Marseille et d'Embrun. » (T. I, p. 470.)

Barrême avait aussi une chapelle dédiée à saint Pons, sur la colline de ce nom. Il est donc très probable que, dès les premiers siècles de l'Église, il y eut un certain nombre de chrétiens parmi les peuples riverains de l'Asse et du Verdon, mais que, dispersées et étouffées par les persécutions, ces semences de foi n'avaient pu prendre racine et se propager dans l'avenir.

Quoi qu'il en soit, sous le rapport religieux, Barrême fit toujours partie de l'évêché de Senez. Le 1er évêque connu de ce diocèse est Ursus qui siégea de l'an 417 à l'an 451. La conversion de l'empereur Constantin au christianisme, en 312, et l'apostolat de saint Domnin et de saint Vincent, venus d'Afrique avec saint Marcellin, paraissent avoir déterminé l'établissement définitif des évêchés de Digne et de Senez, vers le milieu du IVe siècle.

C'est alors sans doute que fut bâtie la première église paroissiale de Barrême dédiée à saint Jean-Baptiste. Elle était orientée de l'ouest à l'est, et l'on sait que la chapelle latérale, dite aujourd'hui chapelle de Sainte-Anne, formait primitivement le sanctuaire même de cette église, sur les fondations de laquelle repose l'édifice actuel. Elle se trouvait à l'extrémité du village du côté du nord, et adossée peut-être au rempart dont on aperçoit encore quelques restes à fleur du sol. Le cimetière était en dehors vers l'ouest.

L'ensemble de la localité se divisait en trois parties ; c'étaient :

1° Le *Castrum* ou lieu fortifié compris dans l'enceinte des remparts et commandé probablement par un château-fort proprement dit qui devait dominer le plateau de Saint-Jean.

2º La *ville*, *villa*, mot qui, d'après les archéologues, signifie une agglomération d'habitations rurales, un village ou petit bourg non fortifié. Très souvent les textes mentionnent, à propos du même lieu, comme deux choses distinctes, *castrum* et *villa* ; *castrum* s'appliquant au château et à ses dépendances ou à la ville haute fermée de murs, et *villa* désignant le village ou faubourg bâti en dehors au pied des murailles (1). Cette distinction est indiquée dans la vie de saint Isarne, au sujet de son passage à Barrême en l'an 1040. (V. ci-après, p. 13).

3º La *bourgade*, composée d'un groupe de maisons situé au pied de la colline et dont le nom s'est conservé dans les registres de la commune jusqu'à l'époque de la révolution. Après l'incendie de l'an 1040, la bourgade forma le centre de la *ville-neuve*, titre que Barrême portait encore au milieu du XVIᵉ siècle.

Au haut de la bourgade et au bas des *Rochassons* était le quartier de la *chapelle de Saint-Antoine*, ainsi nommé soit en souvenir d'une ancienne chapelle dédiée à ce saint, soit plutôt à cause d'une terre appartenant à la confrérie autrefois établie sous ce titre.

Quant à la chapelle de Saint-Antoine proprement dite, on n'en connaît positivement d'autre que celle qui servit d'église paroissiale depuis le milieu du XVIᵉ siècle jusqu'en 1870. Elle existait déjà très probablement avant l'an 1040, aussi bien que celle de Saint-Pons dont il a été question ci-dessus. Mais on ignore complètement l'époque de leur fondation. Il faut en dire autant de la chapelle de Notre-Dame érigée d'abord sous le vocable de l'*Assomption* et qui reçut plus tard le titre de *N.-D. de Consolation et d'Espérance*.

CHAPITRE III.

INVASION DES BARBARES DU NORD ET DES SARRASINS.
(408-1040).

Avec le Vᵉ siècle commencent les invasions des barbares. Ce furent d'abord les Burgondes, les Vandales, les Suèves, les Alains, les Huns et les Goths qui dévastèrent la Gaule et la

(1) *V. le cartulaire de Saint-Victor de Marseille*, préface p. 58 et 59.

Provence. En 434, les Burgondes ou Bourguignons occupèrent pour quelque temps les deux rives de la Durance, et, en particulier, les diocèses de Digne, de Senez et de Glandèves. Le général romain Aétius parvint à les rejeter sur la rive droite de la Durance.

En 466, les Visigoths d'Espagne, sous la conduite de leur roi Euric, s'emparèrent de la Provence depuis les Alpes jusqu'au Rhône. Mais Clovis Ier, roi des Francs, leur enleva leur conquête, en 507, et la donna à Gondebaud, roi des Bourguignons, son allié. Celui-ci, à son tour, céda, deux ans après, à Théodoric, roi des Ostrogoths d'Italie, la partie de cette province comprise entre la Durance et le Var. Vitigès, en 536, la transmit avec tous ses droits à Théodebert, roi des Francs Austrasiens, et, en 561, elle passa à Gontran, roi de Neustrie.

A peine nos pays jouissaient de quelque repos, lorsque en 568, les Lombards traversant les Alpes, envahirent les diocèses d'Embrun, de Digne et de Riez où ils mirent tout à feu et à sang ; et, en 577, les Saxons arrivés par Saluces, Barcelonnette et Colmars sur les bords du Verdon et de l'Asse, s'établirent à Estoublon, et, de là, ils infestaient les contrées voisines. Mais chacune de ces invasions fut repoussée par le terrible Mummol, général du roi Gontran, qui deux fois tailla en pièces les barbares et expulsa les débris de leur armée.

Malheureusement aux maux de la guerre succédèrent bientôt ceux de la peste. Le fléau ravagea quatre fois la Provence durant le vi^e siècle et dépeupla un grand nombre de villes et de villages.

L'histoire ne nous apprend rien de plus sur nos pays jusqu'au commencement du viiie siècle. Dans cet intervalle disparurent vraisemblablement les anciens villages de Saint-Jacques et de *Dauphin*, limitrophes de Barrême. Saint-Jacques portait un autre nom, aujourd'hui inconnu, et Dauphin est devenu Saint-Lyons (1).

L'an 713 commencèrent les incursions des Maures ou Sarrasins. Déjà maîtres de l'Espagne, ils inondent la Provence et l'Aquitaine ; puis remontant vers le centre de la France, ils répandent partout la terreur et la mort, quand soudain Charles Martel tombe sur eux, les écrase dans les plaines de Poitiers, en 732, et poursuit les dernières bandes des fuyards jusqu'au fond des vallées des Alpes.

---

(1) Un quartier a conservé le nom de Dauphin et un autre celui de la *Ville* ou *Villone*.

Revenus encore à diverses reprises, de 771 à 793, ils sont chassés par les guerriers de Charlemagne qui serait venu, dit-on, les combattre en personne et aurait fait rebâtir la cathédrale de Senez précédemment ruinée par les hordes sarrasines (1). L'église paroissiale de Barrême avait dû subir le même sort.

Un fait positif c'est que l'an 780 les commissaires du grand roi, *missi dominici*, parcoururent nos contrées désolées par la guerre et qu'ils tinrent un *plaid* à Digne, pour entendre les plaintes des populations et rendre la justice au nom du prince (2).

Mais la sécurité ne fut pas de longue durée. L'an 812, une flotille de pirates maures se jette sur les côtes de Provence, saccage Nice et tout le littoral ; puis, pénétrant dans l'intérieur, les barbares fondent sur Vence, Glandèves, Castellane, Senez, etc., s'établissent partout en maîtres et, chaque année, frappent le pays d'un pillage régulier.

A la fin cependant un noble et intrépide capitaine, appelé Valentinus, dit-on, résolut de secouer le joug. Ayant réuni autour de lui une troupe de braves échappés au massacre de leurs compatriotes, il attaque les Maures, les met en déroute et affranchit pour longtemps cette contrée des Alpes.

Pour assurer le fruit de sa victoire, il se retranche fortement au sommet d'un roc taillé à pic, qui depuis s'appela *Petra Castellana* (Roc du château). Ce fut là l'origine de Castellane et de la baronnie de ce nom.

Néanmoins, tout n'était pas fini encore. Vers l'année 885, suivant les uns, en 889 selon d'autres, une bande de vingt corsaires africains s'étant, par surprise, emparés de la forteresse du Fraxinet, sur les bords du golfe de Sambracie, aujourd'hui golfe de Grimaud, en firent une citadelle inexpugnable, et de là se mirent à ravager les environs. Bientôt d'autres forbans vinrent se joindre à eux, et leur audace croissant avec le nombre ils se partagent en plusieurs bandes afin de porter de tous côtés à la fois, le fer, la flamme et le pillage. La Provence entière serait devenue un désert, sans une prompte et vigoureuse répression.

A l'appel du pape Martin V et du comte Hugues, lieutenant

---

(1) « Il y a eu, dit H. Bouche, plusieurs églises bâties en Provence par Charlemagne, entre autres celles d'Avignon, d'Embrun, de Seyne, de Digne, de *Senez*, de Glandèves et quelques autres; peut-être en passant par la Provence en allant à Rome, ou bien à son retour. » T. I, p. 721.

(2) Voir la *Notice sur le Cominalat de Digne*, par F. Guichard, T. I, p. xxxiv.

du roi d'Italie, Louis II dit l'*aveugle*, toutes les cités provençales rivalisent d'ardeur, chaque village fournit son contingent de soldats. Les milices des Alpes accourent à leur quartier général, à Castellane ; puis se joignant à celles de Draguignan et de Fréjus, elles marchent contre les Sarrasins retranchés au Fraxinet, qu'ils croyaient imprenable. Ils n'en furent pas moins chassés de leur repaire, en 942, dit Laplane, « par les forces combinées du roi » de Lombardie et de l'empereur d'Orient qui employa contre » eux le feu grégeois ; les Sarrasins refluèrent vers les Alpes. Le » roi Hugues, leur vainqueur, aurait pu les y forcer. Il préféra » traiter avec ces barbares et leur abandonner les montagnes » qui séparent la Suisse de l'Italie, à la charge pour eux d'en » défendre les passages contre Bérenger, marquis d'Ivrée. » (*Histoire de Sisteron* I, p. 48.) Fatale concession! Aussitôt ils saccagent Fréjus, Grasse, Castellane, Annot, Taulane, Robion, Demandols, Soleilhas, Peyroules, Rougon, Ubraye, Senez, Blieux, Allons et autres lieux, parmi lesquels il faut assurément compter Barrême et les villages voisins.

Une nouvelle campagne était devenue indispensable. Sur les instances du pape Jean XII, l'empereur Othon Ier se décide à marcher en personne contre le fléau commun. De son côté, Guillaume Ier, comte d'Arles et de Provence, appelle aux armes tous ses peuples, parcourant lui-même à cheval les villes et les fiefs de ses États, pour exciter la valeur de ses vassaux. Tous répondirent à sa voix. Les plus connus sont : Guillaume, baron de Castellane (1), dont les seigneurs du Val de Barrême suivirent les drapeaux, Bevons, seigneur de Noyers (2), et Gebellin Grimaldy, comte d'Antibes. Les brigands assaillis et forcés dans leur principale forteresse du Fraxinet, sont les uns passés au fil de l'épée, les autres délogés et poursuivis de position en position, et, à la fin, exterminés jusqu'au dernier. Ces événements se passaient de l'an 970 à l'an 990.

Sur ces entrefaites, bien des ruines s'étaient amoncelées. Senez avait vu détruire de nouveau sa cathédrale, œuvre de Charlemagne, et brûler les archives de son évêché. Barrême

---

(1) Laurensy dans son *Histoire de Castellane* ne semble pas sûr de ce nom ; il le remplace par N...

(2) V. l'*Histoire de Sisteron* par E. de Laplane. T. I, p. 50. — Saint Bevons (ou *Bovo*), après l'expulsion des Sarrasins, se livra tout entier au service de Dieu, et mourut, au retour d'un pèlerinage à Rome, à Voghera, ville de Piémont, le 22 Mai 986.

n'avait pu encore relever les murs délabrés de son église. Seul le château de Castellane, bravant sur son roc les efforts de l'ennemi, avait tenu bon et servait de point de ralliement. Aussi, de retour de son expédition, Guillaume n'eut-il pas de peine à se proclamer indépendant et à imposer sa suzeraineté aux nobles et seigneurs dont il avait défendu les intérêts.

De ce moment surtout date l'établissement du régime féodal dans nos contrées. Pour garantir ses droits et son autorité, Guillaume demanda et obtint de l'empereur Othon III le titre de baron et se fit inféoder tout le territoire arraché aux Sarrasins par lui et ses prédécesseurs, sous la seule obligation de prêter hommage et fidélité au chef de l'empire.

Les domaines ou fiefs dépendants de la baronnie de Castellane étaient au nombre de quarante, dont voici la liste donnée par Laurensy :

Castellane,	Taulane,	Le Poil (ou le Poir)	Le Castellet,
Peyroules,	Blieux,	La Colle (du Claveau)	Rousset,
Châteauvieux,	Chasteuil,	Salernes,	Brauc,
Brandis,	Taloire,	Villecrose,	Bezaudun,
Feuils,	Courchons,	Cotignac,	Montbrisson,
La Garde,	Ubraye,	Entre-Casteaux,	Thorame (He et Be)
Castillon,	Soleilhas,	Clumanc,	Barrême,
Robion,	Saint-Julien,	Esparron,	Torène,
Eoulx,	Bagarris,	Allemagne,	Tartonne,
Boades,	La Mure,	Saint-Martin,	Majastre.

Le souvenir du séjour des Maures à Barrême s'est perpétué dans nos vieux cadastres qui font mention en cent endroits de *la fontaine du Maure*, au quartier de Valbonnette (1). Délivrés enfin de leur joug, les habitants durent s'empresser de reconstruire ou de restaurer l'église paroissiale de Saint-Jean-Baptiste. Ensuite s'élevèrent successivement les chapelles rurales de Saint-Antoine, de Notre-Dame et de Saint-Pons.

Peut-être alors aussi fut fondée ou rétablie l'ancienne Collégiale ou prévôté de Saint-Jacques, dont l'origine est certainement antérieure au XIIe siècle. H. Bouche qui porta durant 28 ans le

---

(1) Le nom de la *Maurelière*, près de Senez, peut avoir la même origine. Il faut en dire autant du nom propre *Maurel* assez fréquent dans le pays et qui rappelle celui des *Maures*.

titre de prévôt de cette église, déclare « *n'avoir pu en découvrir le vrai temps et le motif de sa fondation, ni remonter au delà de l'an 1108, attendu la perte de tous les documents* disparus en 1575. »

CHAPITRE IV.

INCENDIE ET DESTRUCTION DE BARRÊME, EN L'AN 1040.

Il y a deux choses à considérer dans le récit de cette lamentable catastrophe : l'événement en lui-même et la cause ou l'occasion d'un pareil événement. Quant au fait, il est indubitable. Depuis plus de huit cents ans le souvenir en est encore vivant dans le pays, et il est raconté d'ailleurs par divers historiens qui tous sont d'accord pour le fond, bien qu'ils diffèrent sur quelques points secondaires.

Il dut se passer dans le courant de l'été ou bien au commencement de l'automne de l'année 1040, à la suite d'un orage qui éclata le soir à l'entrée de la nuit, et sans doute, comme il arrive souvent, par l'effet d'un violent coup de *mistral*. La foudre étant tombée sur une maison couverte peut-être de chaume ou de planches et dont le grenier était rempli de fourrage, le feu attisé et poussé par le vent du Nord-Ouest se communiqua rapidement d'une habitation à l'autre, sans qu'il fût possible de songer même à arrêter le fléau, de sorte que le village entier n'offrit bientôt plus qu'un immense tourbillon de flammes dont la sinistre clarté illuminait au loin tout l'horizon. L'incendie s'apercevait nettement du château de Senez bâti sur la *Roche du Castellet*.

On conçoit quelle fut pour les malheureux habitants l'horreur de cette nuit d'angoisse, de désespoir et de lamentations... Le désastre était complet et sans remède. Il ne resta de l'antique *castrum* fortifié que l'église paroissiale garantie des flammes par sa position, et de plus, ajoute la tradition aussi bien que l'histoire, la maison d'une pauvre veuve miraculeusement épargnée.

Tel est le fait. Mais quelle en fut la cause vraie et positive? Ici les sentiments sont partagés et la discussion est permise. S'il faut s'en tenir absolument à une opinion depuis longtemps reçue et fondée sur certains documents historiques plus ou moins dignes de foi, la destruction de Barrême ne fut autre chose qu'un châtiment du ciel, en punition d'un refus d'hospitalité que les habitants du lieu auraient fait essuyer à saint Isarne, abbé de Saint-Victor de Marseille (1). Or, H. Bouche et tous les autres historiens qui, après lui, ont fait mention de cet événement, n'en ont parlé que sur le témoignage d'un seul auteur, très ancien à la vérité, mais dont le récit quoique empreint de bonne foi ne laisse pas de donner prise à la critique.

Le voici tel qu'il se trouve dans la *Vie de saint Isarne*, composée par un religieux de Saint-Victor, contemporain du saint Abbé, et insérée dans les *Acta sanctorum* des Bollandistes (T. XLVI, p. 732, édit. V. Palmé).

« Dans une autre circonstance, il (saint Isarne) se dirigeait
» vers cette même *Roche Castellane* dont je viens de parler. Or,
» comme il restait encore un long trajet à parcourir et que, le
» jour étant déjà clos, il se trouvait en des lieux sauvages et
» inconnus, il survint en outre une pluie d'orage qui l'empêcha
» de poursuivre sa route. Il crut donc ne devoir pas aller plus
» loin et envoya demander l'hospitalité dans le château de
» Barrême qui était proche. Mais ces gens barbares lui ayant
» tous refusé un gîte, il alla se réfugier dans une espèce de
» grange inhabitée qui était à l'extrémité de la ville, ainsi que
» l'exigeait alors la circonstance. En effet, il ne put ni par
» prières ni à prix d'argent obtenir, dans ce même château,
» aucun témoignage d'humanité, excepté de la part d'une
» pauvre veuve qui vint charitablement lui apporter, selon
» ses moyens, des œufs et peut-être aussi du pain, ce que
» j'ignore.

» Le lendemain, comme le vénérable Amélius, évêque de
» Senez, pour châtier une si grande inhumanité, voulait excom-
» munier ce château (car il appartenait à son diocèse), le saint
» homme se donna beaucoup de peine pour excuser les habi-
» tants du lieu et intercéda pour eux pour les préserver d'un
» tel malheur.

» Mais, peu de temps après, la vengeance céleste éclata. Car
» ce château ne tarda pas à être consumé par un feu dévasta-
» teur, à tel point que le fléau ne laissa pas même de quoi
» nourrir une seule personne. Et pour montrer qu'il avait voulu
» venger ainsi son serviteur, le Seigneur permit que la maison

---

(1) Anno 1040, Amelio episcopo, ob denegatam B. Isarno hospitalitatem, Barrema igne cœlesti cremata est. (Note au bas d'un tableau des évêques de Senez, sous le médaillon d'Amélius).

» de la veuve qui l'avait visité et la grange où il s'était réfugié
» fussent seules entièrement préservées. »

Ainsi donc, pour notre biographe le doute est impossible : l'incendie de Barrême fut le juste châtiment du mauvais accueil fait à saint Isarne. La plupart des historiens et la tradition locale elle-même ont admis et répété le même jugement sans chercher à le contredire ou simplement à l'examiner. Quelques-uns cependant ont osé en appeler et le croire sujet à révision. Tels sont l'auteur de la *Géographie des Basses-Alpes* (1) et, avant lui, le docte et judicieux Laurensy dans son *Histoire de Castellane* : « Je ne saurais admettre ici, dit ce dernier, un mi-
» racle de rigueur attribué à saint Isarne contre le bourg de
» Barrême. Je ne puis me persuader qu'un homme aussi rem-
» pli de l'esprit de Dieu ait laissé faire à l'évêque Amélius, pour
» le venger, un miracle que le Fils de Dieu ne voulut point per-
» mettre à deux de ses disciples contre une ville de Samarie
» qui refusait de le loger. Il n'est pas croyable d'ailleurs que
» dans un bourg assez considérable, il n'y ait eu qu'une femme
» bien disposée en faveur d'un personnage distingué par sa
» sainteté et sa dignité éminente, reconnues dans toute la pro-
» vince. Je crois que l'auteur de sa vie l'a avancé sans avoir
» trop approfondi ce prétendu miracle (p. 109) ».

Sans adopter complètement cette opinion favorable, on peut dire en effet que le récit du moine de Saint-Victor ne saurait être admis que sous certaines réserves. D'abord, il ne parle pas comme témoin oculaire, mais seulement d'après ouï-dire, puisqu'il ignore si le saint ne reçut de la charitable veuve que des œufs ou du pain en même temps : *de ovis suis, an etiam de pane nescio.* Ses renseignements n'étaient donc pas très précis.

En second lieu, ce n'est pas un simple historien, mais un disciple et un panégyriste qui recueille tout ce qu'il croit capable de relever le mérite d'un saint vénéré qui est la gloire de son ordre. Non point que l'écrivain ait voulu tromper ; sa bonne foi n'est pas douteuse. Mais, dans le choix des faits, l'admiration peut quelquefois égarer l'esprit le plus droit et lui faire attribuer à son héros certaines coïncidences purement accidentelles.

D'ailleurs, si l'on examine de près la narration elle-même, le crime et le châtiment furent moins graves qu'il ne semble à

(1) *Histoire, Géographie et Statistique du département des Basses-Alpes*, par M. Feraud, page 266.

la première vue. Comment croire, demande avec raison Laurensy, qu'il n'y ait eu dans toute la localité qu'une seule âme charitable et que tout le reste sans exception ait pris part à un tel acte d'inhumanité? C'était la nuit, au sein des ténèbres, rendues plus épaisses encore par l'orage qui grondait; naturellement les portes étaient fermées, à une époque surtout où une surprise nocturne était toujours à redouter, « où les hôtelleries, dit l'histoire, n'étaient pas plus sûres » que les grands chemins, et les grands chemins, des retraites » où les *brigands affamés détroussaient les passants pour se » nourrir ensuite de leurs membres déchirés* (1) !... »

Autre observation : le biographe distingue très bien *le Château* ou la ville haute fortifiée, de *la Ville* ou faubourg extérieur. Or, c'est le premier seulement qui est coupable et qui, dès lors, doit porter la punition. Pourquoi donc faire étendre la vengeance sur l'un comme sur l'autre et supposer qu'il ne resta absolument que la maison de la veuve et le hangar hospitalier? Toujours est-il que l'église fut aussi épargnée ; ce qui déjà contredit en partie l'affirmation générale de l'auteur. De plus, cette partie extérieure à l'extrémité de laquelle était située la grange vide, ne devait faire qu'un avec la *bourgade* dont un quartier occupait le versant méridional du plateau et l'autre le pied de la colline. Il est constant toutefois que ni la bourgade ni ses dépendances ne furent enveloppées dans le désastre; mais uniquement le *Castrum* entouré de murailles. La tradition est formelle à ce sujet.

En résumé : de ce que les portes des habitants du château demeurèrent fermées à saint Isarne, qui, peut-être, ne fut pas reconnu; que *peu de temps après* (on ne dit pas à quel intervalle), la foudre mit le feu au village, il ne s'ensuit pas nécessairement que ce dernier fait ait eu pour cause unique le premier. Mais il vaut mieux conclure avec la Géographie des Basses-Alpes : « Comme cet événement désastreux arriva peu de temps après » la visite de saint Isarne et qu'il n'y eut que l'église paroissiale » et la maison de la veuve hospitalière qui fussent préservées » de l'incendie, on crut que la foudre avait incendié le village en » punition de l'irrévérence des habitants envers le saint abbé. »

Quoi qu'il en soit, le malheur n'était que trop réel, et désormais on ne pouvait plus songer à relever les ruines entassées sur le plateau de Saint-Jean. La population frappée de terreur aban-

(1) V. la *Chronique contemporaine du moine Glabert*. Item, Ch. Bouche, *Essai*... T. 1.

donna pour toujours ce lieu néfaste. Il n'y resta que l'église, où l'on continua de célébrer les offices paroissiaux, jusque vers l'an 1530 ou 1550, soit qu'elle fût alors tombée de vétusté, soit qu'elle eût été démolie par les soldats de Charles-Quint, comme on le verra plus loin. Les matériaux qu'on put retirer des décombres servirent à construire les nouvelles habitations autour de la *Bourgade*, où furent créés divers quartiers, tels que ceux, entre autres, de *Saint-Antoine* ou de l'*Église*, de la *Place* ou de la *plus Haute-Fontaine*, du *Château*, de la *Placette*, de la *Basse-Fontaine*, du *Four*, du *Pron*, des *Maysonnasses*, etc.

De son côté, l'administration communale ne tarda pas à se réorganiser, et les affaires, à reprendre leur marche accoutumée. Auparavant déjà, sous les rois Mérovingiens, Barrême, ainsi que les autres localités, avait eu son conseil des *Échevins (scabini,* savants) au nombre de sept ou de neuf. Il était élu par les prud'hommes (*probi homines*) ou chefs de famille, et il choisissait parmi ses membres trois juges assesseurs appelés rachimbourgs (*rationes burgi*), qui rendaient la justice sous la présidence d'un *viguier*, chef de la viguerie, au nom du roi ou du comte souverain.

Au XIII⁰ siècle, au lieu des *rachimbourgs*, on eut les *cominaux*, remplacés un peu plus tard par les *syndics*, et ceux-ci à leur tour, au XVI⁰ siècle, par les *consuls* dont le titre fut maintenu jusqu'à la révolution. Du reste, les attributions étaient à peu près les mêmes sous des noms différents.

Le conseil municipal ordinaire se composait de trois *rachimbourgs, cominaux, syndics* ou *consuls* et de douze conseillers, élus chaque année par le conseil général des chefs de famille. Le lieu habituel des assemblées du conseil ordinaire était la maison commune.

Le conseil extraordinaire ou général comprenant tous les hommes chefs de famille était convoqué en certaines circonstances d'intérêt majeur et dans les conjonctures critiques. Le lieu de ses réunions était tantôt la maison commune, tantôt la place publique, le portail des *Chauchets*, l'esplanade ou plate-forme de la chapelle de Notre-Dame, autrefois entourée d'un parapet, quelquefois même l'intérieur de la chapelle, etc.

Il y avait, du moins à dater du XVI⁰ siècle, deux consuls pour Barrême et un autre chaque année alternativement pour Saint-Lyons et Gévaudan (1), et de plus un greffier, un trésorier,

---

(1) Hameaux de la commune de Barrême jusqu'en 1790, où Saint-Lyons en fut détaché.

quatre auditeurs des comptes, un sergent de ville, un maître d'école ou *régent* de la jeunesse, etc.

Outre l'administration particulière de la communauté, il y avait celle de la *Vallée* ou *Val de Barrême*. « Anciennement, dit H. Bouche, on comptoit cinq *Vaux* ou *Vallées*, savoir : Val des Martigues, de Lambesc, de Tretz, de Rians et Val de Barrême. Les quatre premiers ont perdu leur titre, qui n'est resté qu'au dernier. Chacun de ces chefs (de Viguerie ou de Val) contient sous soy plusieurs villes ou villages, et entre sous le nom de communautés, dans les assemblées des États pour les affaires de la province (1) ». La vallée ou viguerie de Barrême comprenait six communes : Barrême, Saint-Jacques, Clumanc, Tartonne, Lambruisse et Chaudon de qui dépendait le hameau de Norante. Les assemblées se composaient des délégués de chaque communauté, et elles se tenaient à des intervalles irréguliers, au chef-lieu, sur la convocation et sous la présidence du premier consul de Barrême. Leurs délibérations avaient, en général, pour objet la répartition des impôts publics, des contributions de guerre tant en hommes qu'en argent, graines, fourrages, etc., ou encore des indemnités accordées par l'État soit pour frais de logements militaires, soit à l'occasion de malheurs publics, tels qu'orages, inondations, etc.

Il est à peu près impossible de préciser aujourd'hui quels étaient aux xe et xie siècles les rapports établis entre les diverses localités et les barons de Castellane. On sait seulement que, l'an 993, l'un de nos premiers suzerains avait donné à ses vassaux des statuts d'une sagesse et d'une libéralité vraiment admirables (2), et en outre, que, dès cette époque, les mêmes seigneurs souverains durent posséder à Barrême certains droits féodaux qui passèrent dans la suite aux comtes de Provence, et que l'on retrouvera rapportés en détail, ci-après p. 26 et 27, sous le titre de *droits royaux*, concernant la juridiction, les cavalcades et autres redevances à la charge des nobles et des particuliers de Barrême.

(1) T. II, p. 344.
(2) Voir l'*Histoire de Castellane*, par Laurensy.

CHAPITRE V.

PRINCIPAUX ÉVÉNEMENTS, DEPUIS L'AN 1040 JUSQU'EN 1348.

Les faits connus, relatifs à cette période de 300 ans, plus ou moins étroitement liés à l'histoire de nos pays, sont si peu nombreux, qu'il faut se borner à les indiquer sommairement par ordre chronologique.

En l'année 1043, on voit figurer dans un acte de donation fait par Hugues, évêque de Senez, en faveur de l'abbaye de Saint-Victor de Marseille, les noms d'Aldebert de Castellane et de ses fils parmi lesquels est désigné *Pons de Clumanc*, titre qui signale évidemment l'un des domaines du baron de Castellane dans la vallée de l'Asse. Ils en avaient d'autres à Tartonne, à Chaudon, à Norante, etc. (1)

Sous Etiennette, comtesse de Provence (1093-1100), eut lieu la première croisade, prêchée par Pierre l'Ermite et le pape Urbain II, pour la conquête de la Terre-Sainte (1095-1099). Suivant Laurensy, une foule de guerriers, chevaliers et simples soldats de la région des Alpes, répondant à l'appel de Pierre, baron ou vicomte de Castellane, prirent la croix et marchèrent vaillamment, à la suite de Godefroy de Bouillon, à la délivrance des Saints-Lieux. Pierre avait sous ses ordres les bataillons provençaux, dans les rangs desquels on cite Guillaume de Requiston d'Allons, qui commandait une compagnie de cent hommes d'armes et dont un descendant vint ensuite s'établir à Barrême.

Peu de temps après (1108), Pierre II, évêque de Senez, prit part, avec les évêques de Vence et de Glandèves, à une conférence au sujet des droits et revenus de la paroisse de Saint-Étienne de Théniers, au diocèse de Nice, qui dépendait de la prévôté de Saint-Jacques de Barrême ; et il écrivit pour le même

---

(1) Ces actes de donations pieuses étaient alors fréquents. H. Bouche nous apprend, par exemple, que l'an 1000, Pierre Ier, évêque de Senez, avait donné l'église de *Saint-Théoffred* de *Norante*, et celle de *Saint-André d'Aurancii* (Aurans), au monastère d'Estoublon dépendant de l'abbaye de Montmajour à Arles, donation confirmée par Innocent III, en 1204 et Calixte II, en 1123 ; disant : « *monasterium sancti Petri de Stoblono.* »

objet à Isnard, vêque de Nice, en faveur du prévôt de Saint-Jacques, nommé *Wuillelmus Domus*, qui se trouva présent à la conférence.

L'an 1146, sous l'épiscopat d'Aldebert de Castellane, le baron Boniface II, son frère ou du moins son proche parent, fut obligé de faire hommage à Raymond Bérenger III, comte de Provence. Celui-ci, raconte César Nostradamus, fils de l'auteur des *Centuries*, « envoya deux ambassadeurs, Hugues des Baux et Pierre
» de Tarascon, aux gentilshommes, recteurs et gouverneurs des
» villes du quartier de Grasse, Vence, Saint-Paul, Castellane,
» Colmars, par toutes les villes et forteresses des montagnes, avec
» ordre de venir lui prester hommage et fidélité, à peine de félo-
» nie. Les ambassadeurs furent reçus humainement et honorable-
» ment, et les seigneurs s'y offrirent d'obéir. En effect de quoy
» tous ensemble le vinrent treuver en très bel équipage en son
» palais de la ville d'Aix, où de ce temps il se trouvoit. Après,
» s'en retournèrent chargés de beaux et riches présents (1) ».

Néanmoins, un funeste levain de discorde ne cessait de fermenter au fond des cœurs. Gerbert et Gerburge, derniers souverains de la branche de Provence, avaient donné Doulce, leur fille aînée, en mariage à Raymond Bérenger Ier, comte de Barcelone, avec tous leurs droits à la couronne, tandis qu'Etiennette, la seconde, en épousant Raymond, comte des Baux, lui avait apporté, pour sa dot, soixante-dix-neuf terres ou fiefs, parmi lesquels *Tartonne*, *Clumanc* et *Lambruisse*. On les appela depuis *terres Baussenques*. Or, les seigneurs des Baux disputaient aux Bérenger la couronne comtale. Soixante-quatre de leurs vassaux, entre autres Bertrand de Castellane, embrassèrent leur parti, et soixante-trois autres seigneurs, au nombre desquels Boniface II, baron de Castellane, celui du comte de Provence. Après de longs et sanglants démêlés, Raymond Bérenger III finit par triompher, et la paix étant conclue, l'an 1164, il tint trois assemblées, l'une à Tarascon, l'autre à Digne et la troisième à Seyne, où il reçut le serment de fidélité. Parmi les quatre-vingts seigneurs qui le prêtèrent, Boniface de Castellane figure en première ligne à l'assemblée de Tarascon.

Boniface III, fils et successeur de Boniface II, remplit, en 1189, le même devoir auprès d'Alphonse Ier, roi d'Aragon et comte de Provence.

---

(1) *Histoire de Provence*, p. 138.

En l'année 1200, eut lieu un *affouagement* général de toutes les villes et communautés de la Provence. Ce mot désigne une opération par laquelle chaque localité était estimée, à quotité de *feux*, proportionnellement à la valeur foncière de ses propriétés roturières, pour servir de base à l'*allivrement* cadastral et à la répartition des *tailles* sur les particuliers. Un *feu* représentait d'ordinaire une valeur convenue de 50.000 livres et se divisait en 50 *livres cadastrales* dont chacune était censée valoir 1.000 livres. La livre cadastrale se divisait, à son tour, en 16 onces et l'once en quarts, demi-quarts, 16es, 32es, 64es (1). La côte foncière de chaque propriétaire était taxée d'après le chiffre de son *allivrement* inscrit au *cadastre* ou *livre terrier*. Ces diverses évaluations variaient avec le temps.

Barrême se trouve affouagé, en 1200, à raison de six feux et demi; Saint-Jacques, d'un demi-feu seulement; Chaudon, un feu; Clumanc, cinq feux; Tartonne, cinq feux; Lambruisse, un feu et demi. Ces chiffres peuvent indiquer l'importance relative de ces diverses communes au XIIIe siècle.

Cette même année, le prévôt de Saint-Jacques, appelé Guillaume, eut un différend avec Jean, évêque de Nice. « Ce fut, » dit H. Bouche, pour raison de dixmes qui se percevoient au lieu » de Saint-Étienne de Théniers, au diocèse de Nice,... différend » qui fut terminé par une assemblée où se trouvèrent l'archevêque » d'Embrun (Guillaume de Bénévent), l'Évêque de Senez (Mau- » rel), l'abbé de Saint-Pons (près de Nice), les prévôts de Nice, » Senez et de Glandevez, l'archiprêtre Clausius et plusieurs » autres ecclésiastiques et savants personnages (2) ».

Le sacristain de la collégiale de Saint-Jacques était en même temps prieur de Saint-Lyons, et le *vestiaire* ou *camérier* du chapitre, prieur de Saint-Légier, près du Puget-Théniers, dans le diocèse de Glandèves.

---

(1) En 1788, la valeur du feu était de 55.000 livres. *(V. l'Histoire municipale de Sisteron, p. 225.)*

D'après ces données, Barrême étant affouagé à raison de six feux et demi, la valeur totale de son territoire était de 325.000 livres, ce qui représenterait aujourd'hui, au *minimum*, la somme de 1.600.000 fr., dans laquelle n'entrerait pas l'estimation des anciennes propriétés seigneuriales, — Voy. Papon : *Voyage en Provence*, T. II, p. 61.

(2) Ce passage est emprunté à l'*Histoire de Nice*, par Joffredy, où il est dit : « Quæstio sopita est inter ipsum (Joannem Episc^m.) et Guiglielmum præpositum Sancti-Jacobi, super decimis Sancti-Stephani Thineensis et de Remas. » *(Ex diplomate.)*

Le 28 janvier de l'an 1226, Boniface IV, baron de Castellane, eut à réitérer l'acte d'hommage et de fidélité par devant Raymond Bérenger IV, comte de Provence. En voici un extrait traduit du latin :

« Moi Boniface de Castellane... je reconnais pour moi et mes successeurs que j'ai et possède pour vous, Seigneur Comte, les domaines du château de Thorame et du château de Barrême et de Thorenc... Car les seigneurs des dits châteaux sont tenus de me prêter conseil et assistance envers et contre tous... selon l'étendue de mes droits et possessions pour lesquels ils me doivent fidélité. — *Item*, ils sont tenus de faire de même envers G. Balbe, au nom de ma sœur, dame de Tartonne, sauf en tout et pour tout vos droits concernant les *albergues, quistes,* présents, *cavalcades, amendes* et autres droits que vous pouvez avoir sur ces lieux. Et afin que pour les susdits châteaux, bourgs et domaines et leurs dépendances, je vous sois à jamais fidèle, les genoux fléchis en votre présence et les mains jointes entre vos mains, je promets et vous fais hommage et fidélité, après avoir personnellement prêté serment... Fait à Riez, etc. »

Jusqu'ici, Barrême avait été un fief dépendant de la baronnie de Castellane. Mais le 21 Juin 1235 fut passée, entre Raymond Bérenger et Boniface IV, une transaction par laquelle le comte de Provence cédait au baron de Castellane ses droits féodaux sur Thorame-Haute, à l'exception des cavalcades, et sur Tartonne, sauf les droits d'*albergue*, de *cavalcade* et les quatre cas de fouage ; et Boniface, de son côté, remettait au comte de Provence, les droits qu'il avait à Barrême, sur les seigneurs et les particuliers. Dans cette transac ion étaient compris les droits de *cavalcade* convertis, peut-être alors, en une redevance pécuniaire de 12 deniers par habitant (1).

Deux ans après, Raymond Bérenger voulant mettre un terme aux contestations qui régnaient parmi les seigneurs dans les bailliages de Digne, de Riez, de Sisteron, de Castellane et du Val de Barrême, prit le parti de les parcourir en personne pour y établir des règlements précis concernant : 1° la justice civile et criminelle, — 2° le service des *cavalcades*, — 3° le droit d'*albergue*, — 4° le droit de *quiste*. — Il se rendit d'abord à Sisteron, de là à Riez, puis à Senez et enfin à Digne. Il fit consentir aux seigneurs de Clumanc, de Senez, des *Pennes*, d'Allons et autres lieux, des statuts entièrement semblables à

---

(1) V. ci-après p. 26 et 27.

ceux de Sisteron (V. *Essai sur le Cominalat de Digne*, par F. Guichard, t. I, p. 442).

Ces statuts furent dressés et publiés en présence de Raymond Bérenger stipulant pour lui et pour ses successeurs, d'une part, et les seigneurs Terraciona, Hu. Bérard (de Barrême ?), B. de Clumanc, P. Raimond de Chaudon, P. Raimond de la Penne, Feraud de Thorame, Olivier de Clumanc et R. Feraud d'Allons, vassaux et féaux du seigneur comte, pour leurs successeurs cohéritiers et tenanciers, de l'autre. En outre, Jean, évêque de Senez, et Laugier, prévôt de Saint-Jacques, promirent pour eux et leurs successeurs, leurs églises et leurs hommes, de les observer à perpétuité sans jamais y contrevenir.

Ce n'est pas tout : le 12 Janvier précédent, une sentence arbitrale intervenue entre le comte de Provence, d'une part, et l'évêque de Senez et le prévôt de Saint-Jacques, de l'autre, attribuait au seigneur comte le *Puy-Saint-Lyons*, sis dans le territoire de Barrême, en échange de certains droits qu'il cédait à l'église de Senez, sans préjudice d'autres concessions à faire dans la vallée de Clumanc. « Enfin, le 12 Juin de la même année, raconte H. Bouche, eut lieu un compromis entre le comte Raymond Bérenger V, (1) d'une part, et l'évêque de Senez et le prévôt de Saint-Jacques, de l'autre, par devant Romée de Villeneuve, élu arbitre par les parties. » Ce compromis avait pour objet la *Colline de Saint-Pons*, dans le terroir de Barrême, que le comte de Provence reçut de l'évêque et du prévôt en échange du *Château-Vieux* et de la *Roche du Castellet*, qu'il cédait à l'évêque de Senez L'acte en fut passé à Digne et déposé aux archives du roi, à Aix, où notre historien, prévôt de Saint-Jacques, le découvrit dans la suite. Il se trouve actuellement aux archives des Bouches-du-Rhône (Série B. n° 329). Romée de Villeneuve, qui accompagna le comte dans sa visite à Barrême, est ce même Romée que le Dante a célébré dans sa *Divine Comédie* (2). Il fit son testament aux Arcs le 15 Décembre 1250 et nomma pour l'un de ses deux exécuteurs testamentaires Arnaud de Villeneuve, son neveu, qui fut la tige des seigneurs de Flayosc et de Barrême.

Au mois d'Octobre de l'année 1242, Aimar, archevêque d'Embrun et métropolitain de la province, entreprit la visite des diocèses ses suffragants et spécialement des châteaux des Tem-

---

(1) Le même que Bérenger IV, d'après la plupart des historiens.
(2) *Paradis*, chant VI.

pliers, dont quelques-uns se trouvaient dans le Val de Barrême ; c'étaient : celui de Labaud, situé entre les Sauzeries et les Dourbes (1), celui de Clumanc-Saint-Honorat mentionné dans un acte de visite de J. Soanen, et un autre encore que la tradition place dans le terroir de Barrême, sur l'une des crêtes de *la Barre*, au quartier qui a conservé le nom de *Chastelard*. On n'y reconnaît plus que le lieu de l'emplacement, des esplanades et quelques travaux d'art pratiqués dans le rocher.

Le 22 du même mois, Aimar fit la consécration solennelle de la cathédrale de Senez, dont la construction avait été commencée en 1130.

Raymond Bérenger étant mort en 1245, les députés de Barrême et ceux de toutes les communautés de Provence furent convoqués à Aix pour y prêter le serment de fidélité à Béatrix, sa fille et son héritière universelle.

L'année suivante, Béatrix épousa Charles d'Anjou, frère de saint Louis, roi de France (30 Janvier 1246). Vers la fin de l'année, un commissaire du comte vint visiter les divers bailliages de la montagne et dressa un état détaillé de tous les droits de la couronne sur chaque localité.

Deux ans après, le saint roi Louis IX ayant entrepris sa première croisade, Charles son frère, comte de Provence, Boniface, baron de Castellane, et une multitude de seigneurs et de guerriers provençaux s'embarquèrent à sa suite pour les rivages de l'Egypte. On sait comment les croisés, vainqueurs d'abord sous les murs de Damiette, puis décimés par la peste et succombant au sein même de leur triomphe, à la Massoure, furent contraints de battre en retraite. Le roi et la plupart des chevaliers survivants tombèrent au pouvoir des infidèles et n'obtinrent leur liberté qu'au prix d'une forte rançon (1248-1250).

De retour dans ses terres, Boniface tenta de recouvrer l'ancienne indépendance de son petit Etat. Mais bientôt, réduit à s'enfermer dans sa forteresse du Roc, il ne trouva de salut que dans la fuite et perdit les derniers débris de sa puissance. L'an 1257, tous ses domaines furent définitivement réunis à la couronne des comtes ; Castellane, changé en simple chef de bailliage, et Barrême, avec plusieurs lieux circonvoisins, compris dans le bailliage de Digne.

(1) Après l'abolition des **Templiers**, en 1312, il passa aux chevaliers de Saint-Jean dits plus tard *de l'Ordre de Malte*.

Dans le courant de l'année 1270, Charles Ier exigea de tous ses vassaux le serment d'hommage et de fidélité. Par son ordre, Philippe de Lavène se rendit d'abord à Digne, où il reçut le serment d'un grand nombre de nobles du *Bailliage de Barrême*, entre autres, de Raybaud et Geoffroy, seigneurs de Chaudon, de Geoffroy, bailli de la Penne, etc. Ensuite, Philippe parcourut successivement les communautés de Champtercier, Beaujeu, Barles et Barrême, dont les seigneurs s'acquittèrent du même devoir entre ses mains.

Charles Ier venait de rentrer en Provence, après la malheureuse expédition de saint Louis, son frère, en Afrique, qui mourut devant Tunis, en 1270, quand, se trouvant à Aix, il introduisit dans la célébration de la fête de saint Jean-Baptiste la pompe de l'appareil militaire, et de là l'usage s'en répandit bientôt dans la Provence entière, à Barrême, en particulier, qui depuis n'a cessé de fêter son glorieux patron avec la plus grande solennité. Dès la veille au soir, procession et feu de joie, puis le lendemain décharges de boîtes, roulement de tambours accompagnés du fifre, *bravade* en tête de la procession, avec capitaine, lieutenants, sapeurs, tambour-major, etc , tout se passe de nos jours à peu près comme au XIIIe siècle ; moins toutefois, il faut l'avouer, l'entrain universel et l'enthousiasme religieux et naïf des populations. Mais aussi, *que les temps sont changés !...* (1)

---

(1) Voici comment Achard décrivait notre fête de saint Jean, deux ans avant la révolution de 1789 : « La fête étoit célébrée *dès lors* avec feu de
» joie la veille dans le bourg et sur *le col*. Il en est de même devant chaque
» maison. Le lendemain, grand concours des environs, bravade de deux
» cents hommes au moins, avec capitaine, lieutenant, major, aide-major, six
» sergents, deux sapeurs, huit tambours et deux fifres. La troupe marche en
» tête de la procession, ensuite viennent les congrégations avec la statue
» de la sainte Vierge et les bustes de saint Placide et sainte Perpétue ; puis
» le clergé composé de plusieurs chanoines de Senez, des curés et vicaires
» d'alentour, et suivi des officiers de justice et des consuls en chaperon.
» Après, vient le buste de saint Jean-Baptiste dont les habitants se flattent (1)
» d'avoir une relique, porté sous un dais brillant. On le place sur le col
» Saint-Jean devant la porte de l'ancienne chapelle, sous pavillon, afin que
» le peuple puisse baiser la relique pendant la grand'messe. Après le retour de
» la procession, le capitaine, qui est toujours le consul sorti d'exercice, donne
» à dîner à la troupe, et le curé régale le clergé. » (*Géographie de la Provence*).

(1) avec raison ; car la relique est parfaitement authentique. (Voir le grand registre paroissial, p. 467.) Les bustes et reliques de saint Placide et sainte Perpétue sont de l'an 1706, et ceux de saint Jean-Baptiste, de 1767 seulement.

Après le concile provincial tenu à Seyne l'an 1278, Jacques de Serène, archevêque d'Embrun, descendit à Digne, et de là à Barrême et à Saint-Jacques, dont il visita l'église collégiale, et il y donna la tonsure à quelques jeunes étudiants. Une charte conservée dans les archives de la Cour des comptes, à Marseille, nous apprend que, l'an 1301, Charles II d'Anjou donna la seigneurie de Barrême à Fouque de Pontevez. Cette donation paraît n'avoir été que partielle ou temporaire, puisque peu d'années après, ce fief relevait directement des comtes de Provence.

Le 13 Octobre 1307, sur l'ordre de Philippe le Bel, eut lieu l'arrestation de tous les *chevaliers du Temple* dans la France entière. En Provence, ils ne furent saisis que le 24 Janvier 1308. Il y en eut vingt-sept enfermés dans la forteresse de Meyrargues et vingt-et-un dans celle de Pertuis ; l'Ordre fut supprimé en 1312, au concile de Vienne, les biens des Templiers donnés aux Hospitaliers de Saint-Jean de Jérusalem, et la plupart de leurs châteaux, démolis. Ainsi disparurent chez nous le *Chastelard*, le château de *Clumanc*, « et il en fut de même,
» ajoute H. Bouche, de ceux de Villevieille, Glandevez, Entre-
» vaux, Annot, Saint-Benoît, Braux, etc., et vraisemblablement
» dans tous les bailliages : Digne, Draguignan, Grasse, Colmars,
» Seyne, Castellane, etc. »

Robert, fils et successeur de Charles II, mort le 5 Mai 1309, convoqua auprès de lui, à Aix, les syndics de toutes les communautés pour recevoir le serment obligatoire à chaque nouvel avènement. Les délégués de Barrême furent : Audibert Isnard, notaire, et Durand Garcin ; celui de Lambruisse, Guillaume Roman. Ceux des autres communautés du Val ne sont pas désignés. Ils prêtèrent hommage le 18 Décembre.

Les seigneurs le prêtèrent le lendemain 19, par l'organe d'un délégué, savoir : *Hugues Bérard* de Barrême (1), pour le domaine et affar qu'il possède aux lieux de Barrême, dans le susdit bailliage (de Digne), de Garic, de Sigale, de Sallagriffon, de Saulces, de *Adoloxio*, et de Saint-Martin dans le bailliage de Théniers ;

Le même Hugues, en qualité de procureur de D. Isoard de Barrême, chevalier, pour le domaine et affar qu'il possède au lieu de Barrême et dans son territoire ;

---

(1) Ce nom s'est conservé dans la dénomination du quartier de *Prat Bérard*.

Le même Hugues, en qualité de procureur de Barrière de la Garde, pour le domaine et affar qu'il possède au lieu de Barrême et dans son territoire ;

Le même Hugues, en qualité de procureur du jeune seigneur de *Majorque* (?), pour le domaine et affar qu'il possède aux lieux de Barrême et de Sigale, etc. Il y eut en tout seize communautés et cent deux seigneurs représentés.

Le même acte fut renouvelé, en 1320, en faveur de Charles, duc de Calabre, fils du roi Robert, et en 1332, en faveur de Jeanne et de Marie, filles de Charles, qui était mort en 1328.

Léopard de Fulginet, archevêque de Tarente, fut délégué pour recevoir le serment dans les quatre-vingt-trois communes du bailliage de Digne et donner satisfaction aux plaintes énoncées contre les torts, rapines, extorsions et violences, de certains agents du pouvoir. Il visita successivement Barrême, Chaudon, Bédejun, Norante, Saint-Jacques, Clumanc-Notre-Dame, Clumanc-Saint-Honorat, Labaud, La Penne, Tartonne et Lambruisse, et le 1er Octobre 1332, il fit dresser, à Digne, l'acte de *Déclaration des droits royaux que la Cour possédait à Barrême et ses dépendances* (1) ; savoir :

1° Le droit du *mère* et *mixte-impère*, c'est-à-dire, de juridiction criminelle et civile ;

2° Le droit sur la moitié d'une forêt (Lièye) par indivis avec les nobles du lieu ;

3° Le droit sur un four où les nobles cuisent leur pain pour eux et leur famille ;

4° Le droit de percevoir de chaque *homme royal* qui a une paire de bœufs. . . . . 6 sols

5°   Id.   de ceux qui n'ont qu'un bœuf   3 sols

6°   Id.   de chaque *brassier* (travailleur) 18 deniers

7°   Id. pour les *cavalcades*, de tout homme qui a un domicile propre (à Pâques). . . . . 12 deniers

8°   Id. pour le droit d'*albergue*, à la fête de saint Michel, par feu . . . . 12 deniers

9°   Id. au quartier de *la Palud*, sur les bords de l'Asse, deux moulins dans le même local ;

10°   Id. de *bans* (ou d'amendes), dont le quart appartient aux seigneurs ;

---

(1) Titre d'une copie de l'acte, conservée dans les archives de la Commune.

11° Le droit de *lods* ou du *treizain*, à raison de 3 sols 4 deniers par livre (*cadastrale*) ;

12° La Cour perçoit de chaque particulier ayant un four, 2 setiers : 1 d'annone, 1 de blé ;

13° Id. des propriétaires n'ayant pas de four et demeurant ailleurs . . . . 4 deniers

14° Id. des propriétaires *forestiers* (de la banlieue) ayant un four. . . . . 4 deniers

15° Id. un droit de *leyde* (1) aux foires dudit lieu ;

16° Id. un droit de *cosse* et de leyde au *marché nouvellement établi* ;

17° La Cour a un bailli et un notaire ;

18° La Cour, etc... (Le reste est omis, dans la copie, comme inutile et n'ayant trait qu'aux reconnaissances des habitants).

Tous ces droits étaient déjà très anciens ; car il est dit dans l'acte qu'ils ont été rédigés *d'après information et inspection des anciens registres et cartulaires* de la commune.

En l'année 1342, Barrême et toute la vallée de l'Asse furent rendus au bailliage de Castellane. H. Bouche rapporte le fait en ces termes : « A la réquisition des consuls de cette ville représentant au roi Robert que l'étendue de son bailliage étoit trop petite pour résister, en cas de besoin, aux ennemis de l'État, il plut à Sa Majesté d'amplifier l'étendue de son ressort, et en retranchant quelques lieux des bailliages voisins, les remettre au bailliage de leur ville. Par lettres patentes données à Naples le 1er Septembre 1342 ; ce même roi Robert soumit au bailliage de la ville de Castellane les vallées de Colmars, de Thoramines, de Barrême et de Clumanc, et tous les lieux dépendant de ces vallées... etc. » (2) (HIST. II, p. 365).

Le roi Robert mourut le 19 janvier 1343, laissant le trône à Jeanne, l'aînée de ses petites-filles, âgée de 18 ans, si connue sous le nom de *la reine Jeanne*.

---

(1) Ce droit était de deux sous pour chaque paire de bœufs et pour chaque trentenier de menu bétail.

(2) La pièce originale est conservée dans les archives de Digne. (V. *Cominalat de Digne*. T. II, p. 256).

CHAPITRE VI.

DEPUIS LA CESSION DE BARRÊME A ARNAUD DE VILLENEUVE PAR LA REINE JEANNE, JUSQU'AUX GUERRES DE RELIGION (1348-1559).

Arnaud de Villeneuve, descendant au 8e degré du fameux Romée de Villeneuve, avait reçu autrefois du roi Robert, en récompense de ses services, la terre de Saint-Georges, dans le royaume de Naples. La reine Jeanne voulant recouvrer ce domaine, eut recours à une transaction que Bouche rapporte en ces termes :

« Nous voyons encore, dit-il, un titre écrit de Naples conte-
» nant un échange fait entre cette reyne et Arnaud de Villeneuve,
» que la charte nomme *magnificus et potens vir* (magnifique et
» puissant personnage), pour raison du lieu de Saint-Georges,
» en la province de Calabre, que le roy Robert avoit donné à
» cet Arnaud, et que cette reyne voulut retenir pour soy, don-
» nant en échange les lieux de Château-Double et de la Garde,
» en la viguerie de Draguignan, et le lieu *de Barrême*, au bail-
» liage de Castellane. Actum Neapoli (dit la charte) in absentia
» venerabilis patris Cavallicen. episcopi, cancellarii regni, etc.
» per manus Matthæi de Porta de Salerno, jurium professoris.
» An. Dom. MCCCXLVIII, primâ indict., regnorum nostrorum
» an. V. » (1) — C'est-à-dire : Fait à Naples, en l'absence du vénérable père évêque de Cavaillon, chancelier du royaume, etc. par les mains de Matthieu de la Porte, de Salerne, professeur ès-droits, l'an du Seigneur 1348, indiction première, de nos règnes l'an V.

En vertu de cet acte, Arnaud Ier de Villeneuve dit *le Grand*, devint seigneur féodal et premier baron de Barrême, et put jouir de tous les droits énoncés ci-devant p. 26 et 27, à l'exception du haut domaine réservé au roi-comte.

---

(1) *Histoire*. T. II, p. 375.

Nous avions, en outre, plusieurs co-seigneurs qui furent, à diverses époques :

1° Les anciens nobles mentionnés dans l'acte d'hommage au roi Robert p. 25 ;

2° Les sieurs de Périer, de Moustiers, seigneurs, en partie, de Barrême et de Clumanc ;

3° Les sieurs de Blieux de la Routte, qui possédaient une portion des *Numéros* actuels ;

4° Les sieurs de Requiston d'Auteville, originaires d'Allons, propriétaires d'Ourgeas ;

5° Les sieurs Bernard de Bellevue, possesseurs d'une partie des *Condamines* ;

6° Les sieurs Dalmas de la Forest, qui avaient le domaine de la Forest ;

7° Les sieurs de Pillafort, acquéreurs d'une partie de Lièye.

Ces cinq dernières familles étaient domiciliées à Barrême. Celle de Villeneuve résidait ordinairement à Flayosc ; mais en 1571 elle vint se fixer à Barrême, dans la personne d'Ours de Villeneuve qui habita le pays plus de 50 ans et y laissa une nombreuse postérité.

Reprenons la suite des faits.

De l'an 1347 à l'an 1350 inclusivement la peste exerça des ravages affreux dans toute la Provence et fit périr, dit-on, les cinq sixièmes des habitants. César Nostradamus rapporte, à ce sujet, quelques renseignements laissés par Arnaud de Villeneuve, notre baron : « Arnaud de Villeneuve, dit-il, qui se titroit de *Podestat d'Avignon* pour la reine Jeanne, a laissé par escript qu'il y avoit dans ce temps une si grande mortalité en Avignon et en Provence, qu'elle dura et continua environ l'espace de trois ans (1) ».

Le 28 Mars 1351, ce même Arnaud prêta serment de fidélité à la reine Jeanne et au roi Louis de Tarente, son second mari, entre les mains de Raymond d'Agoult, seigneur de Sault, grand sénéchal et commissaire de la reine en Provence.

Bientôt après, survinrent : la révolte de Robert de Duras, ennemi de la maison de Tarente (1355) ; puis, les ravages commis en delà et en deçà de la Durance par les bandes d'Arnaud de Cervole (1356-58); les brigandages des *Routiers*, des *Tuchins*

---

(1) *Histoire de Provence*, p. 376.

et des *Tard-Venus* (1360-61), qui ruinèrent le pays et obligèrent les États assemblés, en 1362, à Draguignan, à voter une imposition d'un florin (1) par feu sur toutes les communautés.

L'an 1368, Louis d'Anjou, frère de Charles V, prenant à son service le fameux Duguesclin avec ses *grandes compagnies*, envahit à son tour la Provence, s'empare de Tarascon et met le siège devant Arles. Mais les Provençaux dévoués à la reine Jeanne s'arment de toutes parts et marchent contre les agresseurs. Arnaud de Villeneuve, à la tête des milices de ses quatre-vingt-deux terres, paya bravement de sa personne et, dans une affaire malheureuse, fut obligé de se rendre prisonnier au plus grand capitaine de l'époque. L'intervention du pape français Urbain V, en 1370, rendit la paix au pays et la liberté aux prisonniers.

Arnaud avait acquis, en 1363, une partie de la baronnie de Flayosc de Raymond et Bertrand de Requiston, et ceux-ci ou leurs descendants, une portion de celle de Barrême, où l'un d'eux vint s'établir.

D'après un document conservé dans les archives de la commune, le roi Louis Ier, en 1382, et plus tard sa veuve Marie de Blois, en 1385 et en 1390, firent donation des seigneuries de Castellane et de Barrême aux sires d'Anduze. Mais ces actes demeurèrent sans effet, et le 5 Septembre 1391, la même reine Marie de Blois, assura définitivement à Antoine de Villeneuve, fils et héritier d'Arnaud, la possession et la jouissance de tous les droits royaux sur la terre et la banlieue de Barrême.

L'année précédente (1390), venait d'éclater l'insurrection du vicomte Raymond de Turenne contre la maison d'Anjou et ses partisans en Provence. Furieux de se voir dépouillé par Louis II de plusieurs terres qu'il avait reçues de la reine Jeanne, « il rassemble autour de lui, dit H. Bouche, les anciennes bandes de Charles de Duras, tous les meurtriers, voleurs, larrons, brigands, faux-monnayeurs et autres gens de sac et de corde qu'il réunit à ses troupes, et se met à faire des courses par toute la Provence. » Il fond tout à coup sur Castellane, détruit le pont du Verdon et, ne pouvant s'emparer de la ville, ravage tous les pays d'alentour. « Ensuite, dit Laurensy, l'orage se tourna tout entier du côté de Colmars... Ces brigands prirent leur route du

---

(1) Le florin valait 12 sous tournois, équivalent aujourd'hui à 20 fr. de notre monnaie.

côté de Senez et tous les lieux situés sur leur passage furent saccagés. » Le village de Boades fut alors détruit de fond en comble et n'a plus reparu depuis. Après avoir livré Senez au pillage, les bandits tombent sur Barrême, qui est rançonné à son tour ; puis, remontant la vallée de l'Asse par Moriez, ils pénètrent dans celle du Verdon et vont assiéger le château de Vauclause. Repoussés par Jacques de Villeneuve-Vauclause, ils marchent sur Thorame et, de là, sur Colmars, qu'ils réduisent en cendres.

Cependant un édit royal avait déclaré Raymond de Turenne hors la loi et convoqué les États généraux à Aix pour le 15 Août 1390. Les trois ordres y furent représentés, savoir : le clergé, par les évêques de Digne, de Senez et autres ; la noblesse, par Hélion de Villeneuve, seigneur de Trans, tant pour lui et ses terres que pour ses frères Géraud et Antoine, seigneurs de Flayosc et de Barrême; et les communautés, par Antoine Roque, pour Castellane et les places comprises dans son bailliage.

On y résolut : 1º une alliance offensive et défensive contre le vicomte de Turenne ; 2º une levée de gens de guerre qui devait comprendre trois cents lances divisées en dix détachements de trente cavaliers armés de toutes pièces, et suivis chacun d'un écuyer et d'un valet d'armes ; de plus, quatre mille arbalétriers les uns à cheval, les autres à pied, et enfin trois cent cinquante fantassins, sans compter les contingents d'Arles, Tarascon et autres villes. L'armée fut mise sous le commandement général de Charles, prince de Tarente, frère du roi et gouverneur de Provence, et, en son absence, sous les ordres de Georges de Marle, son lieutenant et grand sénéchal ; 3º pour les subsides et les contributions de guerre, on décida que tout le monde y participerait sans excepter ni laïques ni ecclésiastiques, ni les cardinaux et le pape lui-même pour les bénéfices qu'ils possédaient en Provence. Tous enfin, communautés et ordres religieux, barons, seigneurs et gentilshommes furent taxés à trois pour cent de leurs rentes et revenus.

Cela fait, les opérations commencèrent. Georges de Marle se mit en marche pour aller au secours de Colmars ; il fit détruire, par mesure de sûreté, le château de Vauclause et, apprenant que l'ennemi chassé des environs de Colmars par Isnard de Glandèves revenait sur Digne à travers les montagnes, lui-même rebroussa chemin. Turenne, après avoir dévasté les bailliages de Digne, de Sisteron et de Forcalquier repassa le Rhône et se sauva en Languedoc.

Dans une nouvelle assemblée des États tenue à Aix en 1391,

on régla les plans d'attaque et de siège des places tombées au pouvoir des rebelles, on fit arriver de Grambois et de Salon des trabucs et des bombardes (1), et Hélion de Villeneuve-Trans fut établi Maréchal de l'armée de Provence. Son frère Antoine, baron de Flayosc et de Barrême, marchait sous ses ordres à la tête de trente hommes d'armes, avec leurs écuyers et valets de pied. En même temps une taille de deux florins par feu fut imposée sur toutes les communautés des cinq bailliages de Sisteron, Digne, Seyne, Riez, et Castellane.

Cette dernière ville voulant reconstruire le pont du Verdon, obtint de la reine régente, Marie de Blois, des lettres patentes, en date du 29 Février 1394, permettant de consacrer à cette entreprise tous les revenus du domaine royal à percevoir pendant deux années, tant à Castellane et son bailliage que dans tout le val de Barrême. En outre, le pape d'Avignon, Benoît XIII, à la requête d'Isnard de Saint-Julien, évêque de Senez, accorda des indulgences à quiconque voudrait contribuer par ses aumônes à la reconstruction du pont. Les offrandes furent abondantes, et en moins de cinq ans l'ouvrage se trouva terminé, dans les conditions d'élégance et de solidité qu'il présente encore de nos jours.

Les hostilités, un moment suspendues, reprirent, en 1395, par le siège de Meyrargues. L'année suivante, le roi Louis II fit l'appel des ban et arrière-ban de la noblesse ainsi que des milices communales. Les contingents fournis par les villes de Grasse, Forcalquier, Apt, Sisteron, Seyne, Digne, Castellane et le val de Barrême eurent ordre d'aller investir le lieu et la forteresse de Vitrolles, tandis que le gros de l'armée attaquerait de front les forces de Turenne, qui manœuvrait sur les rives du Rhône et dont un décret royal avait mis la tête à prix.

« Mais Dieu, remarque H. Bouche, lui préparait son salaire. » Comme un jour, dans une de ses incursions en Provence, obligé de plier et se voyant vigoureusement poursuivi, il voulut s'élancer à cheval dans une barque pour repasser le Rhône, monture et cavalier disparurent engloutis dans les eaux du fleuve, le 2 novembre de l'année 1399. La guerre était finie de ce côté.

A peine le pays commençait à respirer, lorsque aux premiers jours de janvier 1400, un corsaire génois, nommé Salagerio de Nigro, ayant fait naufrage dans le golfe de Grimaud,

---

(1) C'était alors le nom de grosses pièces d'artillerie qui commençaient à paraître sur les champs de bataille.

revint, au mois de mai suivant, surprendre et piller le manastère de l'île Saint-Honorat de Lérins. A cette nouvelle, continue l'historien prévôt de Saint-Jacques, « Georges de Marle, grand séné-
» chal de Provence, accompagné de Jean de Gonzalve, seigneur
» de Soliers, d'Antoine de Villeneuve, seigneur de Barrême et
» de Flayosc, etc., et d'un grand nombre d'habitants des lieux voi-
» sins, s'en vint à l'isle et fit une si rude attaque de la tour qu'il
» contraignit ce pirate d'en sortir.. Ensuite le sénéchal de Marle,
» ayant donné la garde de cette tour de Lérins et des châteaux
» de Cannes et de Mogins à ce même Antoine de Villeneuve,
» l'abbé de Saint-Honoré s'adressa, l'an 1402, au prince de
» Tarente (Charles), frère du roi et gouverneur de Provence, et
» en obtint la restitution de l'isle et des châteaux, moyennant
» remboursement d'une certaine somme à cet Antoine, qui
» l'avait empruntée et employée pour l'attaque de l'isle (1). »

H. Bouche rapporte un autre fait concernant les relations de notre baron de Barrême avec Benoît XIII, qui siégeait à Avignon. « Ce Benoît, dit-il, ne devoit pas être trop abondant en
» deniers pour subvenir à ses grandes dépenses, puisque Antoine
» de Villeneuve, seigneur de Barrême, se trouve avoir été sa
» caution pour la somme de 4000 livres, par acte reçu par
» Isnardy, notaire à Aix, du dernier décembre 1405 (2). » (Histoire, II, page 433.

Par son testament du 24 juillet 1407, où il est dit qu'il possédait dix-sept terres ou domaines, Antoine Ier de Villeneuve donna, entre autres, la seigneurie de Barrême à son fils aîné, Antoine II. Sa fille Rossoline, épousa, par contrat du 30 octobre 1407, Bertrand II de Villeneuve-Tourrettes-les-Vence, descendant du grand *Romée*.

Antoine II fut du nombre des gentilshommes députés, en 1417, par l'assemblée des États auprès de la reine Yolande, mère et tutrice du jeune roi Louis III, pour la supplier de rétablir les anciennes franchises et coutumes de Provence dans l'état où elles étaient sous la reine Jeanne. La requête fut entendue.

En 1426, Louis III reconnaissant la fidélité et les services

---

(1) Histoire de Provence, II, page 426.
(2) Antoine de Villeneuve dut être aussi en rapport avec saint Vincent Ferrier, qui, à cette époque même, évangélisait la Provence et qui, en 1405, vint à Nice, où était Benoît XIII, pour l'engager à mettre fin au schisme. Antoine s'y était rendu dans le même but, en 1404, sur l'ordre de la cour de Provence.

d'Antoine de Villeneuve, renouvela en sa faveur l'acte de donation en vertu duquel il jouissait de la juridiction appelée *mère et mixte impère*, ou autrement, *haute, moyenne* et *basse* sur la communauté de Barrême.

Du mariage d'Antoine II avec Philippone ou Philippine de Glandèves, naquirent : 1° *Louis*, qui hérita, vers l'an 1460, des seigneuries de Flayosc et Barrême, et 2° *Hélion,* qui commença la branche des Villeneuve-Espinouse.

Vers l'an 1420, Barrême avait été de nouveau détaché du bailliage de Castellane et rendu à celui de Digne.

A l'avènement de René, duc de Lorraine, qui venait de succéder à Louis III, son frère, mort le 24 novembre 1434, les États de Provence ayant voté un subside de 100000 florins d'or (2000000 d'aujourd'hui) pour l'aider à poursuivre la conquête de Naples, le val de Barrême, ainsi que toutes les communautés, eut à contribuer pour *un dixième de tous les fruits de l'année ;* et le 7 juillet 1442, une nouvelle assemblée décréta un don gracieux de 50000 florins, à raison de quatorze florins, huit deniers, une obole, une pite par feu. Une charte sur parchemin, N° 181, conservée aux archives de Digne en donne ainsi le détail pour nos contrées :

Barrême affouagé pour 8 feux devait payer 112 fl. 4 gros 6 den.
St-Jacques » 1/2 » » 7 » 0 » 9 »
Clumanc » 6 » » 84 » 3 » 5 »
Lambruisse » 3 1/2 » » 49 » 1 » 15 »
Tartonne » 6 1/2 » » 91 » 3 » 9 »
Chaudon » 2 » » 28 » 1 » 2 »

Il y eut, en 1487, une contestation entre Elzéar de Villeneuve-Bargemon, prévôt de Saint-Jacques, et Louis de Villeneuve, seigneur de Flayosc et de Barrême, le premier prétendant avoir, en vertu de sa dignité, toute la juridiction sur le lieu et les habitants de Saint-Jacques, et le second lui opposant des droits antérieurs. Sur le point de porter l'affaire en cour du parlement, dit Bouche, « ils terminèrent leur procès par compro-
» mis, Elzéar de Villeneuve ayant choisi pour arbitres de sa part
» Marcellin Guiramand, prévôt de Digne, et Pons de Villeneuve,
» seigneur de Vauclause ; et, d'autre part, Louis de Villeneuve
» ayant choisi Louis de Fourbin, qualifié de *jurium professor,*
» et Elyon de Villeneuve, seigneur d'Espinouse. Ces arbitres, au
» 1er octobre, adjugèrent la juridiction *basse* au prévôt... impo-
» sant silence au même seigneur prévôt quant aux autres choses
» concernant la juridiction *majeure* », laquelle de tout temps

avait appartenu au seigneur de Barrême. Elzéar était en même temps évêque de Senez, et il gouverna ce diocèse jusqu'en l'année 1490 où il mourut.

Le 30 Janvier 1471, Louis de Villeneuve passa une transaction avec la communauté de Barrême, à l'effet de convertir en redevances en florins les droits qu'il avait sur les défens et la *terre gaste*. Cette transaction fut renouvelée l'an 1571, et nous l'avons encore en partie.

Après la mort du roi René (1480), Charles III, son neveu et successeur, ne régna qu'un an et demi et mourut en léguant la Provence à Louis XI. Cette cession fut longtemps contestée, mais enfin les États généraux réunis à Aix le 9 avril 1487, prononcèrent l'annexion définitive à la France. Parmi les nombreux représentants de la noblesse, il y eut Alexis de Villeneuve, fils aîné de notre baron, qui y figure déjà sous le titre de *seigneur de Barrême*, tant pour ses droits personnels qu'au nom de Louis de Villeneuve, son père.

L'un et l'autre marchèrent, en 1494, sous les drapeaux de Charles VIII à la conquête de l'Italie ; aussi le roi, au retour de l'expédition, reconnut leurs fidèles services en confirmant de nouveau en leur faveur les précédentes donations des droits seigneuriaux et royaux sur les terres de Barrême et autres places.

Alexis de Villeneuve avait épousé, en 1495, Yolande de Sabran et hérité, l'an 1504, de tous les biens et droits de Louis, son père. A la mort de son cousin Louis de Villeneuve, créé marquis de Trans, en 1505, par Louis XII, et qui n'avait laissé, en mourant, que deux filles, Charlotte et Anne, il fit valoir ses titres au marquisat, en vertu d'une clause insérée par son oncle, Arnaud de Villeneuve, en son testament de l'année 1462. La sentence rendue, le 14 septembre 1526, par la cour souveraine confirma ses droits, et le baron de Flayosc et de Barrême obtint, avec le titre de marquis de Trans, la première place dans les assemblées de la noblesse.

Le règne orageux de François Ier venait de commencer (1515-1547). Alexis dut paraître avec distinction parmi les seigneurs provençaux dans les brillantes fêtes données en l'honneur du jeune roi, lorsque, revenu d'Italie en conquérant, il visita les villes de Sisteron, de Manosque, d'Aix et de Marseille (1516).

Divers actes des notaires de cette époque nous donnent d'intéressants renseignements sur la paroisse de Barrême et les usages de ce temps. Ainsi, par son testament de l'an 1517, un sieur Pierre Gebellin élit pour lieu de sa *sépulture le cime-*

tière de Saint-Jean-Baptiste (1), et lègue deux setiers annone à chacune des églises de Saint-Jean-Baptiste et de Saint-Antoine (2), et de plus, un setier annone à chacun des quatre ordres mendiants, savoir : *aux Carmes* du *couvent de Saint-André de Valbonnette* (3), aux *Augustins* de Castellane, aux *Prêcheurs* (Dominicains) de Grasse et aux *Mineurs* de Digne. Tous les actes de ce genre renferment des dispositions analogues.

Un autre testament du 10 mars 1518 a pour objet la fondation d'une chapelle en l'honneur de saint Pons. En voici un extrait, traduit du latin : « ... Nicolas Durand, du lieu de
» Barrême... a élu la sépulture de son corps dans le vénérable
» cimetière de *Saint-Jean-Baptiste, église paroissiale* dudit lieu,
» à laquelle il a légué pour son gage spirituel treize deniers...
» *Item* aux quatre ordres mendiants, etc. (comme ci-dessus).

« ... *Item* a légué et laissé à titre de legs, pour le salut de
» son âme obligation de fonder une chapelle au lieu de Barrême,
» sur le collet dit de Saint-Pons et sous le vocable de saint Pons,
» il a ordonné pour sa dotation, qu'il soit donné dix florins à
» prendre sur ses biens, instituant pour *patron* (4) de cette
» chapelle son héritier ci-dessous désigné et nommant pour
» premier recteur Monet Andravi, s'il parvient au sacerdoce,
» laquelle chapelle il a donné ordre de bâtir à son dit héritier,
» en outre des dix florins assignés pour sa dotation, voulant
» que toutes les fois qu'elle viendra à vaquer, son ou ses sus-
» énoncés héritiers aient le droit de choisir et de présenter le
» recteur. » (Notaire Andravi).

Selon toute apparence et d'après le nom même que portait la colline de temps immémorial, il y avait eu autrefois sur ce point une chapelle de Saint-Pons.

Les guerres de François Ier contre Charles-Quint furent généralement désastreuses pour la France et pour nos pays en

---

(1) Sur la colline de Saint-Jean. On venait y inhumer les morts même du hameau de Gévaudan.

(2) C'était le titulaire primitif de l'ancienne église paroissiale. De 1564 à 1870, elle porta le titre de Saint-Jean-Baptiste, par décision de Jean Clausse de Mouchy, évêque de Senez.

(3) Ce monastère était près de Trévans, au lieu encore appelé *Vaubonnelle*. Il fut détruit en 1575.

(4) On appelait *patron* d'une chapelle ou d'un bénéfice, celui qui avait droit d'en choisir le desservant ou titulaire, sous l'approbation et l'institution de l'évêque.

particulier. En 1524, nous eûmes à payer la *cote de Brandis*, du nom de Pierre de Brandis, commissaire royal, « lequel, dit » H. Bouche, *se porta par tous les lieux de Provence*, et s'étant » informé du juste revenu de tous les bénéfices, il taxa chacun » tant grand que petit, sans oublier les moindres chapelles, » justement à la dixième partie du revenu. » La même année, nos milices marchèrent à la défense de Marseille contre le traître connétable de Bourbon et le forcèrent à lever honteusement le siège. Puis, après la funeste bataille de Pavie (1525), il fallut contribuer à la rançon du roi prisonnier, subir les fatales conséquences du traité de Madrid (1526) et voir la guerre recommencer, en 1527, pour amener enfin au cœur de la Provence l'empereur Charles-Quint en personne à la tête de cinquante mille hommes.

C'était au mois de juin 1536. L'ennemi menaçait Nice. Au premier signal, toute la noblesse vole aux armes ; chaque communauté fournit et équipe à ses frais son contingent de soldats, et l'armée au nombre de quatre mille combattants va, sous les ordres des sieurs de Pontevez, de Villeneuve et autres gentilshommes, camper aux environs de Grasse pour surveiller les Impériaux.

Mais déjà le conseil du roi avait pris une résolution extrême : ordre est donné de détruire les récoltes et les provisions de vivres dans tous les lieux menacés par l'étranger, afin de le repousser par la famine. « Le capitaine de Bonneval, chargé de cette douloureuse exécution dépêcha de ses gens d'armes en divers endroits des villes et villages du côté de la montagne, vers Entrevaux, Castellane, Colmars, Digne, Seyne, Riez, Aups et Barjols, pour faire le dégât de tous les fruits qui se trouvoient encore pendants, et pour faire retirer et cacher aux habitants de ces contrées leurs autres fruits et bestiaux. » Ainsi s'exprime H. Bouche. « Les seigneurs de Carcez et de Calians furent les premiers à mettre le feu à leurs gerbiers, à brûler leurs fourrages, à verser leurs huiles et à enfoncer les tonneaux de leurs vins. Cependant, l'ennemi avait passé la frontière, le 25 juillet. Bientôt ne trouvant pas de quoi subsister, il fut obligé de se disperser çà et là, et il paraît qu'il s'écarta bien avant pour saccager et apporter des vivres. Car je trouve dans quelques vieux mémoires que l'évêque de Senez, Jean-Baptiste d'Oraison, s'étant refugié au lieu d'Alloz, les Espagnols se saisirent de son château, d'où sans doute ils faisoient des courses par tous les environs de la contrée » (1).

---

(1) Bouche, *Histoire de Provence*, II, p. 578 et suivantes.

Quoi qu'il en soit, l'ennemi n'avait pas moins à souffrir que nous-mêmes et il se vit réduit à battre en retraite. Le seigneur de Barrême était alors Joseph de Villeneuve, fils aîné et héritier d'Alexis mort en 1527. Ayant fait appel à tous ceux de ses vassaux capables de porter les armes, il se mit à leur tête et, de concert avec son frère Claude, sieur de Flayosc, il ne cessa de harceler les fuyards et leur tua plus de huit cents hommes. La faim, la maladie et les chaleurs firent le reste. Ne trouvant plus pour se nourrir que des raisins et autres fruits encore verts laissés à dessein, les Impériaux furent atteints de la dyssenterie, qui en fit périr un très grand nombre. Charles-Quint avait perdu plus de la moitié de son armée. Enfin, à force de sacrifices d'hommes et d'argent et après des chances diverses, la paix fut conclue au mois de septembre 1544.

L'année suivante, Claude Ier de Villeneuve recueillit la succession de son frère Joseph, mort en 1543, à l'exclusion de ses deux nièces, Élisabeth et Catherine, qui ne conservèrent que le titre de dames de Barrême. Claude fut dès lors qualifié marquis de Trans, seigneur de Barrême et autres places, et *chevalier de l'Ordre du Roi*. L'historien Brantôme l'appelle grand moqueur et fait remarquer qu'il avait fait chevalier son maître d'hôtel pour tourner en ridicule la noblesse de son temps.

Ici commencent à paraître quelques débris des anciens cahiers des délibérations municipales. L'un des plus vieux est de l'an 1557. On y trouve, entre autres choses, le compte-rendu de l'élection des consuls ainsi conçu : « ... Et advenant le sep-
» tième jour de juing, second jour de la feste de la Pentecoste,
» auquel le dit lieu de Barrême a et est en coustume de *fère et*
» *crier* (faire et créer) les nouveaux consuls et autres offices de
» ville, par la proposte (proposition) qu'ont faict Jacques Colomb
» et Hérige Spitalier, consuls du dict Barrême, de assembler
» le dit conseilh au lieu accoustumé, icelluy conseilh a esté
» d'avis de *fère* et *crier* les consuls à voix de conseilh, ce qui
» a esté faict. Et ont esté *esleus* (élus) consuls à sçavoir Sauvère
» Peyron et André Bausson à voix de conseilh, et André Bausson
» a esté esleu trézorier dudit Barrême. »

(Signé Bernard, notaire.)

Le conseil composé des deux consuls sortant de charge, des deux nouveaux et de neuf conseillers, nommait ensuite son greffier, deux estimateurs et quatre *luminiers*, un pour chacune des confréries du *Corpus Christi* (Saint-Sacrement), de Notre-Dame, de saint Antoine et de saint Sébastien. S'il n'est fait aucune mention de Saint-Jean-Baptiste, c'est que depuis plusieurs années déjà l'ancienne église paroissiale tombant en ruines, on avait cessé d'y célébrer les offices. Il paraît de plus que le cimetière de Saint-Jean était aussi abandonné. Le dernier acte où il soit désigné comme lieu de sépulture est de l'an 1529 (1).

Le 15 août de cette même année 1557, le consul prit une mesure importante au sujet de la foire qui se tenait de tout temps le lundi d'après l'Assomption. Une partie des habitants se plaignaient de ce que certains quartiers de la *ville* (titre donné quelquefois à Barrême) avaient seuls le privilège du concours des marchands, ce qui n'était pas juste, *vu que chacun portait ses charges*. C'est pourquoi faisant droit à ces réclamations, un arrêté du conseil décida que dorénavant la foire se tiendrait chaque année successivement et à tour de rôle dans l'un de ces trois quartiers : 1º de la maison Andravy et de celle de Jean Isnard, vers Notre-Dame; 2º de la maison du même Andravy et de l'angle du *Grailhet*, vers les *Chauchets ;* 3º de l'angle du *Grailhet* (probablement de la rue de la petite fontaine), vers l'église, y compris le quartier de la Font.

CHAPITRE VII.

BARRÊME DURANT LES GUERRES DE RELIGION ET DE LA LIGUE. — PREMIERS TROUBLES. — TRANSLATION DU SERVICE PAROISSIAL DE SAINT-JEAN-BAPTISTE A SAINT-ANTOINE. — BARRÊME EST FORTIFIÉ. — TOUR DU BARON, ETC.

Le premier signal de nos troubles religieux, parti de Genève, eut son écho à Castellane en 1559. Un sieur Brun de la Caille avait reçu dans sa maison un émissaire Génevois qui fit, entre autres adeptes, Antoine et Paul Richieud, sieurs de Mauvans. Avec les nouvelles doctrines, la discorde s'introduisit dans les

---

(1) Il est fort probable que l'église de Saint-Jean-Baptiste ayant été saccagée par les soldats de Charles-Quint, en 1536, on cessa dès lors d'y faire les offices, les jours de dimanche et de fête, et elle fut ainsi remplacée de fait par la chapelle de Saint-Antoine, qui devint de droit, en 1564, église paroissiale.

familles, les esprits s'aigrirent et l'on finit par en venir de la discussion à des luttes sanglantes. Un jour que la foule assiégeait la maison du prêche en criant : *Fouero Lutherians ! Fouero Huganauts !* ceux-ci répondirent par des coups de mousquet, tuèrent ou blessèrent un grand nombre de personnes et sortirent de la ville en proférant des menaces de vengeance et d'extermination.

Tandis que Paul de Mauvans courait à Aix demander justice au parlement, Antoine, son frère, à la tête de trois cents sectaires se met à saccager le pays. Il pille et incendie le couvent et l'église des Augustins, massacre tout ce qu'il rencontre sur ses pas, et se jette ensuite avec sa bande sur l'évêché de Senez, dont il dévaste l'antique cathédrale, brûle la maison du chapitre et le palais épiscopal, et de là vient tomber sur Barrême.

Le village n'étant pas fortifié, les assaillants ne rencontrèrent pas une longue résistance. Les habitants rançonnés à discrétion durent se résigner et voir les archives communales livrées aux flammes, l'église paroissiale de Saint-Jean ruinée et toutes les chapelles dépouillées de leurs ornements et vases précieux.

L'église collégiale de Saint-Jacques subit le même sort. Notre-Dame du Bourg à Digne et son chapitre cathédral ne sont pas mieux traités. Puis le torrent dévastateur se précipite par Mezel dans les diocèses de Riez, de Fréjus et de Glandèves, portant de toutes parts le pillage, le meurtre et l'incendie.

Cependant Paul de Mauvans avait obtenu, pour lui et son frère, que la cause, évoquée d'abord au parlement de Grenoble (1560), serait jugée, par compromis, en présence de quatre arbitres, savoir : le sieur Martin, viguier de Draguignan, et les seigneurs de Barrême, de Demandols et d'Espinouse. Les parties devaient comparaître au château de Flayosc, par devant Claude Ier de Villeneuve, marquis de Trans et baron de Barrême. Or, comme, en se rendant au lieu désigné, Antoine de Mauvans était entré avec tout son monde à Draguignan, il y fut reconnu et massacré par la populace, qui fit subir à son corps les plus indignes traitements.

Dès ce jour, Paul ne respire plus que vengeance et représailles. Nommé chef des Calvinistes provençaux, il tente vainement de surprendre la ville d'Aix ; puis, avec cinq à six cents hommes déterminés, il va se retrancher dans le monastère fortifié de Saint-André de Trévans, d'où il brave les assauts du comte de Tende soutenu par l'intrépide de Vins, et Jean de Pontevez, comte de Carcez.

Désespérant néanmoins de sortir victorieux de la lutte, il prend à sa suite une centaine de ses meilleurs troupiers et marche à travers la montagne vers le château épiscopal de Senez dont il s'empare. Enfin, au printemps de 1561, après être venu à Barrême régler certaines affaires d'intérêt (1), *le capitaine Paulon,* comme on le nommait communément, prit le parti de s'enfuir à Genève. Les cent routiers qu'il avait laissés à Senez tenaient toute la contrée en alarmes, tandis que Claude de Villeneuve se distinguait au siège de Sisteron, à côté de Jean, comte de Carcez, du brave Crillon et d'une foule d'autres héros (1562). Lesdiguières et Mauvans étaient accourus au secours des assiégés. La prise de la ville, au bout de trois mois de combats et d'assauts meurtriers, permit alors au comte de Sommerive, qui commandait l'armée catholique, de tourner les yeux vers nos pays. « Et parce que, raconte H. Bouche, le chas-
» teau de Senez qui avoit esté le premier attaqué et emporté
» par les religionnaires, tenoit encore pour eux, les sieurs de
» Beynes, de la Bastide, d'Angles, de Tournon et autres gentils-
» hommes, avec quelques troupes, y furent envoyés de la part
» du gouverneur pour les en dénicher ; ce qu'ils firent assez
» heureusement et sans grande résistance » (2). Barrême et la plupart des paroisses du diocèse étaient veuves de leurs pasteurs légitimes. Tartonne seul avait conservé son vicaire ; Allons, Chasteuil et Taloire, leurs prieurs. Tous les autres bénéfices étaient devenus la proie des usurpateurs et des pillards (3).

Au milieu de ce désordre universel, notre église paroissiale de Saint-Jean-Baptiste s'en allait en ruines. C'est pourquoi sur les réclamations et les instances des syndics de la communauté, Jean Clausse, évêque de Senez, vint visiter la paroisse, dont le prieur, Jean Déléone, refusait de faire les réparations nécessaires. L'ordonnance épiscopale qui s'ensuivit porte entre autres choses que l'évêque « ayant tout examiné en général et en détail,
» il a trouvé que l'église Saint-Antoine, où aujourd'hui et de-
» puis un certain espace de temps, on est en usage de célébrer
» les offices, est très étroite, et que l'ancienne église dédiée à
» Saint-Jean-Baptiste, qui est sur la colline, est délabrée et
» tout à fait insuffisante pour une population aussi considérable...

(1) Par devant M⁰ Claude Bernard, notaire, qui s'était laissé gagner au calvinisme, mais qui abjura ses erreurs en 1569. (*Archives de Barrême et de Senez.*)
(2) *Histoire de Provence,* t. II, p. 628.
(3) *Ibid.*, p. 642.

» qu'en conséquence, il ordonne que ladite église de Saint-
» Antoine soit agrandie du double de ses dimensions actuelles,
» en y employant, au besoin, les matériaux de celle de Saint-
» Jean, et que désormais elle porte le vocable de Saint-Jean-
» Baptiste. Donné et publié à Senez, le 3 décembre de l'année
» 1564. » Ces réparations et l'agrandissement de l'église ne
furent exécutés que dix ans après, à la suite de longues contestations et aux frais, par moitié, de l'évêque J. Clausse et du prieur J. Déléon.

L'an 1563, Claude II de Villeneuve, fils aîné de Claude Ier seigneur de Barrême, ayant épousé Marguerite, fille de Jean de Pontevez, comte de Carcez, grand sénéchal et lieutenant général du roi Charles IX, en Provence, son père lui céda en apanage le marquisat de Trans' et la seigneurie de Flayosc ; et Ours de Villeneuve, son frère, reçut pour sa part la baronnie de Barrême.

Afin d'assurer les droits de ce dernier et mettre fin à certains différends, Claude Ier passa, le 3 février 1571, une transaction avec la communauté, par laquelle, entre autres articles, il abandonnait aux habitants tous les titres et droits qu'il possédait sur Lièye, les défens, etc., moyennant une redevance annuelle de 300 livres, payable en deux parties, de six mois en six mois.

L'année suivante ; par contrat du 23 novembre 1572, Ours de Villeneuve épousa Isabeau de Pontevez, fille de J.-B. de Pontevez, sieur de Bargème et de Calas, et de Françoise d'Agoult. Il avait déjà fixé sa résidence à Barrême, où il passa presque tout le reste de sa longue carrière de cent ans et y laissa une nombreuse postérité.

Bientôt après la Saint-Barthélemy (24 Août 1572), éclatèrent les guerres de la Ligue. Profitant de l'absence du nouveau gouverneur, Albert de Gondy, maréchal de Retz, successeur d'Honoré de Tende, les protestants arborent le drapeau de la guerre civile. Laissons parler notre grand historien de Provence :
« Sous la conduite des sieurs de l'Isle, frère du baron d'Allemagne, de Stoublon, du chevalier de Saint-Estève, d'Honoré de Grasse, sieur de Tanaron, d'un nommé Espagnolet, du sieur de Tourrettes, de Montpezat ; quelques-uns y ajoutent les barons d'Oraison et d'Allemagne et le sieur de Majastres et autres gentilshommes protestants de la province, prirent de nuit par escalade, vers le six de juillet (1574), la ville de Riez, y estant alors gouverneur Claude de Castellane, sieur de Tournon, et quelques jours après, les villes de Digne et de Seyne, les lieux

de Gréoulx, de Puimoisson et d'Espinouse, comme le sept septembre, le sieur de l'Isle avec Espagnolet surprirent le lieu d'Anot ; et, quelques jours après, le fort de Saint-Georges à Thoramènes-Hautes, Tartonne, le Poir, Majastres et autres environs, où ils exercèrent partout les plus incroyables cruautés, meurtres, voleries et profanations aux églises, renversant les autels, démolissant les chapelles, bruslant les images, abattant les croix, emportant les calices, les ciboires, les reliquaires d'argent et tous les précieux ornements des églises. »

Il était temps de mettre un terme à ces sacrilèges exploits. Le maréchal de Retz arrivé enfin au siège de son gouvernement, s'empresse d'envoyer d'Aix le comte de Carcez, le baron de Vins, surnommé *le Matinier*, et quelques autres capitaines, sur les traces des partisans huguenots, qu'ils chassent de toutes leurs positions et poursuivent sans trêve ni merci. De Vins fait passer au fil de l'épée le sieur de l'Isle et l'Espagnolet ainsi que les religionnaires enfermés dans les lieux de Tartonne et du Poir (1).

Plusieurs forteresses qui avaient échappé aux fureurs des Protestants ne tardèrent pas à tomber sous le marteau des catholiques eux-mêmes, qui les démolirent par mesure de sûreté. C'est ainsi que, le 25 août 1575, sur l'ordre du comte de Carcez, fut rasé l'antique monastère carme de Saint-André de Trévans ou de Valbonnette, et, vers la même époque, le cloître de la prévôté de Saint-Jacques de Barrême, « de peur, dit » H. Bouche, que les Huguenots de Seyne ne vinssent s'en sai- » sir, comme ils estoient venus auparavant, et s'y fortifier. » *(Histoire de Provence*, t. II, p. 660 et 662).

La disgrâce et la retraite du comte de Carcez survenue peu de temps après ne fit qu'aggraver la sédition et la discorde. Toute la Provence se partagea en deux camps bien tranchés : celui des *Carcistes*, pour Jean de Pontevez, et celui des *Razats*, partisans du maréchal de Retz. La guerre devint générale et implacable.

Le baron de Barrême, Ours de Villeneuve, neveu par sa femme du comte de Carcez, dut naturellement se ranger du parti de ce dernier. C'est ce qui semble résulter d'une espèce de journal informe et sommaire écrit au fur et à mesure par l'un de nos notaires de l'époque. On y lit par exemple : « Ung » Jacques Arnaud de Antraunes (2), en Terre Neufve, est venu à

---

(1) On trouve écrit indifféremment le *Poir* ou le *Poil*. La première orthographe est peut-être la meilleure, en latin *castrum de Piro*.

(2) Neveu des frères Mauvans. Il fut pendu à Seyne en 1586.

» Chasteau-Garnier, forest de Thoramène, accompagné de
» six vingts arquebusiers très braves, sacquageant et fezans mille
» larrecins et destrutions, venant surprendre Colmars, la veille
» de Noël (1578). Le sieur Saint-Jehan feust (fut) par le *sieur*
» *de Barrême* accompaigné de cent à six-vingts homes dudit
» Barrême et par nous. Et ramassant les circonvoisins assiège
» (Colmars). Ayant nous (habitants de Barrême) le lendemain,
» jour des Innocens, esté secoreus (secourus) par le capitaine
» Maulric (Amaudric) de Digne, accompaigné de L (cinquante)
» arquebuziers, de grand matin, tant procède que le dit Jacques
» Arnaud (est) deffaict, sa dite compagnie presque toute tuée et
» luy prisonnier et aultres. » — Ils sont amenés sous bonne
garde à Barrême ; mais soudain « le jour de l'an 1579, le sieur de
» Verdaches et tenans son parti (Razats ou Huguenots) arrive à
» Barrême accompaigné de trente-quatre chevaux le suivant et
» troupe d'arquebuziers, nous a faict quitter ladite ville de
» Barrême et prisonnier, et (emmené) aultres prisonniers avec
» ledit Arnaud... etc., etc. » (1).

Le frère du baron de Barrême fut assiégé, la même année, dans son château de Trans qui tomba au pouvoir des Huguenots, le 23 Mai 1579, et lui-même fait prisonnier avec sa femme et ses enfants, puis écorché vif et massacré au milieu des plus atroces supplices, le 2 du mois de juin.

Enfin la reine mère, Catherine de Médicis, étant venue en Provence, parvint à rétablir la paix entre les deux partis. La communauté de Barrême en profita pour tâcher de réparer les maux de la guerre et pourvoir aux dangers à venir. L'église avait grandement besoin de réparations; mais il fallut se borner pour le moment à faire fondre une cloche. Elle existe encore : c'est celle qui sert aujourd'hui de timbre pour l'horloge et qui porte le millésime de 1580, avec cette invocation : Sancte Antoni, ora pro nobis (saint Antoine, priez pour nous).

Notre baron, de son côté, voulut mettre sa famille et ses vassaux à l'abri d'une surprise, au moyen de quelques travaux de défense. Dans ce but il fit bâtir, sous les murs de l'ancien cimetière et en face du château vers l'est, une grande et forte tour dont il ne reste plus que la base (2) et une plaque de marbre portant cette inscription latine en très-beaux caractères :

---

(1) Écritures de Claude Andravi, notaire à Barrême.
(2) Enclavée dans la partie ouest de la maison Rouvier.

VRSVS DE VILLANOVA DÑS ET BARO DE BARREMA PÑTEM TVRRIM A FVNDA- MENTIS EREXIT. 22 MENSIS OCTOBRIS. ANNO DÑI : 1583.	Ours de Villeneuve, seigneur et baron de Barrême, a élevé la présente tour à partir des fonde- ments. Le 22 du mois d'octobre, l'an du Seigneur : 1583. (1)

A peine inaugurée, cette tour eut à loger, en décembre de la même année, une partie des troupes de Henri de Valois, duc d'Angoulême, qui, à la tête de deux mille hommes et plusieurs pièces d'artillerie, marchait en personne sur Colmars dont s'était emparé le fameux Jean Cartier.

Nos autorités locales crurent l'occasion favorable pour demander au prince gouverneur l'autorisation de fortifier le village et de le transformer, autant que possible, en place de guerre. La demande fut bien accueillie, ainsi qu'on le voit par un rapport de l'année 1589 : « Connu soit, y est-il dit, que la
» communauté de Barrême, en l'année *huictante trois* (1583),
» et le quatorzième jour du mois de décembre auroyt obtenu
» de feu Monseigneur le Grand-Prieur de France, gouverneur et
» lieutenant général pour le Roy de ce pays de Provence, *lis-*
» *sance*, authorité, permission et injonction, *verballement*, de
» dresser murailhes et *barriquements* audict lieu, tant pour la
» conservation dudit lieu que pour s'opposer aux courses que
» faisaient journellement les ennemis et rebelles à sa Majesté...
» et n'ayant eu commodité de faire et achever lesdites murailles
» et barricades tant pour raison desdits troubles que aultres
» empeschements, » etc. (2).

Ces derniers mots témoignent de la difficulté que rencontra d'abord une telle entreprise. La guerre *des trois Henri* avait rallumé toutes les fureurs de la Ligue : d'un côté, le roi de France, Henri III, et Henri de Guise, dit le *Balafré*, à la tête des

---

(1) Cette plaque est conservée dans le cabinet des archives de la mairie.

(2) Tiré des écritures d'Andravi, notaire.

royalistes catholiques ou Ligueurs ; de l'autre, Henri, roi de Navarre (depuis Henri IV), chef des calvinistes français, suisses et allemands.

Barrême fut toujours catholique et royaliste de cœur et de fait. Or, telle était la situation générale, quand Lesdiguières, le plus vaillant des capitaines huguenots, après avoir dévasté le Dauphiné, répondant à l'appel du baron d'Allemagne, qui l'attendait à Ribiers avec cent cinquante hommes à cheval, se joint à lui avec quatre cents autres, et prenant ensemble la route de Castellane, ils passent avec peine la Durance vis-à-vis des Mées, où ils séjournent. De là ils se dirigent vers Barrême, où ils arrivent de bonne heure, le jeudi 30 janvier 1586, et y font reposer quelques heures leurs quinze cents hommes de troupes. En attendant le départ, Lesdiguières jugea à propos de réformer son ordre de marche et de combat. Jusque là les *maîtres* ou gentilshommes faisaient porter leurs armes par des valets qui restaient sur les derrières. Puis, au moment d'une attaque, chaque cavalier mettant pied à terre, appelait son valet qui l'aidait à se vêtir de son armure. De là tumulte et confusion. L'habile capitaine passa donc, le soir même, une revue en dehors du village, « où il les mit en bataille, dit Laurensy, pour établir l'ordre qu'on auroit à garder, » ordonna que désormais chaque valet resterait à côté de son maître, que les gentilshommes marcheraient en tête, les bagages au centre et les arquebusiers à l'arrière-garde. Ce fut d'après ces dispositions qu'on devait, le lendemain de grand matin, aller surprendre Castellane. Mais ce plan échoua. Une femme, désignée quelquefois sous le nom de *la femme de Barrême*, appelée ailleurs Judith Andrau, était venue le soir même se glisser parmi les rangs ennemis, où elle disait avoir un neveu ; là elle avait surpris le mot d'ordre et le plan d'attaque, et était accourue aussitôt à Castellane pour annoncer aux habitants le danger qui les menaçait, en précisant le point qu'on aurait à défendre. On connnaît la suite. Le 2 février suivant, forcé de lever son camp, Lesdiguières repasse en fugitif à Barrême pour aller guerroyer vers Seyne et Sisteron. D'où chaque année à Castellane, la fête nationale dite *du pétardier*.

La mort tragique de J. Clausse, évêque de Senez, assassiné le 6 novembre 1587 (1), fit connaître dans nos pays le nom d'un guerrier non moins célèbre que le précédent. Le siège épiscopal étant demeuré vacant de 1587 à 1601, Henri III et, après lui,

---

(1) Il fut trouvé, dit-on, étouffé entre deux matelas !

Henri IV adjugèrent l'administration temporelle du diocèse à Louis Berton des Balbes, dit le *brave Crillon*. Il avait en 1590 pour rentiers deux citoyens de Barrême, d'après ce reçu authentique (1) : « Le sieur de Berton confesse avoir reçu de Claude
» Andravi et Claude Pascal, ses rentiers à l'évêché de Senez, la
» somme de 1206 escus, dont 350 pour la rente de l'année ;
» le reste pour les gardes du châsteau, bois, argent ; plus trois
» quintaux de fromage et quatre douzaines de perdrix, dues
» à la Noël dernier, etc... » Signé *de Berton, procureur*. — C'est le nom de Girard, son frère et son compagnon d'armes à Sisteron, en 1562, et plus tard en 1571, à la fameuse bataille de Lépante.

L'année 1588 vit naître l'exécution d'un grand projet depuis longtemps médité. Reconnaissant de plus en plus la nécessité de se mettre à couvert contre les violences des divers partis belligérants, Barrême résolut de s'entourer d'une enceinte de remparts et de fortifications, et de se « *barriquer*, dit une délibéra-
» tion du mois de septembre, le plus promptement que faire se
» pourrait, comme estant menacés par gens de guerre... En
» conséquence, plein pouvoir est donné à M^{res} Arnoux Bernard,
» Bertrand Agnel, consuls, et Antoine Cruvellier, leur défenseur,
» de faire barriquer à chaux, arène et *gippière*, ledit Barrême,
» le plus tôt que faire pourront, et mander quérir maistres *gip-*
» *piers*, et autres à ce nécessaires, leur enjoignant de constraindre
» *tous les hommes et femmes* dudit lieu de s'aider à ladite
» œuvre, requérir le bestail, si besoin est, et prendre l'argent
» des trésoriers, blés et fruits de la commune, etc. »

Le 2 octobre suivant, nouvel arrêté imposant un capage sur tous les habitants et bestiaux, avec injonction à chacun d'aller *tous les soirs monter la garde, par quartiers, suivant* le rôle *des quatre caporaux, sous peine de deux florins et demi* d'amende.

Les travaux furent poussés avec ardeur durant tout l'automne de 1588 et repris dès les premiers jours du printemps de 1589 ; de sorte que, vers le milieu de l'année, ils se trouvèrent assez avancés pour que le duc de la Valette, gouverneur de Provence, crût devoir exiger des habitants une promesse solennelle de fidélité au roi. L'acte en fut passé en bonne et due forme le 1er août suivant, dans la galerie de la maison seigneu-

---

(1) V. André Andravi, notaire. Il en existe un autre de l'année 1601 (fol. 206).

riale, par devant Mre Barbaroux, notaire royal de Barrême, André Andravi, premier consul agissant au nom de la communauté, et Mre Hours de Villeneuve, sieur et baron de Barrême, et Mre Rouzier, fondé de pouvoirs, et Mre de Signac, commandant à Digne et délégué de Mgr de la Valette, intervenant au nom de Sa Majesté. Signé : ANDRAVI, BARRÊME, BARBAROUX.

Sur la fin de cette même année 1589, les ouvrages de défense, sans être terminés étaient capables de recevoir une garnison de trois cents hommes ; ainsi qu'il appert d'un « *ordre* » *de contribution* du 29 janvier *mil cinq cens norante*, pour » aider à l'*entretenement* de *trois cens hommes* ordonnés en gar- » nison audit lieu de Barrême, pour un mois commençant au 21 » dudit mois de janvier 1590, jusques à semblable jour du mois » suivant, sçavoir quatre charges bled par feu, ou, au choix des » contribuables, quatre écus par charge. »

Cependant on poursuivait sans relâche la continuation des travaux. Plusieurs maisons situées hors de l'enceinte et qui pouvaient nuire à la défense de la place, furent achetées et démolies. Nos vieux registres ne donnent pas d'indication précise sur la nature et le développement de ces ouvrages. Les seuls détails qui se rencontrent çà et là désignent : le *portail de Notre-Dame* et celui des *Chauchets*, les deux *tours du baron* (la *grande* tour mentionnée plus haut, page 44, et une autre plus petite, non loin de la première); de plus, une troisième tour au pied du coteau de Saint-Jean, défendant l'avenue du nord sur le chemin de Chaudon ; enfin le *rempart* joignant cette dernière à une quatrième appelée le *fort Saint-Jean*.

Mais on dut s'apercevoir bientôt que tant de frais ne servaient qu'à augmenter la dette publique et que loin de sauvegarder le pays, nos fortifications semblaient plutôt inviter les divers partis contraires à venir s'y retrancher tour à tour, afin d'en assurer la ruine complète. Aussi était-il exposé, dans la séance du 26 mars 1593, « qu'on avait présenté plus d'une » requête au gouverneur de la province, remontrant la ruine et » pauvreté du lieu, à cause des grandes *foules* (exactions) que » journellement ledit lieu souffre et endure par les compagnies » de gens de guerre tant à pied qu'à cheval, allant, passant » revenant et séjournant sans aucun titre de commission ou » permission de mondit seigneur. » (Cahiers des délibérations).

Pour comble de misère, une affreuse disette régnait alors tant à Barrême que dans tous les environs. Le prix du blé monta, en 1592, de six à huit écus la charge, et en 1593, jusqu'à douze écus; ce qui reviendrait de nos jours à plus de 140 francs les huit doubles décalitres ! (1)

Heureusement la conversion de Henri IV et son abjuration publique (le 25 juillet 1593), vint enlever tout prétexte aux derniers champions de la Ligue. La plupart, et notamment le comte de Carcez, se soumirent sur le champ. Les autres, tels que le duc d'Epernon et Jean de Villeneuve, marquis de Trans, ne tardèrent pas à suivre cet exemple. Dans les premiers jours de janvier 1596, l'infatigable Lesdiguières, après avoir repris Vinon, Riez et Puimoisson, se porta sur Norante, Blieux et Saint-André, pour soumettre au roi tous ces lieux et quelques autres qui tenaient encore pour d'Epernon (2). La paix générale fut définitivement signée le 2 mai 1598, publiée le 12 juillet dans toutes les villes et bourgades, et célébrée par des *Te Deum* et des feux de joie sans nombre d'un bout de la Provence à l'autre.

CHAPITRE VIII.

Restauration de l'église paroissiale. — Gaufrédy; orage et procession du 13 juillet. — Le père Bruno et le père Silvestre de Barrême. — Chevaliers de Malte. — Legs Meynier. — Peste de 1629. — Fondation de N.-D. d'Espérance et de Consolation. — Honoré Bouche nommé prévot de Saint-Jacques. — Expédition de Lérins. — Sécheresse de 1639 et procession du 1er mai. — Liquidation des dettes. — Érection de diverses chapelles. — Réparation de l'église et construction du clocher. — Guerre. — An du déluge, 1651; ponts. — Le duc de Mercœur à Barrême. — Règlement communal. — Reconstruction de la chapelle de Saint-Jean-Baptiste en 1664.

Dans le cours des interminables guerres des années précédentes, l'église paroissiale, comme tout le reste, avait nécessairement souffert. Un des premiers soins de Mgr Jacques Martin, dans sa visite du 4 juillet 1602, fut de porter une ordonnance

---

(1) Voir *Histoire de Sisteron*, par E. de Laplane, sur la valeur des monnaies.
(2) H. Bouche. T. II, p. 810.

prescrivant la réparation à faire. En vain la communauté fit d'abord appel de la sentence. L'église était en si mauvais état que tout le monde comprenait et proclamait l'urgence d'une prompte restauration. Déjà même les offres de secours arrivaient de côté et d'autre : « Il a esté proposé, disait le compte rendu du 11
» avril 1605, que Matthieu Bernard bailloit à la communauté 200
» sestiers de chaux, pour rhabiller nostre église... estant es-
» candalleux à la communauté de voir nostre église en l'estat
» qu'elle est; et que M⁰ le baron de Barrême avoit promis de
» prendre la peyne, si la communauté lui en bailloit la charge,
» d'y faire travailler, avec l'assistance du peuple, sans qu'il de-
» mande rien à la commune... le voulant faire pour l'amour de
» Notre-Seigneur et la dévotion qu'il a de voir nostre dicte église
» couverte » (Délibérations).

Non content de diriger les travaux, le baron Ours de Villeneuve fonda, à ses propres frais, une chapelle latérale à droite, sous le titre de N.-D. de Pitié, avec un service de messes et une tombe pour lui et pour les siens. C'est là que reposent les restes mortels de plusieurs membres de cette noble famille. Le premier chapelain nommé fut Jean de Villeneuve, le troisième des fils d'Ours et de feu Isabeau de Pontevez et protonotaire apostolique (1).

L'église ayant donc été en partie démolie, les offices se célébraient à Notre-Dame du Pont. Cette chapelle fut aussi témoin d'une cérémonie aussi rare que touchante. Le fils aîné du baron Jean-Baptiste de Villeneuve avait épousé, le 23 Juillet 1605, Louise de Glandèves, fille d'Honoré de Glandèves, baron de Montblanc, et d'Isabeau de Gérente. Plusieurs membres de cette famille qui autrefois avaient embrassé le calvinisme, étaient rentrés dans le sein de l'Eglise. Isabeau suivit enfin la même voie,

(1) Ours de Villeneuve avait eu de sa première femme, Isabeau de Pontevez, quatre enfants, savoir : 1º *Jean-Baptiste*, d'abord sieur de Brunet, puis baron de Barrême, en 1626, du vivant de son père; 2º *Gaspard*, mort en bas âge; 3º *Jean*, prieur de Cabriers et de N.-D. de Verdelay, protonotaire apostolique, etc.; 4º *Claude*, qui reçut la seigneurie de Gévaudan. — Isabeau étant décédée en 1583, il se remaria avec Sibylle de Grasse, veuve elle-même d'Honoré de Russan et mère d'Honoré et de Louise de Russan; et il en eut : 1º *Honoré*, d'abord avocat au parlement et plus tard capucin du nom de P. *Silvestre*; 2º *Jean*, qui devenu aussi capucin s'appela P. *Bruno*; 3º *Jules*, frère jumeau de Jean et sieur de Saint-Lyons; 4º *Henri*, sieur de Barrême, demeuré célibataire; 5º *Louise*, mariée au sieur de Tourrettes-les-Vence; et 6º *Lucrèce*, morte en bas âge.

le cinq septembre de la même année, à Notre-Dame, en présence de l'évêque Jacques Martin qui, se rendant aux vœux de la nouvelle convertie alors âgée et infirme, vint à Barrême recevoir son abjuration. Tout se passa conformément aux prescriptions du rituel romain (*Archives de l'évêché de Senez*).

Un autre événement qui a laissé dans la mémoire du peuple une impression ineffaçable, est celui qui se rattache au nom du fameux Louis Gaufridy ou *Gaufrédy*, vicaire de la paroisse des Accoules à Marseille. Il vivait à cette époque (15...-1611).

Un jour, raconte la tradition, Gaufrédy étant en voyage, pour se rendre peut-être à Beauvezer son pays natal, voulut s'arrêter à Barrême et demanda un gîte chez divers particuliers. Mais prévenus contre lui à cause de sa renommée de sorcier et de suppôt des enfers (1), personne ne voulut le recevoir. Aussitôt le magicien, furieux et la menace à la bouche, se porte aux bords de la rivière, et là, murmurant ses évocations diaboliques, il frappe de sa terrible baguette les eaux de l'Asse, qui coulent calmes et limpides dans un lit presque épuisé par les chaleurs de juin et de juillet. Et voilà que soudain le ciel se couvre de nuages, le tonnerre gronde avec fracas, une trombe de vent, de grêle et de pluie fond sur le terroir de Barrême et un nouveau déluge semble prêt à engloutir pays et habitants. Les moindres ravins, et entre autres celui de Saint-Jean, sont devenus des torrents impétueux, et l'Asse, un fleuve débordé de toutes parts : vignes, arbres, moissons, terrains mêmes, tout est dévasté, emporté, anéanti, et, pour comble d'épouvante, on voit le redoutable enchanteur, toujours sa baguette à la main, porté comme en triomphe sur un tronc d'arbre qu'emporte le courant, descendre des hauteurs du Vignal et parcourir la place et les rues changées en un lac bourbeux et profond.

A ce spectacle, la population, plongée dans une consternation facile à concevoir, ne trouve d'autre remède à son malheur que la prière et le recours au Maître souverain des éléments. Tous les habitants, d'un commun accord, prêtres et consuls en tête, vouèrent pour eux et pour leurs descendants une procession générale, fixée au 13 juillet de chaque année, jour du désastre, afin d'en être à jamais préservés à l'avenir.

(1) Il se transportait, dit-on, à volonté d'une contrée dans une autre, et on le vit plus d'une fois dire la messe à Marseille et assister, la nuit suivante, aux divers sabbats qui se tenaient en France, en Italie, en Allemagne, etc., et dont il était le président !....

Tel est le récit des anciens. Quel en est maintenant le fondement réel ? que faut-il penser à ce sujet du célèbre et terrible magicien, et à quelle circonstance rapporter la croyance populaire à son intervention dans ce fatal événement ? D'abord, il est incontestable que le fond est vrai, aussi bien que les détails essentiels. Le fait permanent de la procession votive, perpétuée de siècle en siècle et renouvelée d'année en année, est un témoignage non moins irrécusable que celui des écrits les plus authentiques. Évidemment l'usage en vigueur repose sur le souvenir traditionnel d'un vœu fait autrefois par la population, et le vœu à son tour suppose nécessairement l'orage qui en fut l'occasion et la cause première. D'ailleurs à défaut de documents contemporains aujourd'hui perdus pour nos archives, il est un historien qui connut mieux que personne tout ce qui intéresse nos contrées et qu'on ne consulte presque jamais sans en obtenir une réponse ou un éclaircissement : c'est H. Bouche, notre ancien prévôt de Saint-Jacques. On lit à la page 851 du IIe volume de son Histoire de Provence :

« Au commencement de juillet de l'année 1608, il tomba, dit-on, une pluie de sang, à Aix et aux villages voisins. » L'auteur ajoute que le savant Fabri de Peiresc donna la raison de ce phénomène, en démontrant que cette couleur rouge de la pluie provenait, non point de sang proprement dit, mais d'une espèce de ver ou larve de papillon dont les déjections en offraient l'apparence.

Il est vrai que Barrême n'est pas dans le voisinage d'Aix ; mais qui ne sait que le même orage, amené par un vent violent, peut embrasser en même temps ou presque à la même heure plusieurs contrées souvent fort éloignées les unes des autres ? De plus, les dates coïncident : c'était *au commencement de juillet*, c'est-à-dire, dans la première quinzaine de ce mois ; en *l'année 1608*, époque où Louis Gaufrédy, déjà en butte à l'animadversion publique, était poursuivi pour crime de maléfice et de sorcellerie ; et comme la prétendue pluie de sang et l'orage qui fondit sur Barrême dut frapper d'effroi l'esprit des populations, il n'y eut qu'un pas à faire pour lui attribuer ce fléau et tous ceux qui pouvaient alors affliger la Provence. Nous en trouvons encore la preuve chez notre historien Bouche, qui avait connu Gaufrédy ainsi que Madeleine de Demandols et la plupart des juges de ce fameux procès.

Quarante-deux ans plus tard, dit-il, le parlement d'Aix ayant ordonné une nouvelle enquête et reconnu l'infortunée Madeleine innocente du crime de magie, se crut obligé néanmoins d'accorder quelque chose à l'opinion populaire et d'enjoindre à sa famille de la tenir séquestrée pour toujours, « parce que le » peuple était persuadé que toute sorte de malheurs, mala- » dies, grêles et tempêtes, lui devoient arriver, si cette femme » retournoit dans le monde. »

Quant à la culpabilité de Gaufrédy lui-même, brûlé vif le 1er mai 1611, tous les auteurs conviennent que si le châtiment fut rigoureux, il ne fut pas immérité. H. Bouche, sans le croire coupable de sorcellerie, affirme que sa vie n'était rien moins qu'édifiante. Fabri de Peiresc admettait non seulement l'inconduite du sacrilège séducteur, mais aussi le sortilège et la possession dont plusieurs furent les malheureuses victimes. Le grave président du Vair et les membres du parlement en général étaient du même avis. L'illustre Gassendi rapporte les divers sentiments sans donner le sien. Enfin, il suffit de connaître l'histoire des possessions de Loudun et le procès d'Urbain Grandier jugé et condamné au même supplice que Gaufrédy, en 1634, pour savoir à quoi s'en tenir sur ces faits mystérieux, auxquels notre siècle n'est pas plus étranger, peut-être, que ses devanciers (1).

Peu de temps après ce tragique événement, Pierre Gassendi, dont le nom était déjà célèbre, entrait dans les rangs du clergé. Barrême l'accueillit une première fois dans ses murs, en 1614, lorsque en l'absence de l'évêque de Digne, Antoine de Boulogne, il se rendait à Senez pour recevoir le sous-diaconat des mains de Mgr Jacques Martin. Barrême de son côté fournissait à l'Église plusieurs personnages remarquables, qui, par la sainteté et l'héroïsme de leur vie, devaient réparer avantageusement le scandale causé par L. Gaufrédy. Ce furent notamment : Jean de Villeneuve, qui, dès l'année 1606, avait renoncé au monde et à tous les avantages que pouvait lui assurer sa naissance, pour devenir l'humble disciple de saint François, sous le nom de Père Bruno, capucin. Son frère utérin, Honoré de Russan, suivit son exemple en 1607, et Honoré de Villeneuve, son frère aîné, en 1618. On trouvera ci-après la vie des deux premiers. Le 13 décembre de l'année précédente (1617), était né au château de Barrême Antoine de Villeneuve, fils de Jean-Baptiste et de Louise de Glan-

---

(1) Témoin la possession de Reine Quetet à Biel-les-Eaux (Yonne). V. *l'Univers* du 17 Juillet 1853. — *Item*, le fait du presbytère de Cideville (Nord) en 1854, etc. — Voir les ouvrages de Mirville, de Gougenot des Mousseaux, etc.

dèves, qui plus tard, en 1637, entra dans l'Ordre militaire des chevaliers de Malte et fut suivi bientôt après par André, l'un de ses frères. Leurs noms sont inscrits dans les archives de la langue de Provence, à côté de ceux de François de Villeneuve, fils d'Alexis, baron de Barrême de 1487 à 1527 ; de Jules César, neveu d'Ours de Villeneuve-Barrême, reçu chevalier de Malte le 10 janvier 1584 ; d'Arnaud de Villeneuve, frère du précédent, reçu le 22 décembre 1593 ; de Claude de Villeneuve-Barrême et de Louis de Villeneuve-Barrême, reçus l'un en 1595, l'autre en 1605, et mentionnés par Vertot dans sa liste générale des chevaliers de Malte, etc. (1)

A côté de ces noms peut figurer avec honneur celui de François Meynier, marchand de Digne, qui laissa par testament à la commune de Barrême une rente annuelle de 75 livres pour le traitement du maître d'école, et une autre de 24 livres à partager chaque année entre quatre filles pauvres à marier. La date précise de ce legs n'a pu se retrouver. On lit seulement dans un relevé général des dettes communales, en 1617, une somme de 1180 écus inscrite en faveur de demoiselle Jeanne de Meynier, dont François fut peut-être l'héritier et put en faire rémission à la commune à l'occasion de la peste de 1629.

« La première ville atteinte de cette maladie, au rapport d'Honoré Bouche, fut celle de Digne, où elle avoit été portée par un marchand revenant de Lyon vers le mois de may de l'an 1629 pour faire les emplètes de sa boutique ; et de cette ville elle fut portée par le moyen de quelques étoffes à deux villages voisins, sçavoir Saint-Jaume ou Saint-Jacques et Chanarilles (*Chenerilles*), auxquels lieux elle fit un tel dégat, avant qu'on reconnût ce que c'estoit, qu'il n'y resta presque personne ; et d'un si grand nombre qui en fut atteint au même lieu de Saint-Jacques, il n'échappa que trois personnes qui servoient pour ensevelir les autres. De Digne la contagion envahit presque toute la Provence et principalement les grandes villes d'Aix, Arles, Marseille, Avignon, Tarascon, Riez et Castellane, sans compter les petits villages circonvoisins » (2).

---

(1) *Histoire de Malte*, par l'abbé Vertot. — *Histoire généalogique de la maison de Villeneuve*, pp. 66, 325. Alexandre François de Villeneuve, autre fils de Jean-Baptiste et frère de Jean nommé ci-dessus, entra aussi dans l'Ordre de Malte le 17 Mars 1638, mais il ne fit pas ses vœux et devint plus tard seigneur de Barrême.

(2) *Histoire de Provence*, T. II, p. 879.

Barrême ne pouvait échapper au fléau. Vainement le conseil municipal fit établir un cordon sanitaire de gardes armés au quartier des Arbuyes, pour empêcher toute communication avec les habitants de Saint-Jacques, et construire plusieurs cabanes de bois placées de distance en distance aux alentours dans la campagne, les unes pour abriter les hommes de garde, les autres pour y séquestrer les pestiférés. C'est ainsi que dès le mois de juillet un poste fut placé au quartier de *l'Église*, un autre au quartier de *Saint-Jaume* où il demeura cinquante et un jours, à partir du 7 octobre au 27 novembre. La contagion ne laissa pas de faire bien des victimes, puisque l'on voit par les *comptes* de nos trésoriers diverses sommes payées pour objets à *porter aux cabanes des malades sortis de la ville* et *logés en la terre de Prat-Nouvel* ; ou encore, pour 55 livres de *soufre*, plus 2 *coupes 3/4 de vinaigre*, employés *à parfumer les maisons et bâtiments infectés des malades sortis de la ville*. De même encore pour « *bons de pain accordés à feu Claude Durand, sa » femme et sa famille, lorsqu'ils étaient en cabane atteints de » la peste, estans tous morts, fors sa femme.* » *Item*, pour indemnité à Gaspard Bernard, tuilier, « *12 panals annone, en récompense d'un jarbeiron que la communauté lui fit brûler, à cause qu'un jeune homme malade estendit les gerbes, se coucha sur icelles et y mourut.* »

Rien de plus expressif que ces simples comptes-rendus. On n'y voit pas, il est vrai, la description complète des ravages de l'épidémie, mais ils furent assurément considérables ; car douze ans après, en 1642, on ne put fournir que six soldats de milice, pour l'armée de Catalogne, « *n'en ayant pas trouvé de plus capables*, tant *à cause du peu de peuple qu'est audit Barrême*, ayant esté, il y a quelques années, *affligé de la peste*, que pour la plupart des hommes estre allés au pays bas à la moisson ou à *la guerre en Catalogne* » (1).

Quoi qu'il en soit, ce ne fut qu'après de longues et mortelles angoisses et le vœu prononcé par la population de faire, par députés, une procession expiatoire à Notre-Dame de Grâce à Cotignac, que le fléau finit par disparaître au printemps de l'année 1630. Le vœu fut acquitté, en 1632 de concert avec la communauté de Digne et plusieurs autres. Gassendi, l'éloquent historien de la peste de Digne, voulut en faire partie.

(1) Cahiers des *délibérations du Conseil*

En 1631, eut lieu dans notre ancienne église paroissiale, la construction de la chapelle de saint Éloi, moyennant la somme de 22 écus, aux frais de la confrérie déjà existante en l'honneur du saint, et des forgerons de Barrême ; et presque en même temps Joseph Dalmas, prévôt de Saint-Jacques, fit agrandir la chapelle de Notre-Dame, ainsi qu'il résulte de son testament du 16 novembre 1632, par lequel « il lègue à *Notre-Dame d'Espérance et Consolation qu'il a fait bastir contre ladite chapelle de Notre-Dame de l'Assomption, la somme de 24 escus, à charge d'acquitter une messe à toutes les festes de Notre-Dame perpétuellement.* »

Sa mort ayant laissé vacante la dignité de prévôt, l'évêque de Senez désigna pour lui succéder, en 1633, H. Bouche, docteur en théologie, chanoine de la métropole d'Aix, et depuis devenu si célèbre par sa grande Histoire de Provence, qu'il rédigea à Saint-Jacques même. Son nom et sa signature se rencontrent bien souvent soit dans nos archives communales, soit dans les actes des anciens notaires de Barrême. La composition de son ouvrage l'avait mis en relation avec toutes les sommités littéraires et scientifiques de son temps, et Louis XIV accueillit avec faveur et distinction l'hommage qu'il lui fit de son Histoire en 1660. Il se démit de la prévôté de Saint-Jacques en 1661, fut nommé à celle de Chardavon, près de Sisteron, en 1664, et mourut à Aix en 1671.

Parmi les faits sans nombre qu'il raconte, ayant quelque rapport à nos localités, il faut compter l'expédition de 1637 aux îles de Lérins, dont les Espagnols s'étaient emparés par surprise en 1635. Jean-Baptiste de Villeneuve, baron de Barrême ; Jules de Villeneuve, son frère, seigneur de Saint-Lyons, et plusieurs autres membres de cette famille ne furent pas les derniers à répondre à l'appel fait à la noblesse et aux communautés de la Provence. Le nom de Jean-Baptiste de Villeneuve figure avec honneur au nombre des braves qui payèrent de leur sang la reprise de ces îles, le 14 mai 1637 (1).

La viguerie ou Val de Barrême y concourut pour sa part en

---

(1) Il mourut cette même année, probablement des blessures qu'il avait reçues. Jean, son fils et son successeur, avait été aussi blessé dans la même expédition ; et Jules, sieur de Saint-Lyons, avait fait son testament à Barrême, « se doubtant mourir à l'imprévu soit de maladie, soit à la « guerre, y estant le ban et rière ban de la noblesse convoqué, où il est en cette qualité prêt pour marcher. » (Notaire Barbaroux, année 1635).

contributions d'armes, de vivres et d'argent, et même par un contingent de soldats. En effet, nous eûmes à fournir six hommes de milice envoyés sous les ordres du marquis de Janson ; de plus : vingt-deux charges de vin, portées à Cannes ; 118 écus 51 sols imposés à la communauté pour les huit compagnies logées au fort de la Croisette ; 34 écus 57 sols pour épées et baudriers ; 400 écus imposés aux communautés du Val, pour la subsistance des troupes, etc. (1)

Aux sacrifices qu'exigeait la terrible guerre de trente ans, vint se joindre, en 1639, une longue et désolante sécheresse qui menaça de ruiner les récoltes. « Il tomba, dit Bouche, si peu de neige en Provence, cette année-là, que tout l'hiver on passa la *colle de Barcellonne* sans neige, ce qui n'estoit jamais arrivé de mémoire d'homme. Ce défaut de pluie continua encore presque tout l'été suivant, en sorte qu'il ne se vit de longtemps une si longue sécheresse en Provence » (2).

Or, la tradition nous apprend que les habitants de Barrême, encouragés par l'exemple d'une paroisse voisine (Saint-Lyons), dont les prières avaient obtenu la pluie tant désirée, se rendirent à leur tour en procession à Saint-Jacques, et qu'ayant été pareillement exaucés, ils promirent par vœu de renouveler, le 1er mai de chaque année, la même procession en action de grâces. Leurs descendants en ont maintenu plus ou moins fidèlement l'observation à peine interrompue durant les mauvais jours de la Terreur. On lit à ce sujet dans le *Dictionnaire géographique* de la Provence, par Achard, article *Saint-Jacques :*

« La paroisse de Barrême y vient en procession (le jour de saint Jacques le Mineur), y chante la grand'messe et retourne dans le même ordre, pour accomplir un vœu fait par la communauté, il y a plus de cent ans. » L'auteur écrivait en 1787 ; ce qui ramène évidemment à la date de 1639 ou 1640 donnée par H. Bouche.

Un fléau pire que la sécheresse et toutes les intempéries des saisons, c'était celui des dettes communales toujours croissantes et toujours irrémédiables. En 1617, la commune s'était vue obligée d'emprunter jusqu'à 10.000 écus pour payer pareille somme due à divers particuliers, et en 1639 son déficit s'élevait

---

(1) V. les *Cahiers des délibérations* et les *Livres de comptes* des années 1636, 37 et 38.
(2) *Histoire de Provence*, T. II, p. 920.

à un total de 49.524 livres, 13 sols, 7 deniers, chiffre qui n'avait été dépassé qu'en 1607 (1).

Aussi Barrême, à force de requêtes, avait obtenu d'être classé parmi les quatre-vingts communautés impuissantes et de se libérer en fonds de terre.

C'est alors que la commune céda à ses créanciers : les montagnes de Lièye et de la Faye ; les défens des Fourches, des Costes, de Saint-Lyons et de Gévaudan ; les bastides de la Blache, du Chastellar et du Bancheiron ; les deux fours banaux et une partie de ses tailles sur les diverses cotes foncières. Cette liquidation commencée en 1639 fut close en 1640.

Cela fait, on put s'occuper des besoins particuliers du pays. Ainsi, on refit la porte d'entrée de l'église, au haut de laquelle fut mise *la pierre aux trois fleurs de lis, comme elle était auparavant.* La même année 1640, fut construite, dans la nef à droite, la chapelle du Rosaire, où le P. Jean Bouche, dominicain d'Aix, érigea le 25 juillet, la confrérie de Notre-Dame du Rosaire, en présence d'Honoré Bouche, son frère, l'historien prévôt de Saint-Jacques, qui en fut nommé premier recteur.

En 1643, à la suite de la visite de Mgr Louis Duchaine prescrivant de nouvelles réparations à l'église, on pratiqua, au-dessus de la chapelle de saint Éloi, *une autre chapelle sans autel, pour servir de sacristie,* dit le rapport. On y érigea plus tard un autel à saint Jean-Baptiste.

Durant les années 1645, 46 et 47, la chapelle de Notre-Dame reçut des agrandissements considérables, savoir : 1º trois cannes en longueur ; 2º une chapelle de saint Joseph, en prolongeant celle de Notre-Dame de Consolation, à gauche du maître-autel ; et enfin, 3º une autre chapelle dédiée à sainte Anne, contiguë au côté inférieur de Notre-Dame de Consolation. Plus tard on y ajouta encore une chapelle et un autel en l'honneur de saint Bernard, de manière à former une nef latérale moins large, mais de la même longueur que le vaisseau principal.

De 1647 à 1654 eurent lieu définitivement les réparations résolues en 1643, mais à peine ébauchées. Le conseil était informé le 2 février 1650 : « que tout le devant de l'église et la
» grande nef vient en une prochaine ruine, et court grand risque
» que les cloches ne se brisent, etc. » Les travaux, y compris le clocher de douze cannes de hauteur sur deux de côté, furent

---

(1) La dette atteignit alors la somme de 51.475 livres, qui équivaudrait aujourd'hui à 205.900 francs.

adjugés au prix de 700 livres à Jean-Baptiste Bourrillon, maître maçon de Barrême, achevés et acceptés le 11 novembre 1654.

La même année 1654, la famille Pillafort fit élever la chapelle de *Sainte-Croix*, appelée aussi de *Notre-Dame de Pitié*, et de *sainte Madeleine* au quartier du *Paraire*, et les maîtres cardeurs et tisseurs de Barrême, celle de saint Blaise et saint Gervais, sur la *placette Saint-Georges*, du côté de Notre-Dame, aujourd'hui quartier Saint-Blaise.

Cependant ces pieuses fondations ne faisaient pas négliger les intérêts matériels. Craignant une surprise de la part du seigneur de Chaudon (1), le baron de Barrême, Jean de Villeneuve, fit réparer et mettre en état de défense la grande et la petite tour situées en face du château (1647).

Deux ans après, le 13 juin 1649, les habitants émus *des bruits de guerre* qui couraient par le pays, déclarèrent « *tous* » *d'un commun accord*, vouloir *vivre et mourir pour le service* » *du roi et obéir à Mgr le Gouverneur, suivant les ordres* » *de Sa Majesté.* En même temps, il fut résolu de nouveau de » *réparer la tour*, de racheter tous les mousquets qui se trouve- » raient chez les particuliers, et de les déposer à la maison » commune. »

Ces craintes dissipées, vint le tour des inondations en 1651. Elles causèrent tant de ravages, « que cette année 1651, dit H. Bouche, fut appelée *l'an du déluge*... La Durance vint jusqu'aux portes d'Avignon. Le Verdon crût si fort qu'il entra dans la ville de Castellane jusqu'à la fontaine de la place, passa sur le pont de Quinson, dont il emporta le parapet, comme il avait emporté deux arcades de celui d'Aiguines... comme Asse, à Barrême, un pont de bois » (2) sur la rivière de Clumanc. C'était le 8 septembre.

Dès le lendemain 9, nos consuls exposèrent au conseil « que le *grand débort* que fit hyer a emporté deux *trachs* du pont, et qu'il est fort utile de le faire accommoder. » C'est ce qui eut lieu avant la saison rigoureuse. Mais une nouvelle crue l'emporta encore dans l'automne de 1658, et l'on fut réduit, comme tant d'autres fois, à voter une *somme de 7 écus et demi, pour l'entretien des planches sur les deux rivières.*

Le 7 avril 1661, le conseil prit cette délibération. « Le

---

(1) Il appartenait à la famille des sieurs de Castellane, ennemie des Villeneuve-Barrême.

(2) *Histoire de Provence*, t. II, p. 969.

pont sur pilotis ayant esté *souventefois* emporté, et attendu la nécessité et pauvreté du lieu, il seroit requis mander représenter à l'assemblée générale de la province, qu'elle voulût bien permettre la reconstruction, vu la nécessité du pont pour tous les négociants et traficants, la communauté n'ayant jamais exigé ni ne voulant exiger de péage. » On ignore quel fut alors le résultat de la requête. Le fait est que le 15 octobre 1661, le prix fait du travail fut passé à quatre maçons de Barrême, à raison de 450 livres à charge pour la communauté de mettre les matériaux sur place.

L'année suivante 1662 amena à Barrême la visite de Louis de Vendôme, duc de Mercœur, gouverneur de Provence, se dirigeant sans doute vers Colmars pour inspecter nos frontières. Il était petit-fils de Henri IV. On n'oublia rien pour lui faire un accueil digne de son rang, autant qu'on peut en juger par les comptes de nos trésoriers, où nous lisons : « Payé 4 livres 15 sols à divers, pour avoir vaqué aux chemins allant à Norante et au costé de Valbonnette, à la venue de Monseigneur le duc de Mercœur, gouverneur de ce pays. » — « Payé 22 sols à ceux qui tirèrent les mousquets pour saluer Monseigneur le Gouverneur. » — « Payé 36 sols pour les valets de Monseigneur. » — « Payé 11 livres aux gens de Mgr le Gouverneur passant en ce lieu. »

L'état financier de la communauté ne permettait guère de prodiguer les deniers publics ; car le 24 février de la même année 1662, on eut à contracter un emprunt de 20 000 livres, pour payer les dettes courantes. Et pourtant, chose singulière, la commune devenait à son tour créancière de la famille même de son seigneur et baron, témoin un grand registre des années 1662 et suivantes : «... Presté 200 livres au sieur baron Claude de Villeneuve (Flayosc) ». — « 4 novembre 1663, presté 900 livres au sieur Henry de Villeneuve, sieur (cadet) de Barrême. » — « 13 janvier 1664, Alexandre-François de Villeneuve (frère de Jean, notre baron, et plus tard son successeur), demande à la communauté de lui prester dix ou douze charges de blé annone et propose de lui céder, en retour, les rentes qu'il a à Barrême. » Enfin, « le 26 octobre 1664, Madame la baronne (Marie de Barras) requiert le conseil, manans et particuliers dudit lieu, lui vouloir prester la somme de 800 livres, plus ou moins, sur l'assurance de la rente du four jusqu'à entier payement. Sur quoi, tous d'un commun accord, ont déclaré ne pouvoir prester ladite somme, attendu les urgentes affaires de la communauté » (1).

(1) *Registres des délibérations.*

L'une des principales affaires que le conseil eut à traiter en cette même année 1664, ce fut, sans contredit, la reconstruction de l'antique sanctuaire de Saint-Jean-Baptiste, détruit depuis plus de cent ans. Le vœu général de la population allait être enfin exaucé. Dans une séance du mois de février, à la suite de divers articles et de propositions, il était représenté : « ... 4° Qu'il seroit nécessaire de rhabiller et reconstruire la chapelle de Saint-Jean, attendu qu'il est le patron du dict lieu, et, pour cet effet, il seroit nécessaire de faire un capage de tous les habitans, pour porter les matériaux sur place, et au surplus, donner le prix fait à ceux qui en feront la condition meilleure ; et pour le payement, il sera fait la quête et distribué à compte dudict prix fait. Et s'il y a manqué, la communauté doit fournir. »

Le conseil ayant accepté la motion, le procès-verbal ajoutait : « Ont donné charge au sieur consul (A. Bausson) de faire capage jusques à la perfection dudict bastiment, lequel sera donné à prix fait à l'enchère et délivré à celui qui en fera la condition meilleure ; et après la quête, faite la communauté fournira le surplus » (de la dépense). Suivent les signatures.

Il y eut deux adjudicataires ou associés pour l'entreprise des travaux : Jacques Espitalier et Paul Bourrillon, maîtres maçons de Barrême. Mais en quoi consistaient précisément le plan et le devis de l'église projetée ? On ne trouve rien de positif sur ce point. Il résulte seulement de l'examen des comptes du trésorier qu'il ne pouvait être question d'un corps de bâtiment considérable, et que l'on dut se borner à reconstruire le *sanctuaire* de l'ancienne église paroissiale (1), c'est-à-dire, justement ce qui forme aujourd'hui la chapelle latérale dite de Sainte-Anne. Il est facile de voir, en effet, que celle-ci, avec sa voûte unie, à demi-ogive, offre un cachet tout différent de la grande nef à croisillons et arcs-doubleaux à cintre surbaissé, et dont la date, bien connue d'ailleurs, est beaucoup plus récente (voir page 78). J. Soanen, qui la décrivait en 1703, ne parle que d'un autel surmonté du tableau de la Nativité de saint Jean-Baptiste, le même qu'on y voit encore ; d'une seule porte d'en-

---

(1) Ainsi : « Payé 38 livres 1 sol à Jaumet (Jacques) Espitalier et Paul Bourrillon, maîtres maçons, pour travaux à la construction de la chapelle de Saint-Jean-Baptiste. — Payé 12 livres 15 sols, pour huit cent cinquante tuiles à J. B. Pellaport, pour le couvert de la chapelle de Saint-Jean-Baptiste, » etc.

trée, avec un balustre ou claire-voie à droite et à gauche, à demi-hauteur du mur de façade. En avant et près de la porte, était un piédestal sur lequel, le jour de la fête, on déposait le buste de saint Jean, que les fidèles venaient baiser avant le retour de la procession. En attendant, on chantait la messe et les vêpres.

La protection du vénéré patron eut bientôt lieu de se faire ressentir. A peine les travaux de la pieuse entreprise étaient achevés, qu'une terrible nouvelle retentit de tous côtés : la peste venait de reparaître ! Aussitôt, dit une délibération du 5 octobre 1664, « sur certain bruit du mal contagieux, il est commandé » de mettre des gardes aux avenues pour prendre garde aux » étrangers, et défense (est faite) de loger qui que ce soit, à » moins qu'il ne soit pourvu d'une billette ou certificat de santé. »

Mais, pour cette fois, Barrême n'eut pas de victimes à déplorer. Aussi, en mémoire de la restauration de la chapelle de Saint-Jean et en reconnaissance envers le saint protecteur qui l'avait préservé du fléau, le peuple promit de faire célébrer chaque année, à l'avenir, quatre grand'messes à la chapelle de Saint-Jean-Baptiste, et la commune fut fidèle à remplir cette promesse jusqu'à l'abolition du culte en 1793. Plus tard, les mauvais jours une fois passés, les habitants revinrent avec joie aux anciennes traditions.

CHAPITRE IX.

PONT DE NOTRE-DAME EMPORTÉ (1665). — IL EST RÉTABLI DE 1668 A 1672. — PROCÈS CONTRE LE SEIGNEUR BARON DE BARRÊME. — DETTES DE LA COMMUNE. — NOUVEAU RÈGLEMENT MUNICIPAL (1672). — RÉPARATION DE LA CHAPELLE DE NOTRE-DAME. — AUTRES PROCÈS. — VENDANGES (1674). — MORT DU BARON JEAN DE VILLENEUVE. — FONDATION POUR LA STATION DU CARÊME (1676). — AFFAIRE DU CIMETIÈRE (1676). — DISETTE. — LOGEMENT DES TROUPES AVEC SÉJOUR DE CINQ MOIS (1677-78). — FONTAINES. — ENQUÊTE ET RAPPORT SUR LES BIENS DU DOMAINE ROYAL ET COMMUNAUX. — COLMARS ASSIÉGÉ ; SECOURS ENVOYÉ ET DÉLIVRANCE DE LA PLACE (1690). — DÉTRESSE. — PROJET DE

NOUVELLE ÉGLISE. — ORAGES ET INONDATIONS (1701-1702). — PASSAGES DE TROUPES. — APPEL AUX ARMES (1707). — HIVER DE 1709. — MISÈRE PUBLIQUE. — CHARGES ET DETTES DE LA COMMUNE EN 1715.

Le pont de Notre-Dame reconstruit en 1663 était, depuis deux ans à peine, ouvert à la circulation, lorsqu'une crue extraordinaire, au mois de septembre 1663, l'emporta de nouveau presque en entier et suscita des embarras de toute sorte. D'abord les débris du tablier en ayant été entraînés en partie jusqu'à Norante, et le reste, dispersé çà et là, le seigneur de Norante (1) voulut se les approprier, malgré les réclamations de nos consuls qui finirent par en faire l'abandon. En outre, la commune de Barrême se trouvant dans l'impuissance de rétablir le pont au moyen de ses seules ressources, présenta, en 1668, une requête au parlement, pour obtenir qu'il fût reconstruit aux frais de la province. Mais l'affaire exigeait du temps et un long examen. Tout à coup, au printemps de 1669, survint une nouvelle crue qui rendit, pour plusieurs jours, le passage de la rivière impossible ; à tel point qu'un détachement de soldats étant survenu le 25 mars, se dirigeant vers Castellane, ne put continuer sa route, et que plusieurs soldats et habitants ayant voulu tenter le gué sur divers points, faillirent se noyer.

Il en fut de même le 2 avril suivant, où un bataillon de trois cents hommes dut séjourner à Barrême, *attendu l'abondance d'eau* qui continuait d'inonder le terroir, dit un procès-verbal de l'époque.

Par suite, la récolte manqua complètement, cette année-là ; et, d'après les comptes des trésoriers, les années suivantes 1670, 71 et 72 ne furent pas plus heureuses. La plupart des cotes ne purent être payées, *pour n'avoir eu aucuns fruits*. Le pont, dont la province avait fini par prendre les frais à sa charge, n'était pas terminé encore au mois de septembre 1671 et ne le fut, ce semble, qu'en 1672.

En même temps, la commune avait à soutenir un procès contre le baron Jean de Villeneuve, au sujet de l'un des deux fours que celui-ci avait fait démolir et de nombreux arrérages de tailles s'é-

---

(1) Il était aussi seigneur de Chaudon et membre de la famille des marquis de Castellane.

levant à plus de 15000 livres, y compris les intérêts. Le seigneur avait déjà désemparé à la commune la bastide d'Ourgeas. Sur de nouvelles instances et grâce à un appel interjeté par devant le roi, il céda de plus la bastide du Bancheiron et certains droits seigneuriaux, et l'on se tint quitte de part et d'autre.

De son côté, la commune avait d'énormes dettes à payer, telles que 1500 livres au couvent de la Visitation de Castellane ; 8797 livres 19 sols 7 deniers aux Pères de la Doctrine de Senez ; 1200 livres à l'évêque de Senez, Mgr de Villeserin, etc. Le total, en 1671, s'élevait à environ 33000 livres (au moins 100000 francs d'aujourd'hui), somme dont les intérêts annuels exigeaient sans cesse de nouveaux emprunts et l'augmentation des tailles.

En 1671, le conseil municipal proposa un nouveau règlement qui avait surtout en vue les élections annuelles pour le renouvellement des officiers civils. L'original en est perdu ; mais comme nous avons encore celui de 1771, où il est dit qu'on revint purement et simplement à la rédaction de 1671, nous pouvons en citer ici quelques uns des articles les plus remarquables :

Art. i. Le *conseil ordinaire* sera composé de trois consuls sortis de charge, de trois en exercice (1) et de douze conseillers, dont dix de ce lieu de Barrême, un de Saint-Lyons et un de Gévaudan, hameaux de ce dit lieu de Barrême, faisant en tout le nombre de dix-huit personnes, qui néanmoins pourront délibérer au nombre de dix, dans le cas où, après la convocation faite suivant l'usage, il ne s'en trouvera pas davantage au conseil ; et là où il en manquerait encore pour faire ledit nombre de dix, il en sera subrogé d'autres jusques au concurrent du nombre qu'il manquera, lesquels seront choisis parmi les conseillers de l'année précédente indistinctement, seront proposés par les consuls et ensuite nommés par pluralité des voix.

Art. ii. Dans le conseil ordinaire, il ne pourra être délibéré que sur des affaires de peu d'importance et pour des dépenses au dessous de 50 livres.

Art. iii. Le *conseil général* sera composé de tous ceux qui ont droit d'assister aux conseils ordinaires et encore de tous les habitants possédant 20 écus cadastraux (2), sans pouvoir délibérer au-dessous du nombre de dix-huit.

---

(1) Le troisième consul était pris alternativement à Saint-Lyons et à Gévaudan.

(2) C'est-à-dire, au moins une valeur de 20 écus ou 60 livres en propriétés foncières imposables.

Art. XIX. Les consuls sortans seront estimateurs (1) pendant l'année suivante; *idem*, recteurs du Saint-Sacrement; *idem*, obligés de marcher à la bravade de Saint-Jean-Baptiste, le premier consul, en qualité de capitaine, et le deuxième, en qualité de capitaine en second. La communauté donnera annuellement au premier capitaine, pour l'indemniser en partie de la dépense faite le jour de la fête, 24 livres; et dans le cas où l'un ou l'autre ne marcherait pas, sans cause légitime, ils seront obligés de payer une amende de 24 livres pour le premier et de 12 livres pour le deuxième, applicables à celui que la communauté sera obligée de nommer à sa place.

Art. LV. Défense de dépaître dans les *retenions* (2); — *idem*, d'introduire du bétail gros ou menu dans les vignes, où il y en aura de complantées, » etc.

Ce règlement communal se compose de soixante-deux articles, et il est suivi de celui de l'*Œuvre des pauvres* comprenant treize articles non moins dignes d'attention que ceux du précédent. Le XIIe est ainsi conçu : « La communauté étant la *mère des pauvres*, elle doit en être le soutien dans les calamités et besoins pressants. En conséquence, lorsque les revenus de l'Œuvre ne suffiront pas pour leur soulagement, la communauté suppléera, ainsi qu'il est d'usage, et les recteurs prieront les consuls de proposer les besoins de l'Œuvre à un conseil de la communauté, » etc.

L'un des premiers travaux de l'année 1672 fut la réparation de la chapelle de Notre-Dame, *qui*, disait le rapport, *s'en va en ruine, si l'on n'y met ordre*. Il s'agissait à la fois du corps de l'édifice et du parapet qui régnait tout autour de l'esplanade au-devant de la chapelle, où se tenaient de temps à autre les séances du conseil général des habitants. (*Délibération du 27 mars 1672*).

La commune était de nouveau en procès avec le seigneur concernant de prétendus droits de fournage que réclamait ce dernier, et avec le chanoine Barbaroux, de Senez, qui voulait s'approprier une partie de la montagne de Lièye. Barrême eut gain de cause dans l'une et l'autre affaire.

Nos vignobles étaient alors exploités sur une assez vaste étendue de terroir pour être l'objet d'une mesure administrative générale. La preuve en est, par exemple, que le 30 sep-

---

(1) Appelés aussi syndics ou auditeurs des comptes.
(2) C'étaient des atterrissements conquis sur le lit de la rivière et garantis par des barrages.

bre 1674, le conseil décida et fit publier que les vendanges seraient différées jusqu'au 8 octobre suivant, contre l'intention de quelques particuliers qui se proposaient de commencer dès le 1er de ce mois.

Le baron de Barrême, Jean de Villeneuve, mourut dans sa maison seigneuriale, le 22 mars 1675, à l'âge de cinquante-six ou cinquante-sept ans, et fut inhumé dans la tombe de sa famille, pratiquée, en 1605, dans la chapelle de N.-D. de Pitié, dite *des Messieurs* (1).

Un mois après (5 mai), le conseil fit célébrer un *bien-dire*, ou service solennel pour le repos de son âme, aux frais de la commune, auquel furent convoqués six prêtres, les curés de Saint-Jacques et de Saint-Lyons et les quatre prêtres de Barrême. Les deux premiers reçurent 10 sous et les quatre autres 5 sous pour leurs honoraires. De plus on offrit *treize pains, un pot de vin et un denier pour toute personne* qui se présenta à la distribution, selon l'usage établi.

De son mariage avec Marie de Barras, notre baron Jean avait eu trois filles dont l'aînée, Anne de Villeneuve, avait épousé, en 1653, Gaspard de Glandèves, comte de Pourrières ; Claire ou Clarisse, la deuxième, avait épousé, en 1662, Pierre de Laydet, sieur de Sigoyer et conseiller du roi au parlement d'Aix, et enfin Rossoline, la troisième, avait épousé, en 1667, Pierre de Villeneuve-de-Vence, sieur de Saint-Césaire.

Par son union avec Claire de Villeneuve, Pierre de Laydet reçut une portion de la seigneurie avec le titre de baron de Barrême, qu'il porta concurremment avec Alexandre-François de Villeneuve, frère puîné de feu Jean et son héritier par fidéicommis (2). Balthazar, fils d'Alexandre, devait recueillir tous ses droits en 1689.

---

(1) Elle est située aujourd'hui en dehors et à l'est de la maison commune formée de la principale nef de l'ancienne église paroissiale. La chapelle et la nef latérale ont été démolies en 1870.

(2) Le 15 Janvier 1676 fut passé l'inventaire de la succession du feu baron. En voici quelques articles :... « Pré appelé le *Tapassier* et grand jardin, qui sont au-dessous dudit château, de la contenance d'environ 1500 cannes. — *Idem*, autre jardin clos de murailles, au quartier dudit château, appelé *Garenne*. — *Idem*, la maison seigneuriale dudit Barrême. — De plus, trois écuries et granges, proche ladite maison. — *Idem*, la *Tour* et pigeonnier au-dessus. — *Idem*, la Grande-Bastide, au quartier du Reverbeillet. — *Idem*, moulin banal et jardin joignant, au-dessous de l'église paroissiale, arrenté quarante-huit charges annone et quarante-huit méteil, » etc.

Il était d'usage de faire prêcher le Carême, chaque année, par un prédicateur étranger dont les honoraires étaient de quarante à soixante livres selon les circonstances.

En 1676, Mademoiselle Rossoline de Villeneuve, dame de Saint-Lyons, fit don à la commune d'un capital de deux cents écus, à charge d'en affecter les intérêts à la rétribution du prédicateur de la station annuelle du Carême. Ce qui fut exactement observé jusqu'à la révolution de 1789 (1).

La même année 1676 eurent lieu de longs et pénibles débats entre la commune de Barrême, d'une part, et le vicaire de la paroisse et l'évêque de Senez, de l'autre, relativement au cimetière dont les murs en ruine n'ayant pas été réparés au temps voulu, il en était résulté la profanation et par suite l'interdit avec ordre de le transférer ailleurs. De là, résistance des habitants, appel comme d'abus par devant l'archevêque d'Aix, cardinal Jérôme de Grimaldi ; puis, intervention du comte de Grignan, gouverneur de Provence, et finalement, rétablissement des murs de l'ancien cimetière et levée de l'interdit. L'affaire avait duré plus de deux ans entiers.

Après l'hiver de 1677-78, survint une grande disette qui obligea la commune à faire un achat de blé et un emprunt d'argent pour distribuer le tout en pur don aux plus nécessiteux (2).

Rien ne pouvait aggraver davantage la misère générale que les nombreux passages de troupes, en 1678 et 1679, qu'on eut à loger parfois avec séjour prolongé. Ainsi, le 16 avril 1679, il arriva un si fort détachement de cavalerie que la localité ne suffisant pas à l'héberger, il fallut en imposer une partie aux hameaux de Saint-Lyons et de Gévaudan. Le séjour dura du 16 avril au 23 mai suivant. Ce fut pire encore les années suivantes où, après un va-et-vient continuel, on eut, en 1682, une compagnie de cavaliers à loger jusqu'à nouvel ordre. Ce nouvel ordre se fit

---

(1) Le sieur vicaire réclamait, le 5 mai 1675, la construction d'une *maison claustrale* (l'ancienne s'étant écroulée en 1585, on lui payait un loyer de 30 livres), et de plus, des *murs du cimetière*, suivant l'ordonnance épiscopale de 1672.

(2) Le blé se vendait 6 écus la charge, presque le double du prix moyen, environ 70 francs de nos jours.

Le prix de la viande était en 1677 et 1678 :

Mouton, la liv.	2 sols	Chèvre, la liv.	1 sol.	
Brebis	» 14 deniers	Bœuf	» 14 deniers,	bœuf gras 16 den.
Bouc	» 6 liards	Chandelles »	4 sols 1/2.	
Chair de lait »	20 deniers	Graisse	» 3 sols 6 deniers.	

attendre près de cinq mois, savoir du 9 novembre 1682 au 11 avril 1683. Outre les violences et extorsions de toute sorte, les frais causés ou les sommes fournies au compte du capitaine Gimel s'élevèrent à 4258 livres 3 sols.

De tout temps, le pays manqua d'eau potable suffisante pour les besoins des habitants. Ce besoin se fit tellement sentir en 1683, qu'on résolut de tenter un nouvel effort. Le 12 septembre, le conseil arrêta qu'il serait passé acte de prix fait à deux maîtres maçons, Paul Bourrillon, de Barrême, et J.-B. Isnard de Senez, lesquels se chargeaient d'amener l'eau de la source du *Paraïre*, « à raison de 32 sols la canne de bourneaux de pin et 30 sols pour ceux de terre, et au prix total de 900 livres pour conduire l'eau aux deux fontaines. »

Toutefois il fallut bientôt reculer devant les difficultés de l'entreprise, sans néanmoins l'abandonner; car, vers la fin de la même année, on décida de faire arriver, aux mêmes conditions, l'eau de *Font-Conille* située dans le vallon de Saint-Jacques. Mais ce dernier projet, après un commencement d'exécution, n'eut pas une meilleure issue que le premier.

On revint pourtant à la charge en 1688, et un ingénieur, Augustin Agart, du Fugeret, « s'obligea à trouver de l'eau pour
» la fontaine (de la place), à la *ferraye* de Claude Giraud (au
» pied du coteau de Saint-Jean), contre l'aire de feu Mre Bernard;
» à la réunir à celle qu'on avait déjà, dans une *servie* duement
» bâtie et cimentée dans laquelle puisse entrer un homme, et de
» la faire couler devant la maison commune (1). » (Délibération du 5 juillet 1688). C'est évidemment la même source qui, depuis, a continué d'alimenter la *grande fontaine*, mais d'ordinaire en minime quantité.

L'année 1688 fut signalée par une autre opération digne d'être rapportée en détail. Le gouvernement avait demandé aux communes un état détaillé des immeubles et droits pouvant appartenir au domaine royal en Provence. La réponse faite par notre conseil municipal aux vingt et une questions proposées par les commissaires, fait connaître une foule de particularités intéressantes sur nos vieilles institutions. « Il est déclaré : 1º Que
» le lieu de Barrême a toujours été qualifié *Baronnie* jusqu'à
» présent, et qu'on a donné un rôle aux notaires, à la requête
» de M. le Procureur général, où Barrême est qualifié *Marquisat*

---

(1) Ancienne maison Paty, aujourd'hui Jaubert.

» par le titre vérifié en parlement (1), et que la juridiction a
» toujours appartenu au sieur baron dont l'hoirie est en discussion au *juge* (au siège) de Digne ;

« 2° Que le terroir de Barrême a pour confronts les terroirs
» de Moriez, Clumanq, Saint-Jacques, Chaudon, le Poil, Blieux
» et Senez, d'environ une lieue de diamètre, dans lequel le roi
n'a aucune *directe* (2), fief ni fonds ;

« 3° Que Sa Majesté n'y possède aucune directe, et qu'elle
» appartient aux seigneurs, sçavoir : celle de Barrême aux
» hoirs du sieur baron ; celle du hameau de Gévaudan, à noble
» Gaspard de Pontevez ; celle de Saint-Lyons, autre hameau de
» Barrême, une huitième aux hoirs du sieur baron et les sept
» autres portions à noble François de Glandèves (Voir ci-dessus, page 66) ;

« 4° Qu'il n'y a dans le terroir aucun château, maison,
» terres, jardins, ni autres domaines appartenant à Sa Majesté ;

« 5° Qu'il n'est point fermé de murailles, ni de forts, ni
» marque ne l'avoir jamais été (3) ;

« 6° Que les consuls n'ont point la juridiction, (celle-ci)
» appartenant aux seigneurs avec le greffe et le scel ;

« 7° Que dans le terroir, il y a quelques bois taillis à diffé-
» rents endroits, partie desquels appartiennent à la communauté
» et le reste à divers particuliers ; qu'il n'y en a point de haute
» futaie ;

« 8° Qu'il y a quelques défens où le bétail va dépaître,
» composé la plupart de terres et (fonds) taillables. Ce qui n'est
» pas cultivé ne peut souffrir culture ;

« 9° Que la communauté possède lesdits défens pour les
» avoir acquis des seigneurs du lieu par d'anciennes transac-
» tions, par lesquelles la communauté s'est obligée à une pen-
» sion annuelle de trois cents livres au seigneur ;

« 10° Qu'il y a trois petites rivières ou ruisseaux s'unis-
» sant en une... (suit leur désignation), qui ne sont navigables,
» ni flottables, ni dominiales, n'y ayant aucune pêche *(aucun*

---

(1) Peut-être parce que plusieurs de nos barons portèrent aussi le titre de *marquis* de Trans.

(2) Droit de percevoir certaines redevances. Ce droit avait passé aux seigneurs, au XIVe siècle.

(3) Ainsi, moins d'un siècle après les guerres de la Ligue, il n'existait plus trace ni même souvenir des fortifications exécutées de l'an 1588 à l'an 1598 ! (Voir ci-devant, pages 45 et suivantes).

» *droit royal sur la pêche*), desquels on prend de l'eau pour
» l'arrosage de quelques propriétés, dont on ne paye aucun
» droit ;

» 11° Que dans les dites rivières, il n'y a aucunes îles ni
» des accrémens sur leurs bords, si ce n'est quelques répara-
» tions que les propriétaires font pour réparer les biens que les
» dites rivières ou torrens y ont gâtés ;

» 12° Qu'il y a un pont de pierre sur une des rivières et
» un pont de bois sur l'autre, n'y ayant aucun droit de
» *pontinage, passage*, port ni autre, pour raison de ce ;

» 13° Qu'il y a dans le terroir deux moulins à bled, l'un à
» Barrême, banal, appartenant au seigneur, et un au hameau de
» Gévaudan, appartenant aux habitants, moyennant une cense
» qu'ils font au seigneur.

» Il y a un four audit Barrême, banal, qui appartient aux
» hoirs de Henric de Villeneuve, et qu'il n'y a aucuns moulins
» à huile, forge ni foulons, *paroir*, papeterie ni verrerie. (Le
paroir existait encore en 1540. — V. le notaire Andravi*)* ;

» 14° Que dans ledit lieu, il n'y a aucun droit de péage,
» de poids de bled, farine ni autres denrées, moutures, halles,
» étals, ni ferme de boucheries (1) ;

» 15° Qu'il y a une partie du terroir qui doit un droit de
» *tasque* au seigneur, les uns au treizain, les autres au vingtain
» et quelques uns au huitain ; qu'il n'y a aucun droit de capage
» ni fouage dans ledit lieu, pour être compris (c'est-à-dire
» comme étant compris*)* à la pension seigneuriale de trois cents
» livres dont (il est fait mention) aux susdites transactions ; et
» que les seigneurs exigent chacun dans son destroit (ressort)
» des habitants des hameaux et de la campagne un fournage de
» deux panaux annone et deux panaux *sivade* de chaque habi-
» tant ;

» 16° Que dans toute l'étendue du territoire dudit lieu, il
» n'y a aucuns fiefs mouvans (relevant) du domaine de Sa Ma-
» jesté ;

» 17° Qu'il y a une bastide appelée Bouquet, de trente
» charges de blé de rente, située contre la rivière venant de

---

(1) Il y a ici et peut-être sur certains autres points, quelques omis-
sions ou inexactitudes, volontaires ou non. Ce qui le prouverait, c'est que
ce rapport, envoyé à Digne, ne fut point approuvé, et qu'on en vint à une
deuxième enquête. Il est certain, en effet, qu'il existait à Barrême et des
forgerons, et un foulon, et une boucherie à ferme...

» Moriez, consistant en terres labourables et prés, appartenant
» à l'évêché de Senez, noble, et que, au quartier de Saint-Lyons
» il y a cinq propriétés labourables appartenant au sieur prévôt
» de la collégiale de Saint-Jacques, du revenu annuel de cinq
» charges et demie de rente ; que le sieur prieur de Saint-Lyons,
» a quelques terres audit terroir, d'environ une charge et demie
» de rente ; tous lesquels biens, même ceux dudit seigneur
» évêque, aussi bien qu'une bastide et tènement de terre au
» même terroir, appartenant à la prévôté de Senez, du re-
» venu annuel de six charges de bled, sont nobles ou du moins
» exempts de tailles, n'ayant aucun fief ni directe ;

« Et quant aux quatre autres articles, le lieu étant éloigné
» de la mer, il n'y a aucun des cas y exprimés ; faisant la sus-
» dite déclaration de bonne foi et véritable, sans nul dessein de
» cacher les droits de Sa Majesté, ni à dessein d'en éluder les
» recouvremens, donnant charge aux sieurs consuls d'en porter
» à Digne extrait. »

Cependant la guerre de la *grande coalition* contre la France, qui venait d'éclater, menaçant toutes nos frontières à la fois, les milices sont appelées sous les drapeaux par le comte de Grignan, et la commune de Barrême est obligée de fournir à elle seule treize soldats de recrue (1). On était au mois de juin 1690. Soudain le bruit se répand que les *Huguenots* sont à Colmars (2). Toute la population est dans l'alarme, on s'arme à la hâte, les sieurs de Moriez, de Colonia et de la Forest sont envoyés en éclaireurs vers la frontière, et bientôt après, sur l'ordre du comte de Grignan, on lève dans les communes du Val de Barrême une compagnie de quarante-huit hommes avec un tambour et deux sergents, qui, sous la conduite du capitaine François Dalmas, sieur de la Forest, ayant le sieur de Requiston pour lieutenant, partent le 27 août 1690, pour aller renforcer la garnison de Colmars.

Il n'y avait pas de temps à perdre : deux corps d'armée avaient passé les Alpes ; l'un, sous les ordres du marquis de Parelles, pénétrait par la vallée de Barcelonnette jusqu'à Seyne ;

---

(1) Ce furent : Joseph Giraud, Pierre Barbaroux, Joseph Bourrillon, Jean-Baptiste Bourrillon, André Baudoin, Antoine Convers, Matthieu Peyron, Sauvaire Robert, André Beraud, Louis Cruvellier, André Martin *Roussillon*, Claude Bonnet et Joseph Bernard.

(2) Il s'agissait des Piémontais et des Allemands coalisés, parmi lesquels se trouvaient beaucoup de protestants. Toutefois la nouvelle était prématurée.

l'autre débouchait par Allos dans la vallée du Verdon et venait mettre le siège devant Colmars, qui oppose aux Piémontais une vigoureuse résistance. En revanche, l'ennemi saccage le Villars et Beauvezer.

Sur ces entrefaites, les consuls de Barrême informés de ces événements par « ceux de Moriez, en donnent avis au lieu-
» tenant général, à Digne, et, en attendant ses ordres, font
» partir tout le monde qu'on peut trouver, pour aller secourir
» Colmars. » (Délibération du 9 décembre 1690).

En route, la petite troupe est grossie par les volontaires des autres communes, refoule vers Colmars les pillards étrangers et, de son côté, la garnison de la place, avertie de l'approche des renforts, tombe à l'improviste sur les assiégeants qui, se voyant pris entre deux feux, sont mis en déroute, taillés en pièces et rejetés au-delà de la frontière, à travers les neiges et les précipices.

Le péril était enfin conjuré ; mais le pays était à bout de ressources. Le 21 mars 1691, il fut exposé au conseil « que,
» pour subvenir aux continuels logements des gens de guerre,
» il a été acheté quantité de bœufs et autre bétail, du vin, du
» pain, foin et avoine, le tout payé d'urgence et sans autre
» garantie que la bonne foi publique. » Aussi ne trouvait-on plus ni vivres ni crédit, et pourtant les passages des troupes continuaient par centaines et par milliers de soldats. On eut à fournir jusqu'à trois mille deux cents étapes en un seul mois. Pour échapper à la détresse et aux charges communes, les habitants s'expatriaient en foule, de sorte qu'il fallut *verbaliser contre les gens qui avaient quitté leurs maisons* (22 juillet 1691).

Cependant, Mgr de Langalerie, lieutenant général des armées, étant venu à passer par Barrême, nos autorités saisirent l'occasion pour en obtenir quelque soulagement aux maux de leurs administrés, et, en reconnaissance, ils lui offrirent un menu présent de *six perdrix* (novembre 1691).

Ce fut au milieu de ces vicissitudes que s'écoulèrent les années 1691 et 1692. Enfin, après mille instances, la commune obtint, en 1693, une indemnité de 19790 livres pour frais de logements militaires ; et, en 1696, pour le même objet, une autre somme de 13025 livres 16 sols. Tout cela néanmoins était loin de suffire pour couvrir le déficit. On dut recourir à un emprunt de 7000 livres et à une imposition de 75 livres par livre cadastrale, chose inouïe peut-être jusque là.

Heureusement le traité de Riswick vint suspendre pour quelques années les calamités de la guerre (1697).

Cette même année (17 mars), Barrême reçut la première visite du célèbre J. Soanen, sacré l'année précédente évêque de Senez. Il donna la confirmation à cent quarante-neuf enfants de la paroisse, visita l'église ainsi que les chapelles de Notre-Dame et de Saint-Blaise, passa l'inventaire de leur mobilier et prescrivit divers points à réformer. En 1698, il abolit la *pelote* et le *charivari*.

Quelques années plus tard, au mois d'août 1701, un orage affreux ayant emporté la plupart des récoltes, Soanen sollicita et obtint de Louis XIV un secours de 2000 livres à répartir entre les localités qui avaient le plus souffert. Barrême reçut pour sa part la somme de 228 livres 15 sols destinée à former un *mont-de-piété* pour les besoins à venir.

Mais, ni l'orage de 1701, ni les inondations de 1702, ne causèrent des désastres pareils à ceux de la guerre de succession d'Espagne, dont nous ressentions déjà les premiers coups. Il est vrai qu'afin de les atténuer, Louis XIV fit publier, dès le début, une ordonnance en vingt-deux articles, pour régler les étapes qui seront dorénavant fournies aux troupes. Barrême n'eut pas moins à loger, en mars 1704, jusqu'à quatorze bataillons d'infanterie, plusieurs détachements de soldats, de recrues, de dragons, et, en avril, cinq régiments et bon nombre de bataillons et de compagnies de toutes armes.

J. Soanen étant revenu visiter la paroisse le 17 juin 1703, ne put que constater l'impuissance où elle était, malgré l'urgence et la meilleure volonté, soit d'agrandir soit de reconstruire l'église paroissiale. « Les sieurs consuls, dit son procès-verbal de
» visite, nous ont représenté qu'il fallait ou l'agrandir, à quoi
» on ne voit guère de jour par le défaut de terrain, ou en bâtir
» une nouvelle, ce qui était encore plus difficile dans la misère
» générale du temps et du lieu.... C'est pourquoi, concluait-il,
« considérant que l'église paroissiale en l'état présent est si petite,
» si mal située et si mal arrangée, que le seul moyen de la bien réparer serait d'en faire une toute neuve dans un autre endroit, nous
» ordonnons que quand les habitants pourront destiner quelque
» somme à cette œuvre sainte, il sera appelé un architecte... et
» nous offrons d'y contribuer au-delà même de notre part, afin
» d'exciter nos chères ouailles à bâtir une maison plus conve-
» nable à la Majesté divine et à la grandeur du bourg. »

Mais les événements militaires, de plus en plus désastreux, absorbaient tous les soins. En 1707, l'ennemi assiégeait Toulon, et le comte de Grignan prescrivait « à nos consuls de faire mettre

» sous les armes tous les habitans, d'organiser des compagnies
» commandées par des officiers et d'envoyer copie de la même
» ordonnance dans toute la vallée de Barrême » (29 juin 1707).
La réponse fut « que tous les hommes du lieu ne manqueraient
» pas de s'assembler, de passer en revue et de faire l'exercice
» sous Antoine Dolle et André Pillafort, qui les commanderont
» avec Sauvaire Rausson et Claude Barbaroux, afin d'être prêts
» à tout événement » (Délibération du 3 juillet).

De plus, on avait ordre d'expédier deux cents charges de froment au munitionnaire de l'armée alors présent à Barrême avec cinquante mules. Celui-ci requiert de force quatre-vingts charges de blé chez divers particuliers, et les transporte à Castellane.

A la fin pourtant, grâce au dévoûment général, les Piémontais sont forcés de lever le siège de Toulon. Mais la disette s'accroît avec le terrible hiver de 1709, qui fait périr la plupart des récoltes et les arbres mêmes. L'année suivante, le prix du blé monta jusqu'à 50 livres la charge (plus de 150 francs d'aujourd'hui!), et des pluies torrentielles amenèrent le débordement de l'Asse, qui emporta le chemin de la Condamine et menaça de renverser le pont de pierre (Délibération du 18 mars 1711).

Tout semblait désespéré à l'extérieur, quand la victoire de Villars à Denain rendit enfin la paix et la confiance au pays (1). A l'intérieur, si la misère était grande, les secours ne manquèrent pas absolument. La confrérie des *Pauvres malades*, se trouvant dans un état prospère et sagement administrée, soulagea bien des malheureux, et la commune acheta vingt charges de blé à 27 livres la charge, qui furent distribuées aux pauvres gens (19 mars 1713). La récolte de 1714 semblait promettre un allègement à tant de maux, quand, le dimanche 8 juillet, une horrible tempête de pluie et de grêle vint encore emporter la plus grande partie des fruits, et réduire une foule d'habitants à la *mendicité*. C'est l'expression du rapport adressé aux procureurs du pays. Quant à la commune, elle se voyait dans l'impuissance absolue de faire face aux charges qui pesaient sur elle. Voici le relevé général de nos dettes, d'après un *État arrêté par le sieur Lebret, le 7 février 1715*.

---

(1) Le traité d'Utrecht qui en fut la suite, en 1713, donna la vallée de Barcelonnette à la France.

Charges ordinaires et extraordinaires de la commune	826 liv.
Dettes, capital : 33.342 l. 16 s. 7 d. ; intérêts : 975 l. 3 s. 11 d. Total :	34.318 liv. 6 den.
Total général des charges et dettes communales	35.144 liv. 6 den.

somme qui représenterait aujourd'hui une valeur d'environ 110.000 francs !

Comment donc se tirer d'un pareil embarras ? Le 11 mars 1716, une assemblée générale des communautés s'étant réunie à Lambesc, sous la présidence du maréchal de Villars, gouverneur de Provence, nos députés, de concert avec tous leurs collègues, réclamèrent et obtinrent un sursis pour les communes obérées ; et enfin, au bout de quatre ans, le 12 avril 1720, l'état des charges ci-dessus ayant été approuvé par le Conseil d'État, la commune de Barrême parvint à se libérer, en partie en aliénant la montagne de Lièye, et en partie au moyen d'un emprunt de 19.157 livres, qui devait être remboursé en dix ans par annuités. Elle avait aussi quelques créances qu'elle eut soin de retirer. Ainsi le marquis Balthazar de Villeneuve, notre baron, se trouvait débiteur d'une somme de 4.800 livres, qu'il consentit à acquitter en cédant aux habitants les bastides de la *Blache, haute et basse*, du Castellar, de Bourne et de Valbonnette, à *laquelle somme les dites bastides furent estimées* (Délibération du 31 mai 1716). De plus, il permit de porter au cadastre la Grand'Bastide, céda l'usage de l'Allée et de la place située devant *la Tour*, et désempara, moyennant un faible dédommagement, l'iscle et la terre de Touchart, dite *la vigne*. Il fut dit dans l'acte passé le 1er juin 1716 par devant Me Beraud, notaire à Barrême, que les deux Chastellard, d'une étendue de 130.000 cannes, plus la terre de *Tour-Meyane* et celle de Peire-Martel, étaient estimés 1.200 livres seulement et cédés pour ce prix à la commune. On voit par là quelle était alors la valeur de l'argent.

CHAPITRE X.

Peste de 1720. — Projet de nouvelle église (1723). — Agrandissement de la chapelle de Saint-Jean (1729). — Les Autrichiens a Castellane, Barrême frappé d'une énorme contribution (1746). — Clocher et horloge (1748). — Baronnie de Barrême transférée au marquis d'Aiminy (1748).— Chaperon accordé aux consuls de Barrême (1749). — Grande cloche refondue (1757). — Pont de bois reconstruit (1761). — Canal du Vignal (1765). — Relique de saint Jean-Baptiste obtenue (1768). — Inondations, secours alloués, sources (1782-83). — Endiguements (1787). — Mgr de Bonneval, dernier évêque de Senez (1789). — Assemblée générale des habitants a Notre-Dame et cahier des doléances. — Révolution.

La peste de 1720, qui dépeupla Marseille et ravagea presque toute la Provence, a laissé dans nos archives plus d'une trace de son passage à Barrême et aux environs. Ce fut dans les premiers jours d'août que commença à se répandre la nouvelle du fléau. Le 11 de ce mois, nos consuls exposèrent au conseil que, sur l'avis des procureurs du pays, à Aix, la chambre des vacations avait interdit tout commerce avec Marseille, *où il y avoit soupçon de peste*, et ordonné de *ne recevoir personne sans billet de santé*.

Quant à la foire prochaine, ajoutait-on, « il est à propos de
» ne la point tenir, la santé étant plus chère qu'aucun autre bien,
» et dans ce but mander des porteurs à Digne, Riez, Castellane
» et autres endroits pour prévenir que cette année il n'y aura
» aucune foire à Barrême. »

En même temps, on obtint de l'évêque de Senez l'autorisation de faire des prières publiques, on prescrivit d'entourer le village d'une palissade de pieux et de fascines, de manière à ne laisser qu'une seule entrée et une sortie, et il fut décidé d'obliger les gens des bastides à fournir une charge de fagots par semaine, d'établir deux guérites pour les factionnaires, l'une près de l'église, l'autre dans la chapelle de Saint-Blaise, et deux autres encore sur le chemin de Digne, et plus s'il en est besoin (1) (Délibération du 15 septembre).

En outre, on construisit dans la campagne, comme en 1629, des baraques en planches pour y loger soit les pestiférés, soit les passants dépourvus de certificats en règle. Un des premiers atteints par cette mesure fut le sieur de Barras se rendant à Clumanc avec sa famille pour visiter ses terres. Deux hommes le gardèrent toute la nuit et d'autres furent chargés de l'accompagner le lendemain jusqu'à Clumanc (Comptes du trésorier).

On ne s'en tint pas là : le 29 septembre de la même année, le chevalier de Montauban, gouverneur de Seyne, enjoignit aux consuls de Barrême d'envoyer à Castellane vingt-huit hommes armés *pour la garde du Verdon*, avec munitions, pelles, pioches haches, etc., afin d'expulser les fugitifs ou les arrêter, leur faire faire quarantaine et les garder à leurs frais et dépens. Et quelques jours après, autre injonction du même aux sept communes du Val de lever encore quatorze hommes pour marcher, sous la conduite de M. de Moriez, avec leurs capitaines, lieutenants, sergents, chirurgiens et boulangers. (*Délibérations* des 6 octobre et 1er novembre).

Mais ce n'était point assez : le 22 décembre suivant, nouvel ordre du marquis de Castellane-Esparron de fournir quarante hommes de milice pour la garde du Verdon, sous le commandement du sieur d'Allons.

L'année 1720 se termina ainsi au sein de l'agitation et des larmes, qui ne manquèrent pas de renaître l'année suivante, dès le retour des chaleurs. Nos registres ne nous disent pas jusqu'à quel point la contagion sévit dans le pays (2). Seul un procès-verbal de visite épiscopale, en 1722, parlant de certaines mesures en faveur des pauvres, ajoute... « *Et ce sera après la fin entière de la peste.* » Mais enfin, le clergé diocésain réuni en synode, le 28 avril 1722, put « remercier Dieu très tendrement, disait le » secrétaire, d'avoir délivré par sa miséricorde ce diocèse du » grand fléau de la contagion, qui nous avait empêché deux fois » de nous assembler. »

Le 14 de l'année courante (1722), J. Soanen se trouvant à Barrême et le conseil général ayant été convoqué; on remit en dé-

---

(1) On ajoutait... *de faire réparer la bière et d'acheter un drap mortuaire.*

(2) Les registres paroissiaux de 1720, 21 et 22 ne signalent pas une mortalité supérieure à celle des autres années.

libération la question de l'église paroissiale. Deux expédients furent proposés : le premier consistait à refaire l'église à l'endroit où elle était en ne conservant que le clocher, la façade, le mur du côté gauche jusqu'à la chaire et tout ce qui pourrait s'utiliser pour la nouvelle construction, en exhaussant le sol et reculant le chevet en arrière, de façon à n'avoir qu'une seule nef de dimensions convenables. Le deuxième était de prier le seigneur marquis de Villeneuve de vouloir bien céder le bâtiment de *la Tour* avec l'espace environnant, pour servir d'emplacement à l'église en y joignant celui du cimetière. On s'arrêta d'un commun accord à ce dernier parti, subordonné, toutefois, au bon plaisir du seigneur de Barrême. Pour une raison ou pour une autre, aucun des deux n'aboutit et l'on se borna une fois de plus à un simple replâtrage, qui absorbait les ressources en laissant subsister le principe du mal.

Une dépense mieux employée, quoique moins essentielle, fut celle qu'exigea la restauration définitive de la chapelle de Saint-Jean-Baptiste. La paroisse ayant fait, en 1727, l'acquisition d'un buste du saint précurseur, la fête patronale fut célébrée, cette année, d'une manière plus brillante que jamais. Il en fut de même en 1728, où elle attira un tel concours d'étrangers que la population entière embrassa avec enthousiasme le projet mis en avant de rendre au vénéré sanctuaire ses premières dimensions.

La confrérie des marguilliers de Saint-Jean y consacra tous ses deniers ; la commune avança quelques sommes d'argent pour lui *aider au parachèvement de la chapelle* et tout le monde se montra porté de bonne volonté.

Les travaux, commencés en 1729 et poursuivis durant les années 1730 et 1731, durent se trouver terminés en 1732, et l'édifice mis dans la forme où il se voit encore actuellement, moins la décoration intérieure, le hangar extérieur et la sacristie, dont la date est plus récente. Le tableau du maître-autel est signé : L. Morenon.

En 1733, la commune fit confectionner une nouvelle horloge par le sieur Lefèvre, de Forcalquier, moyennant cession de l'ancienne et en sus la somme de 260 livres, et l'année suivante, fut refondue la grande cloche de l'église, qui devait être du poids de six quintaux (240 kilog.), à raison de 137 livres 10 sols (1).

---

(1) Un recensement général de 1733 donne un chiffre total de deux cent trente feux.

L'évêque J. Soanen avait, dans une de ses visites, exprimé le regret qu'il n'y eût pas d'école de filles à Barrême. Cette lacune était comblée peu d'années après ; car le trésorier de 1738 marque, dans ses versements, 36 livres payées à demoiselle Salette pour ses gages de maîtresse d'école. Le traitement était parfait au moyen d'une rétribution mensuelle de 5 sous pour les filles qui n'apprenaient qu'à lire, et de 6 sous pour celles qui joignaient l'écriture à la lecture.

En 1739, le pont de pierre, gravement endommagé par une crue terrible survenue le 13 mars, occasionna de grands frais de réparation.

Mais toutes ces charges n'étaient rien en comparaison de celles qu'allait nous imposer la guerre de succession d'Autriche (1741-48). Le 30 octobre 1742, un décret de Versailles ordonnait une levée de cent trente mille hommes de milice, et un autre, en 1743, une nouvelle levée de trente six mille hommes avec un état des hommes valides de seize à quarante ans. Barrême eut à fournir quatre miliciens.

Puis reparaissent d'interminables logements de troupes, exigeant, comme à l'ordinaire, d'onéreuses contributions de vivres pour les soldats, de fourrages pour les chevaux, et à la fin de l'année 1744, un déficit de 8279 livres.

Et pourtant c'était peu de chose encore. Tout à coup, le 7 décembre 1746, nos consuls reçoivent avis que l'armée austrosarde est à Séranon, « qu'il peut se faire qu'elle vienne en ces quartiers et qu'il faut s'attendre à payer une contribution. »

Ces prévisions n'étaient que trop fondées. Le 17 du même mois, le chevalier de Machaolico, à la tête d'un corps de Piémontais et d'Autrichiens, s'emparait de Castellane, où il était rejoint, deux jours après, par un renfort de deux mille hommes commandés par le marquis d'Orméa. Dans l'intervalle, le capitaine l'Enfernet avait, un moment, délivré la ville, puis en ayant détruit les approvisionnements et se dirigeant sur Barrême, était venu prendre position sur le col de Chaudon pour y attendre l'ennemi. D'Orméa avait frappé Digne d'une contribution de 40000 livres avec ordre de lui expédier la somme à Castellane. Les porteurs étaient en route, quand l'Enfernet tombe sur eux, enlève les 40000 livres et va se joindre, à Moustiers, au maréchal de Belle-Isle et au marquis de Maulevrier.

Sur ces entrefaites, arrive à Barrême un exprès du marquis d'Orméa enjoignant d'aller lui prêter obéissance audit Castellane. Le conseil députe en effet, le 21 décembre, les sieurs Dol, consul, Pillafort et Beraud, notaires, et J^h Michel. D'Orméa exige que ces deux derniers se rendent à Grasse auprès du général Brown, qui fixe la contribution du Val de Barrême à 13750 livres, deux cents charges de blé, cent vingt charges d'avoine et mille quintaux de foin, le tout devant être rendu à son quartier général, quelque part qu'il se trouve.

Au retour des députés, apprenant que le marquis de Puységur est à Riez avec de la troupe, nos consuls lui dépêchent deux exprès, les sieurs Sauvaire, consul de Chaudon, et Michel, de Barrême, le suppliant d'envoyer sans retard un détachement dans nos quartiers pour barrer le passage à l'ennemi. C'est ce qui eut lieu. Le sieur de La Tour (1), lieutenant du capitaine l'Enfernet, accourt avec cinquante hommes (2), et informé par nos autorités que le château de Senez est un poste qui, par sa situation, pouvait se défendre contre une armée, il s'empresse d'aller l'occuper, à charge pour Barrême de lui fournir les vivres nécessaires. Il y demeura quatre jours, savoir du 30 décembre 1746 au 3 janvier 1747 (3). (Délibération et rapport du 16 avril 1747).

Devant cette attitude résolue, les envahisseurs n'osèrent pas s'aventurer plus loin et battirent en retraite.

Mais il en avait coûté cher aux habitants. Les seuls frais de logements pour Barrême, en 1746, s'étaient élevés au chiffre énorme de 20746 livres 8 sols, et les comptes du trésorier de cette année accusent un chargement de 31132 livres 4 sols, et un déchargement de 35738 livres 8 sols 10 deniers ; d'où résulte un déficit de 4606 livres 4 sols 10 deniers.

La paix d'Aix-la-Chapelle (8 octobre 1748) mit fin aux calamités de la guerre. Malgré tant de dépenses et de sacrifices au dehors, la commune ne négligeait pas les soins du dedans. La maison de ville s'écroula en 1747 et entraîna dans sa chute la

---

(1) La Tour était le nom que portait autrefois le village appelé aujourd'hui Valbelle, canton de Noyers.

(2) V. *Opérations militaires dans les Alpes et les Apennins* (1742-1748), par Henri Morris, pages 222 et suivantes.

(3) On lui expédia trois cents livres de pain, quatre moutons et du sel ; et au départ il exigea de plus 500 livres pour sa troupe. Ensuite il écrivit de Chasteuil, le 7 janvier, aux consuls de Barrême, de lui envoyer encore du pain, du vin, de l'avoine, un mouton et du gibier, attendu qu'il n'en pouvait avoir d'ailleurs et que l'ennemi était à Castellane. On lui porta donc, le 8, deux quintaux vingt-sept livres de pain, un mouton, trois coupes de vin, une charge d'avoine, un lièvre et deux poules. (*Délibération du 16 avril 1747*).

tour qui y était attenante. Elles devaient être situées à l'entrée du bourg sur le chemin de Chaudon. Heureusement on avait eu le temps d'en retirer l'horloge posée en 1733. On la fit transférer au clocher de l'église qui fut exhaussé de douze pans (trois mètres) et couronné d'une cage de fer pour y suspendre la cloche de l'horloge. Ce travail coûta en tout la somme de 1579 livres 4 sols 6 deniers (1).

L'année suivante les principales rues furent pavées ou repavées sur une longueur totale de deux cent quatre-vingt-une cannes six pans pour le prix de 120 livres 15 sols 3 deniers.

La même année 1748, s'accomplit un autre événement d'une haute importance pour Barrême. Depuis la mort de la baronne Marie de Barras, en 1684, nos seigneurs n'avaient plus guère habité le pays que par intervalles; et le dernier, Joseph-André-Ours de Villeneuve, fils de Balthazar, paraissait ne tenir que médiocrement à ce qui lui restait d'un domaine que ses ancêtres avaient possédé durant quatre siècles entiers, et où plusieurs d'entre eux avaient fait leur séjour près de cent cinquante années consécutives.

Quoi qu'il en soit, le 8 octobre 1748, le conseil municipal fut informé par le premier consul que « Mr André-Ours de
» Villeneuve, baron de Barrême, réclamait la pension féodale de
» deux ans, s'élevant à la somme de 525 livres, et qu'il avait
» vendu la terre et seigneurie de Barrême à Mr Honoré d'Ai-
» miny, chevalier, seigneur de Puimichel, d'Hauteval et autres
» lieux (2), ... résidant à Manosque, qu'ainsi il conviendrait de
» députer quelques personnes auprès de lui pour le supplier de
» protéger la communauté et habitants. »

La députation eut lieu dans le courant de décembre, et le nouveau seigneur fit sa première visite à ses vassaux le 29 mai 1749. Il arriva par la route royale de Chaudon, où une escorte de notables s'était portée au-devant de lui. avec *bravade*, *fifre* et *tambour en tête*.

---

(1) Savoir : pour l'exhaussement du clocher, 848 livres 18 sols 6 deniers, et pour la cage de fer, où il entra vingt quintaux vingt-huit livres et demie de fer, 730 livres 6 sols. (Délibération du 4 juin 1749).

(2) Acte reçu le 15 septembre 1748 par Me Sigalloux, notaire à Flayosc. La commune reconnut, le 19 mai 1749, que « Mr de Villeneuve
» avait cédé à Mr d'Aiminy tous les droits qu'il possédait à Barrême, c'est-
» à-dire, sept portions sur huit de la baronnie, dont la huitième apparte-
» nait à Mr Joseph Deblieux, sieur de la *Routte*, qui l'avait acquis de Mr de
» Périer. »

La marquise d'Aiminy n'arriva que le 8 juin suivant et elle fut accueillie avec les mêmes démonstrations de respect et d'allégresse; toute la population se mit en fête pour célébrer la bienvenue de ses nouveaux maîtres. Ceux-ci, de leur côté, voulurent s'attacher étroitement le pays soit par leurs bontés envers le peuple, soit par une acquisition considérable de terrains.

Le 25 septembre 1749, M. d'Aiminy acheta, pour la somme de 5000 livres, tous les prés de Jean Martin depuis l'allée des Chauchets jusqu'au pont.

Le 10 avril de l'année précédente, après information sommaire de vie, mœurs et religion catholique, apostolique, romaine, des sieurs André-Étienne Aillaud et Paul Feraud, commis par Sa Majesté pour faire l'exercice et fonctions de conseillers du roi, de premier et deuxième consuls de la communauté de Barrême... avait été inaugurée l'installation solennelle des dits sieurs consuls... « Et tout de suite, dit le procès-verbal, en présence des consuls
» leurs devanciers et autres apparens du lieu, nous les avons
» mis et installés aux charges et offices ; et pour cet effet avons
» fait asseoir les dits sieurs consuls à leur banc et place ordi-
» naire, et tout de suite, en compagnie de qui dessus, les avons
» conduits à l'église paroissiale, où étant arrivés, après avoir
» adoré le Très Saint-Sacrement, les avons fait asseoir chacun
» à leur place ordinaire, suivant le tout, en signe de vraie et
» réelle possession et installation des dits charges et offices, pour
» en jouir et user conformément à leurs provisions. » Fait à Barrême...

Toutefois il manquait encore quelque chose à nos dignitaires civils. Le 5 décembre 1749, ils présentèrent une requête au parlement pour avoir l'autorisation de porter le *chaperon* (1), à l'instar des consuls des autres chefs-lieux de viguerie, attendu que « dans les fréquents passages de troupe ils ont reçu quel-
» quefois des avanies toujours désagréables, parce qu'ils n'ont
» rien dans leur extérieur qui puisse leur imposer ni se faire
» reconnaître ; et comme, dans des cas moins favorables, la cour
» n'a pas refusé aux consuls des lieux qui n'avaient pas des
» marques consulaires, de porter le chaperon, qui a quelque chose

---

(1) C'était, d'après E. de Laplane, un manteau de soie doublé d'hermine, ou, au dire de quelques anciens du pays, un magnifique habit brodé, orné de quatorze boutons dorés et produisant le plus bel effet. Les deux chaperons pris à Aix coûtèrent ensemble 92 livres, et le voyage 21 livres 12 sous.

» d'imposant... ils ont recours à la cour, aux fins qu'il vous
» plaise, » etc.

La demande fut communiquée par la cour au marquis d'Aiminy qui l'appuya de son approbation, et, dès lors, elle obtint le succès désiré.

Un fait à noter comme signe des mœurs de l'époque, c'est que la fête de saint Jacques et saint Philippe ayant été supprimée par l'autorité ecclésiastique, le conseil de la commune réclama par l'organe des consuls, représentant « que la procession du 1er mai n'était plus si fréquentée depuis que la fête n'était plus observée, qu'en conséquence *Mgr de Senez sera supplié de rétablir la dite fête* » (Délibération du 4 avril 1750).

On ne sait par quel accident la grande cloche refondue en 1734, avait été brisée vers l'année 1757, et il fallut réparer cet accident. Pour cela, on recourut à un habile fondeur, Eugène Marchand, de la Côte-Saint-André, près Grenoble, lequel se chargea du travail pour la somme de 144 livres, et dont le nom se voit gravé sur la grande cloche aujourd'hui encore existante. Elle fut terminée et bénite le 24 mai 1758.

Depuis longtemps le pont de bois, sur la rivière de Senez, avait besoin d'une réparation urgente, ou plutôt d'une complète reconstruction. La commune traita dans ce but avec les sieurs Martin, Beraud et Coutton, lesquels, est-il dit, *étaient chargés par la province de faire le pont de pierre* endommagé de nouveau en 1750. Ce ne fut néanmoins qu'en 1761, sur un *placet* présenté à l'assemblée de Lambesc, que la province alloua, en deux fois, la somme de 2000 livres pour l'exécution de l'entreprise. (Délibération du 26 décembre 1759).

Le Carême de 1760 fut prêché par le P. François (1), capucin, dont le zèle n'eut d'égal que le succès obtenu. En témoignage de reconnaissance, le conseil vota par acclamation en sa faveur une gratification supplémentaire de 30 livres, et la plantation solennelle d'une croix sur la plate-forme de Notre-Dame couronna dignement la fin des exercices.

Il résulte d'un capage (2) fait l'année suivante, à raison de 20 sous par feu, que le chiffre total de la population était alors de deux cent vingt-six feux ou familles.

Au mois de décembre 1763 survinrent des pluies diluviennes et de grandes inondations qui recouvrirent de gravier

---

(1) De Mont Dauphin.
(2) C'était une imposition établie sur chaque *chef* de famille.

la plupart des propriétés riveraines de l'Asse, et notamment le quartier de Saint-Pons, où la rivière de Senez forma son lit et d'où elle ne se retira qu'avec le temps et au prix d'immenses efforts.

Mais tout devenait bientôt inutile : le 11 septembre 1765, nouvel orage de pluie et de grêle qui emporta le terrain du quartier du Vignal et causa les plus graves dommages. Vainement fut-il délibéré, le 15 suivant, de rendre le Vignal défensable : un tel moyen exigeait de longues années ; c'est pourquoi, le 8 décembre 1765, le conseil résolut « de couper le mal dans sa source en pratiquant un fossé depuis les hoirs de Jacques Cruvellier, d'où le canal irait se déverser derrière le collet de Saint-Jean, sur une longueur de cent et quelques cannes, et serait muni d'une digue. » Les procureurs du pays, à qui on eut recours pour obtenir une subvention de l'État, promirent le tiers de la dépense, estimée d'abord 750 livres et portée ensuite à 1500 livres par l'entrepreneur de la province. Le projet ne se vit définitivement réalisé qu'en 1767.

Après tous les sacrifices qu'on s'était imposés soit pour agrandir la chapelle de Saint-Jean, soit pour acquérir le buste du saint, la paroisse ne possédait pas encore de relique de son glorieux patron. Dans le désir et l'espoir d'en obtenir, on s'était adressé, en 1764, à Monseigneur de la Motte d'Orléans, évêque d'Amiens, et cela « avec d'autant plus de confiance, disait la
» supplique, qu'on était persuadé que son cœur vraiment pater-
» nel n'aurait pas oublié les paroissiens de Barrême, qui avaient
» été autrefois confiés à ses soins (lorsqu'il administrait le
» diocèse de Senez), les anciens se rappelant encore avec une
» pieuse consolation de l'avoir vu officier le jour de saint Jean-
» Baptiste et leur annoncer la parole de Dieu... »

Les plus graves raisons assurément purent seules empêcher l'illustre et saint prélat d'exaucer une demande exprimée en aussi bons termes.

On se tourna alors d'un autre côté. Le prieur Jean-François Fabre trouva le moyen de faire venir de Naples, on ignore par quelle voie, la relique tant désirée. Les lettres authentiques, délivrées à Naples, portent la signature de H. évêque de Tauma (1).

(1) L'original doit s'en trouver, ainsi que l'acte même de la vérification, dans le socle du buste de saint Jean contenant la relique (V. dans le grand registre paroissial, à la suite de la *Notice historique*, la copie des pièces dressées à ce sujet).

Le précieux envoi, arrivé au mois de décembre, fut présenté le 26 par nos consuls à Mgr d'Amat, évêque de Senez, qui délégua Mre Martin Raynard, son grand-vicaire, pour en faire la vérification canonique ; ce qui eut lieu le 10 juin 1769. On avait eu soin déjà de faire confectionner, à Aix, un élégant reliquaire en argent qui coûta 90 livres, et fut déposé dans le socle du buste, tel qu'il s'y voit encore de nos jours. La châsse n'a probablement plus été rouverte depuis lors.

Le 1er août 1769, le seigneur baron et marquis d'Aiminy exigea et reçut, pour la dernière fois sans doute, l'acte d'hommage et de fidélité des habitants de Barrême. C'est du moins la dernière trace qu'on en trouve avant 1789.

Les esprits étaient aux changements et aux réformes. A Barrême cependant, après divers essais d'innovation dans les anciennes coutumes et institutions municipales, après bien des discussions et des tiraillements, on reconnut en définitive que le mieux était encore de revenir aux statuts communaux de l'année 1671, ainsi qu'il a été dit plus haut, page 64.

L'année 1772 fut encore une année de disette, et un violent orage qui fondit sur le terroir dans la nuit du 18 au 19 août 1773, réduisit un grand nombre d'habitants à la misère. Par bonheur, grâce au crédit du marquis d'Aiminy, la province accorda un secours de 4300 livres pour être employé à divers chantiers d'endiguement le long de nos rivières. Un procès-verbal du 1er mai 1774 nous apprend que de 1765 à 1774 la province avait alloué, pour le même objet, jusqu'à 12000 livres. Bien plus, les travaux, poussés avec vigueur en 1775 et 1776, exigeant un surcroît de dépenses, la commune reçut, en plusieurs fois, une nouvelle allocation de 4300 livres (1).

Tandis qu'on s'efforçait ainsi de combattre le danger des inondations, le pays manquait toujours d'eau à boire. Ce fut donc avec joie qu'il apprit un jour que M. d'Aiminy se chargeait d'envoyer de Manosque un homme expert pour conduire l'eau de la source trouvée au Vignal dans la propriété d'Espitalier. L'expert, nommé Crose, fit mieux encore : il découvrit plusieurs autres sources au quartier du Vignal et dans des situations propices pour les amener, par exemple : « Dans la propriété d'É- » tienne Espitalier, une source qui peut fournir un gros tuyau » d'eau, à trois cannes de profondeur; une autre, dans la propriété

---

(1) Savoir : 2000 livres pour Barrême, 1500 pour Saint-Lyons et 800 pour le quartier de Saint-Pons.

» de Jean-Pierre Espitalier, d'égale quantité et profondeur; une
» troisième, dans la propriété du sieur Beraud, de Norante, pou-
» vant fournir deux gros tuyaux d'eau, à quatre cannes de pro-
» fondeur. » (Délibérations des 15 et 22 septembre 1782).

Le conseil s'arrêta à cette dernière indication et les travaux commencèrent. Le sieur Crose travailla avec deux hommes, du 9 au 20 août 1783, et trouva l'eau à deux cannes et demie de profondeur, *l'eau les ayant empêchés de creuser davantage.* Pour mener à bout l'entreprise, on dut emprunter la somme de 2400 livres, et l'on eut enfin, pour un temps, de l'eau potable en quantité suffisante.

Mgr de Castellane-Adhémar ayant succédé, le 24 décembre 1783, à Mgr de Beauvais (1), et pris possession de son siège dans les premiers jours d'octobre 1784, le conseil municipal de Barrême s'empressa d'aller lui présenter ses hommages, et le 25 septembre de l'année suivante, la paroisse reçut la première visite solennelle du nouveau prélat.

Toute la population l'accueillit avec un déploiement de pompe inusité : harangues, bravade, boîtes, feux de joie, arc-de-triomphe, etc., voulant ainsi, disait un rapport, « témoigner sa
» vénération pour celui dont les augustes ancêtres avaient été si
» longtemps les souverains d'une partie de ce diocèse. » La satisfaction fut égale de part et d'autre. Aussi l'évêque ne put finir sa visite « sans exprimer à tous les ordres de cette paroisse combien il avait été sensible à toutes leurs démonstrations de joie » (2). Rien ne faisait pressentir qu'on eût fêté, ce jour-là, l'avant-dernier des évêques de Senez.

D'un autre côté, le seigneur du lieu, toujours dévoué à ses vassaux, abolissait ses droits de leyde sur le bétail (1786), obtenait de la province un nouveau secours de 500 livres pour faire continuer les endiguements commencés (1788), et de plus, étant tombé gravement malade en 1789, il fit son testament où il léguait, entre autres choses, à *l'Œuvre des pauvres* de Barrême, la somme de 2000 livres. Mais déjà grondait l'orage qui allait tout engloutir.

Mgr de Castellane, décédé le 7 novembre 1787, eut pour successeur Jean-Baptiste-Marie-Scipion de Roux de Bonneval,

---

(1) Mgr Charles-Marie de Beauvais était l'un des prédicateurs les plus distingués de son siècle. Il avait déjà prêché plusieurs fois devant la cour, quand il fut nommé à l'évêché de Senez. Il visita Barrême le 30 octobre 1774.

(2) Procès-verbal de la visite épiscopale *(Archives de Senez).*

son frère nommé n'ayant pas accepté. Le nouvel évêque fit son entrée dans son diocèse le 4 avril 1789, dimanche des Rameaux, et fut reçu au chant du *Benedictus qui venit...* Mais pour lui aussi le jour du triomphe n'était pas loin de celui de la Passion et du Calvaire.

Huit jours auparavant, dimanche 29 mars, en vertu d'un décret royal daté de Versailles (2 mars 1789), une assemblée générale des habitants s'était réunie dans la chapelle de Notre-Dame du Pont, *à cause du peu d'étendue de l'hôtel-de-ville*, pour y dresser le *cahier des doléances* de la commune et élire les députés qui devaient porter ce cahier à l'assemblée convoquée à Digne pour le 1er avril suivant.

Les députés de Barrême à l'assemblée du chef-lieu de la sénéchaussée furent au nombre de trois, savoir : M. François-Xavier Michel, avocat en la cour; sieur Claude-André Martin, maire; et sieur Joseph de Pillafort, bourgeois, « qui acceptent ladite commission et promettent de s'en acquitter fidèlement. »

L'ère de la Révolution était inaugurée.

DEUXIÈME PARTIE

BARRÊME
DEPUIS LA RÉVOLUTION.

CHAPITRE PREMIER

BARRÊME SOUS L'ASSEMBLÉE CONSTITUANTE.

« L'assemblée électorale de Forcalquier élut députés aux
» États-Généraux les abbés Gassendy, curé de Barras (1), et Jean-
» François Rolland, curé du Caire, pour le clergé ; Charles-Fran-
» çois de Burles et d'Aymar, pour la noblesse ; Joseph Latil, Jean-
» Antoine Mévolhon, Bouche (2) et Solliers, pour le tiers-état. »
(15 février 1789) (3).

Convoqués à Paris pour le 5 mai, les États-Généraux ouvrirent leurs séances le 9 du même mois, et se transformèrent de leur propre autorité, le 23 juin, en Assemblée constituante. L'une de ses premières opérations fut l'abolition de tous les privilèges et droits féodaux. Elle s'exécuta dans la nuit du 4 au 5 août, aux applaudissements de la noblesse elle-même, et la France entière l'accueillit avec des transports d'allégresse. Si la Révolution eût

---

(1) Il appartenait à la famille des Gassend de Champtercier, branche collatérale de celle du célèbre Gassendi.

(2) Charles-François Bouche, avocat, était un arrière-petit-neveu d'Honoré Bouche, prévôt de Saint-Jacques et auteur de l'*Histoire de Provence*. Il a fait lui-même un *Essai sur l'histoire de Provence*.

(3) Voir *Histoire et Géographie du département des Basses-Alpes*.

voulu se borner à détruire les abus, son œuvre, ce semble, était achevée du premier coup. Mais elle en voulait aussi aux institutions. Dès lors, une foule d'émissaires se mirent à parcourir toutes les provinces pour agiter les populations, en répandant le bruit que *les brigands* allaient arriver et mettre le pays au pillage. Et de fait il y eut, en diverses localités, des scènes d'horreur dont la populace ne fut que l'aveugle instrument.

Que devint alors le marquis Pierre-Louis d'Aiminy, seigneur de Barrême? On ne trouve rien de précis à ce sujet dans nos archives. Il est certain néanmoins que s'il n'eut plus de juridiction formelle sur ses anciens vassaux, il continua d'en être sincèrement respecté et dans sa personne et dans ses biens. Tandis que la noblesse émigrait en masse à l'étranger pour sauver du moins sa vie et voyait ses terres et châteaux vendus pour quelques *assignats*, M. d'Aiminy ne cessa point de posséder tranquillement ses domaines de Barrême et, qui plus est, de percevoir, comme auparavant, sa *pension féodale* de 300 livres; témoin un reçu écrit de sa main, en date du 10 octobre 1790, *pour acquit de pension féodale*, signé d'Aiminy. Il en fut encore de même en 1791.

Quant à ses biens, nous verrons bientôt que loin de profiter des circonstances pour s'en emparer à peu de frais, la commune les acquit par les voies les plus légales, en vertu d'actes passés en bonne et due forme, en 1792 et 1794.

Les autres seigneurs ou co-seigneurs avaient pour la plupart quitté Barrême avant 1789. Les sieurs de Pillafort, dont le dernier est mort à Barrême en 1803, ne possédaient pas des titres de noblesse très anciens ni même très authentiques.

La prise de la Bastille (14 juillet 1789) avait donné naissance à l'*Ère* dite *de la liberté*, et par suite à la création des gardes nationales dans toutes les communes de France. Celle de Barrême envoya à Digne, le 24 janvier 1790, le sieur J.-B. Cruvellier, négociant, en qualité de délégué de la garde nationale, pour concourir à l'élection d'un député à la fête de la Fédération, qui devait se célébrer à Paris le 14 juillet suivant. Furent aussi délégués à Digne dans le même but les sieurs Isnard, Mariaud, J.-B. Daumas et Jean-Michel Bellier, qui reçurent chacun 15 livres d'indemnité pour frais de déplacement.

Cependant on semblait pressentir que les jours allaient devenir mauvais, et déjà l'*Œuvre des pauvres* elle-même avait à se défendre contre d'injustes agressions. Tel est l'objet d'une démarche faite en 1789 par les administrateurs de l'Œuvre et consignée dans les registres de la commune. Il s'agissait d'une rente de 6 livres 10 sols sur un capital de 130 livres léguées par le sieur Antoine Chaillan, et que l'héritier, Jean G... ménager de Saint-Jacques négligeait indéfiniment d'acquitter. Mais la révolution qui survint tout à coup, anéantit la pension et les poursuites et l'Œuvre tout ensemble.

Un autre fait nous montre l'esprit constamment religieux de la population en ces temps de trouble et de perturbation générale. On avait acquis depuis peu la statue de saint Antoine, titulaire primitif de l'église paroissiale et co-patron ; mais comme on n'avait aucune relique du saint, le prieur Joseph-Abdon Fabre s'adressa, pour répondre au vœu des habitants, au chapitre de la collégiale de Crest, diocèse de Valence, et il en obtint en effet une relique accompagnée d'une déclaration signée de tous les chanoines de l'église de Saint-Sauveur et munie du cachet du monastère de la Visitation de ladite ville, *celui du chapitre n'ayant pas été retrouvé. — Fait à Crest, le 9 de janvier 1790.* Malheureusement cette pièce ne portait d'autre approbation que celle de l'évêque intrus et schismatique, J.-B. de Villeneuve, auparavant curé de Valensole, qui est signé au bas : *J.-B., évêque du département des Basses-Alpes.* (A Digne, le 1ᵉʳ décembre 1791). Ce n'est pas tout : la boîte du reliquaire ayant été ouverte plus tard pour le soumettre à l'examen de Mgr l'évêque de Digne, on trouva écrit au-dessous de la relique même ces mots qui en détruisaient l'authenticité : *De SS. Innocentibus.* Dès lors il devenait impossible de l'approuver pour continuer de l'exposer à la vénération des fidèles.

L'Assemblée constituante poursuivant son œuvre de démolition, décréta, le 2 novembre 1789, que les biens ecclésiastiques seraient mis à la disposition de la nation, à la charge, pour celle-ci, de pourvoir d'une manière convenable aux frais du culte, à l'entretien de ses ministres et au soulagement des pauvres. Le traitement des curés était fixé à un minimum de 1200 livres, non compris le logement et le jardin. De là, une enquête et un rapport à faire concernant la position respective des divers ministres du culte catholique.

Le 5 février 1790, le sieur Michel, chapelain de Saint-Michel d'Ourgeas, fit sa déclaration par laquelle il reconnaissait posséder un revenu de 50 livres, grevé de plusieurs charges s'élevant à 31 livres 15 sols ; d'où, revenu net : 18 livres 5 sols.

De son côté, le lendemain, Joseph-Abdon Fabre, curé de Barrême, déclara percevoir, comme chapelain du Val-de-Roure, diocèse de Fréjus, une rente de 160 livres ; et le 9 avril, il fit une deuxième déclaration en ces termes : « Je soussigné Joseph-Abdon Fabre docteur en théologie... déclare que la susdite cure de Barrême, à la nomination de Mgr l'évêque de Senez, est à la simple congrue (1), les charges consistant à payer 52 livres de décimes et 136 livres pour le clerc, matière, luminaire, blanchissage et entretien de la lampe. Je jouis en outre, en qualité de curé de ladite paroisse, d'un pré et petit jardin y attenant, de la contenance le pré de 122 cannes et le jardin de 32 cannes, le tout grevé d'une fondation consistant à chanter tous les dimanches et fêtes, dans la chapelle de N.-D.-du-Pont, de Pâques à la Toussaint, l'antienne de la Sainte Vierge, les *Gaude* et les litanies de saint Joseph ; laquelle propriété a été longtemps encadastrée, payant annuellement 3 livres 5 sols de tailles, du produit d'environ 15 livres ; mon intention étant de me conformer aux dispositions des lettres patentes et décrets de l'Assemblée nationale, affirmant, en outre, n'avoir aucune connaissance de soustraction de titres et papiers de ladite cure. » Fait à Barrême le 9 avril 1790.

Vient ensuite la déposition du sieur Michel, recteur d'une chapelle de Saint-Antoine et Saint-Honoré érigée à Riez, accusant un revenu net de 14 livres 3 sols 6 deniers. Puis, le même jour, Claude Michel, ex-jésuite (2), âgé de soixante-neuf ans sept mois, déclara que, recevant d'abord une pension de 450 livres seulement, l'assemblée générale du clergé, par délibération du 9 septembre 1786, avait jugé nécessaire de l'augmenter jusqu'à concurrence de 800 livres. « Mais, ajoute-t-il, l'Assemblée nationale a bien voulu améliorer notre sort et elle exige que nous lui déclarions si nous avons des pensions.., je déclare donc que la chapelle que je possède à Riez me laisse net de 15 à 16 livres. »

C'est ainsi que chacun aimait à se faire illusion sur les intentions et les tendances des auteurs avérés ou secrets des plans révolutionnaires. Dans nos campagnes, le peuple, toujours fidèle aux obligations et aux coutumes du passé, continuait d'acquitter à ses prêtres les pensions qui leur étaient dues. Nous voyons, par exemple, en date du 20 mars 1790, une somme de 120 livres de rente payée à Mr l'abbé Martin, chapelain de Saint-Joseph ; une autre de 52 livres 10 sols, à Mr Pierre-André Michel,

---

(1) La congrue était un traitement fixe de 500 livres, moyennant lequel la dîme était abolie. Avant 1789, la plupart des curés avaient opté pour la *portion congrue* et renoncé aux dîmes.

(2) Les Jésuites avaient été expulsés par un avis du Parlement en 1762, et abolis par Clément XIV en 1773.

vicaire, savoir 37 livres 10 sols pour la moitié de son traitement de maître d'école et 15 livres pour son logement. — *Item*, 65 livres à Mʳ Michel, recteur de l'Œuvre des pauvres malades.

De même les affaires communales avaient l'air de marcher leur train habituel. Le 3 mai 1790, *à l'issue de vêpres*, dit le procès-verbal, le maire Jean Mariaud exposa au conseil qu'il avait demandé *l'établissement d'un marché*, et proposa la reconstruction du cimetière de Saint-Lyons, ainsi que l'urgente réparation de ceux de Barrême et de Gévaudan. Le tout fut adopté à l'unanimité et les travaux mis aux enchères. Nos archives sont muettes sur le résultat de cette délibération.

Celles de Digne ont conservé quelques documents relatifs à cette époque agitée, bien propres à faire connaître nos nouvelles institutions. Tel est celui du 15 juin 1790 : « Écrivant sieur François Michel, secrétaire, en vertu des lettres patentes du roy sur un décret de l'Assemblée nationale pour la constitution des assemblées primaires et des assemblées administratives, du 8 courant, qui fixent le terme des assemblées primaires dans le chef-lieu de canton (1) au 15 du présent mois et indiquent l'assemblée des électeurs du département à Digne au 28 du même mois, après avoir communiqué par un porteur exprès aux différentes communes de notre canton les ordres ci-dessus... Nous maire et officiers municipaux de cette commune de Barrême, chef-lieu de canton, avons fait publier à son de trompe... que tous les *citoyens actifs* de Barrême, Clumanc, Tartonne, Chaudon, Norante, Lambruisse, Saint-Jacques et la Clappe eussent à se rendre à *l'église paroissiale* (attendu le peu d'étendue de l'hôtel de ville), pour y procéder aux formes prescrites... à la nomination de huit députés qui doivent se rendre à Digne à l'assemblée des électeurs du département. En suite desquelles proclamations, sont survenus les citoyens ci-après : Jean Louis Mariaud, maire, Joseph Blanc, Jean Laurens, Jacques Paty, Jean Paul, Jean Daumas, officiers municipaux de Barrême, sieur J.-B.-André Castellan, procureur de la commune... Mʳᵉ Joseph-Abdon Fabre, curé, » etc., en tout deux cent soixante treize *membres actifs*.

---

(1) La Constituante venait d'abolir les anciennes provinces et avait divisé la France en 80 départements et les départements en arrondissements, cantons et communes. Bédejun ou la Clape avait été adjugé au canton de Barrême.

« Après quatre heures d'attente, et sous la présidence de sieur J.-B⁰ Castellan, doyen d'âge, ont été nommés : Président, Antoine Rolland, notaire de Lambruisse; secrétaire, François Michel; scrutateurs, Honoré Aillaud, maire de Clumanc, Jean-Joseph Roux et J.-B.-André Castellan, docteurs en médecine. Sept heures et demie étant sonnées, la séance a été levée.

» Le lendemain 16, nouvelle réunion à sept heures du matin dans l'église paroissiale, pour l'élection des huit députés ; elle se termine à huit heures du soir et le dépouillement du scrutin est renvoyé au lendemain 17.

» Le 17 juin, à sept heures du matin, une troisième réunion se tient à la maison commune, attendu que la paroisse est occupée pour le service divin. Le dépouillement fait, sont proclamés élus : Jean-Louis Mariaud, maire de Barrême; Honoré Aillaud, maire de Clumanc ; Jacques Chaspoul, maire de Chaudon ; Jean-François Maurel, maire de Tartonne ; Laurent Chaillan, maire de la Clappe ; MM. Jean-Baptiste-André Castellan, de Barrême, docteur en médecine ; Jean-Pierre Juglar, ménager du lieu de Clumanc, lesquels devront se rendre en qualité d'électeurs du canton à l'assemblée des électeurs du département des Basses-Alpes, convoquée au 28 du courant. »

Mais avec les réformes politiques il existait aussi d'autres sujets de préoccupation. La disette de grains se faisait vivement sentir, et le 10 août 1790, la commune se voyait obligée d'acheter vingt-cinq charges de blé à raison de 33 livres 10 sols la charge. Ce fut le sieur de Gassendy, *ci-devant seigneur* de Tartonne, qui les vendit à ce prix élevé et qui devint ainsi créancier de la commune de Barrême pour la somme de 837 livres 10 sols.

Le 12 juillet précédent, l'Assemblée nationale avait décrété la fameuse *Constitution civile du clergé*, qui, d'un seul trait, supprimait un grand nombre d'évêchés, entre autres celui de Senez. Puis, le 26 décembre, une nouvelle loi obligeait tous les ecclésiastiques à prêter serment à la *Constitution civile* sous peine de spoliation, et bientôt de l'exil et de la mort. Mgr de Bonneval préféra la prison et l'exil à un serment sacrilège et, après bien des épreuves, parvint à s'enfuir en Italie, laissant l'administration du diocèse à Mʳᵉ de Pillafort son grand-vicaire.

Quelle fut, dans ces circonstances, la conduite du curé de Barrême et des autres prêtres de la paroisse ? On aimerait à penser qu'à l'exemple de tant de ministres de l'Église fidèles et intrépides dans l'accomplissement de leur devoir, ils préférèrent la persécution à la conservation d'un misérable salaire.

Malheureusement divers actes publics et un *Catalogue général des prêtres assermentés* qui se trouve aux Archives départementales, semblent trancher la question. Ce catalogue est de l'an VII (1799). On y voit figurer, sous le titre de *Curés et vicaires constitutionnels*, les noms suivants :

Bonnefoy Jean-Joseph, né le 20 juillet 1748, vicaire de Chaudon ;

Chaussegros Pierre, né le 28 juin 1765, vicaire de Norante ;

Fabre Joseph-Adon, né le 28 novembre 1742, curé de Barrême ;

Pillafort Jean-Joseph, né le 27 mai 1757, chanoine de Senez, domicilié à Barrême ;

Pillafort Pierre-Jacques, (1) né le 17 juin 1736, chanoine de Senez, domicilié à Barrême ;

Michel Pierre-André, vicaire de Barrême, domicilié à Barrême ;

Martin Jean-Pierre, curé de ..? domicilié à Barrême.

D'après cela il est bien difficile d'absoudre nos curé et vicaire de Barrême de l'accusation qui pèse sur eux. Toutefois il est à remarquer que, s'ils prêtèrent le fatal serment, nos archives n'en ont pas conservé l'acte formel et authentique. Ne serait-il donc pas permis de supposer qu'il n'y eut pas de serment explicite, mais une simple déclaration faite par des amis complaisants et présentée aux agents révolutionnaires comme un acte formel d'adhésion ? D'ailleurs, la question était si incertaine dans le principe que bien des prêtres éclairés et pieux se trouvaient partagés d'opinion à ce sujet, et que plusieurs prêtèrent de bonne foi le serment demandé.

Toujours est-il que le prieur Fabre ne cessa pas de résider dans la paroisse et d'exercer, même durant les plus mauvais jours, les fonctions du saint ministère ; seulement, il fut plus d'une fois obligé de se tenir caché, pour échapper aux poursuites du gouvernement sanguinaire de la Terreur. (2)

---

(1) Le même qui portait le titre de vicaire général, *sede vacante*, et d'administrateur au nom de Mgr de Bonneval, de 1790 à 1795.

Le curé de Tartonne, Gibert, d'abord assermenté, s'était ensuite rétracté dès 1792.

(2) Il continua à rédiger les actes de catholicité, même après 1792, où les registres paroissiaux furent transférés à la commune. Ceux de 1793 et 1794 sont à peu près complets. En 1795 plusieurs actes de baptême portent... *Suppléé les cérémonies du baptême à... pour avoir été ondoyé à la*

Jusqu'ici la commune de Barrême avait compris dans son ressort les deux hameaux de Saint-Lyons et de Gévaudan. Mais le premier ayant demandé, au mois de janvier 1791, à se détacher du chef-lieu, essuya d'abord un refus de la part du directoire de Digne; puis, sur de nouvelles instances, finit par obtenir l'objet de sa requête, comme il résulte d'un acte du 15 mars suivant, où Saint-Lyons est qualifié *commune*. Le partage du terroir et des charges respectives ne fut terminé qu'au bout d'un an, après de longs travaux et de nombreuses délibérations.

Avant de clore ses séances, l'*Assemblée constituante* voulut préparer les voies à l'*Assemblée législative*, en faisant procéder à de nouvelles élections. A cet effet, le 28 juin 1791, fut tenue à Barrême, dans l'hôtel de ville, une assemblée primaire de toutes les communes du canton, y compris celle de *Saint-Lyons*. Il s'agissait de nommer huit députés pour l'assemblée électorale du département. Sur sept cent cinquante-sept électeurs inscrits, il n'y eut que trente-trois votants. On élut en deux séances et après plusieurs tours de scrutin, les sieurs Jacques Gros, de Clumanc, Laurent Chaillan, bourgeois de Lambruisse, François Martin, bourgeois de Barrême, J.-B. Castellan, docteur en médecine, Jean-Louis Bourrillon, maire de Clumanc, Etienne Castellan, négociant de Chaudon, Jean-Balthazar Fabre, négociant de Tartonne, et Henri Pascal, *maire de la commune de Saint-Lyons*.

En même temps, la disette sévissait toujours. A peine, le 20 mai 1791, la commune avait-elle pu payer 800 livres pour les vingt-cinq charges de blé achetées du sieur de Gassendy-Tartonne qu'elle eut à recourir à un emprunt de 3000 livres *pour faire un nouvel achat de grains*.

Le 14 juillet 1791, fut célébré à Digne le deuxième anniversaire de la prise de la Bastille, sous le titre de fête de la Fédération, an II *de la liberté*. Les quatre députés élus et envoyés par la commune de Barrême furent les sieurs J.-B. Beraud, François-Augustin Martin, J.-B. Cruvellier, de Barrême, et Pierre Boyer, de Gévaudan.

Une opération plus urgente et plus avantageuse pour le pays c'était l'encadastrement des biens ci-devant privilégiés et désor-

---

maison. On y voit figurer le calendrier républicain à côté de l'ancien, à partir du 8 mai 1798 ou 19 floréal an VI. Le curé signe, jusqu'en 1801, Fabre, *prieur*; en 1801, Fabre, curé *archiprêtre*, et en 1802, Fabre, curé, *vicaire de Mgr l'évêque*. Il venait d'être remplacé, en 1801, par le sieur Michel.

mais soumis aux tailles et charges communales. Ce travail poursuivi sans relâche depuis l'abolition des droits féodaux, se trouva enfin terminé le 27 novembre 1791, ainsi qu'il appert par un mandat en date de ce jour enjoignant au trésorier de « payer aux sieurs François-Augustin Martin et Félix Martin, son fils, expert et arpenteur, la somme de 112 livres. » Les comptes de l'année portent encore *300 livres de pension féodale* payée à M. d'Aiminy, ci-devant seigneur de Barrême.

Le 3 décembre 1791, fut enregistrée la réclamation d'une pension de 200 livres « en faveur de Mme Sophie de Montrond, fille à feu Pierre-Alexandre de Montrond, brigadier des armées du roy et lieutenant-colonel de la légion royale, chevalier de l'Ordre royal et militaire de Saint-Louis, et de feu dame Marie-Françoise François, native de Lorry devant Metz, le 25 novembre 1760, pension à elle accordée en considération des services de son père. » (1) (*Registres de la commune*).

A voir les comptes courants, on eût dit que rien n'était changé pour les bons habitants de nos localités, toujours fidèles à leurs vieilles traditions. On trouve, par exemple, pour cette même année 1791, ces détails intéressants :

48 livres payées au sieur Abdon Fabre, curé, savoir : 45 livres pour son logement et 3 livres *pour quatre messes* (chantées) à *Saint-Jean* (en vertu d'une promesse faite en 1664) ;

18 livres payées par le trésorier à André Laurens, valet de ville, pour achat de cierges pour la *Confrérie du Saint-Sacrement* ;

30 livres payées au marguillier du Saint-Sacrement ;

20 livres payées à Lazare Chaillan pour réparations faites à la paroisse ;

120 livres payées au sieur André Martin, chapelain de Saint-Joseph (*chapelle de Notre-Dame*).

65 livres payées à M. l'abbé J.-B. Michel, trésorier de *l'OEuvre des Pauvres*.

Sur ce dernier point, les administrateurs de l'OEuvre passèrent, le 28 novembre 1791, un acte de procuration, au nom des communes de Barrême, Saint-Jacques et Saint-Lyons, par-devant

---

(1) L'existence de cette dame née de Montrond, à Barrême, fut toujours environnée d'un certain mystère. On n'a jamais bien su si elle était née catholique ou protestante, bien qu'elle ait vécu et soit morte catholique, en 183., ni par quel événement elle vint se fixer à Barrême, où elle épousa, en premières noces, M. Pillafort, et en deuxièmes, M. André Castellan, beaucoup plus jeune qu'elle et dont elle ne voulut jamais porter le nom.

Mᵉ Michel, notaire à Barrême, pour revendiquer leurs droits fondés sur des titres antérieurs, tels que le testament de M. l'abbé de Meyronnet, ancien prévôt, etc. (1)

Tout cela, comme tant d'autres institutions salutaires, a sombré dans le naufrage universel. Une chose plus déplorable encore, au point de vue religieux, c'était l'intrusion sur le siège épiscopal de Digne de l'abbé J.-B. de Villeneuve, auparavant curé de Valensole et descendant de nos anciens seigneurs. C'est lui qui, le 1ᵉʳ décembre 1791, fit la reconnaissance sommaire et plus que douteuse de la relique de saint Antoine, dont on a vu l'origine ci-dessus, p. 90.

CHAPITRE II.

BARRÊME SOUS L'ASSEMBLÉE LÉGISLATIVE (1791-1792).

L'assemblée électorale tenue à Digne en septembre 1791, à laquelle assistèrent les délégués du canton de Barrême, élut pour députés à l'Assemblée législative : Jean Raffin, ancien officier de cavalerie; Chauvet, de Mezel ; André Pinchinat ; Henri Juglar; François-Charles Bouche, et Pierre-Jacques Derbès-Latour.

Le 12 décembre 1791, notre conseil municipal eut à délibérer sur les moyens à prendre pour *réparer* et *faire continuer* le chemin conduisant par la Clue à Mezel. L'entreprise avait été concédée en 1790 au sieur Feraud, qui devint plus tard acquéreur du château de Norante. Ce fut apparemment en vue de hâter la pleine exécution d'un projet auquel Barrême était si fort intéressé, que le conseil demanda et obtint, le 23 janvier 1792, l'autorisation de vendre une partie des biens communaux.

Les temps devenant de jour en jour plus difficiles, le marquis Pierre-Louis d'Aiminy, seigneur de Barrême, jugea prudent de réaliser sa fortune, et de se mettre en sûreté, lui et sa famille. C'est pourquoi, le 23 février 1792, il vendit, par acte sous seing privé, la plupart de ses propriétés de Barrême à M. Balthazar-François-Xavier Michel, au prix de 47 000 livres: Celui-ci, suivant les conditions convenues d'avance, était censé n'agir qu'au nom et pour le compte des habitants. Mais une fois l'acte

---

(1) Voir notaire Michel, *Actes de 1790, folio 30*, chez Mᵉ Laurens, notaire.

passé, dit-on, il prétendit garder à son profit l'objet de la vente. A cette vue, la population indignée se souleva tout entière et elle n'eût pas manqué de passer des menaces aux voies de fait (1), si son mandataire n'eût à la fin exécuté ses engagements vis-à-vis de la commune. La rétrocession eut lieu deux ans après, comme nous le verrons un peu plus loin.

Le maître d'école continuait de percevoir son traitement fixe de 75 livres en vertu du legs *Meynier*, ainsi qu'il conste de divers mandats de cette année 1792 ; par exemple, un de 37 livres 12 sols 6 deniers en faveur du sieur J.-B. Castellan et un autre de 20 livres au *citoyen* Carrel, à compte de 75 livres « que la commune paye au maître d'école. »

Si le peuple tenait à ses vieilles institutions, les changements venaient de plus haut. La magistrature civile étant devenue élective (en 1790), les électeurs du canton de Barrême comprenant tous les citoyens *actifs*, c'est-à-dire, qui payaient un cens équivalent à trois journées de travail (4 fr. 50), eurent à procéder à la nomination d'un juge de paix et d'un greffier.

A la suite d'interminables formalités, le scrutin s'ouvrit et la majorité des suffrages désigna juge de paix, M. François Michel, avocat, et greffier, Jean-Baptiste Castellan, l'un et l'autre de Barrême (An IV de la liberté, 1792).

Le 14 juillet ramenait pour la troisième fois l'anniversaire de la prise de la Bastille et la prestation solennelle du serment civique à la nouvelle constitution. En voici le procès-verbal tel qu'il est consigné dans les registres originaux « Le 14 juillet
» 1792 ..., après publication au son de la trompette, la grande
» messe solennellement dite et chantée à la paroisse par le sieur
» Joseph-Adon Fabre, *curé constitutionnel* (2), nous dits maire
» et officiers municipaux assemblés en la place publique, lieu à
» ce indiqué, pour et à l'heure de midi sonnante, *ouvrir ensemble*
» *leur voix*, ainsi que bon nombre de citoyens de tout âge, sexe
» et qualité qui s'y sont assemblés, ont *ouvri* (sic) leur voix d'al-
» légresse aux nôtres, et après que lecture a été faite en présence
» de tous à haute et intelligible voix par le sieur Jean-Antoine
» Martin, secrétaire greffier de la commune, des décrets de l'au-
» guste Assemblée nationale et autres pièces relatives au serment
» que tous les bons et fidèles Français doivent renouveler à ce

---

(1) On le menaçait de le pendre à l'un des tilleuls de la place, où, d'après nos anciens, les cordes étaient déjà préparées.

(2) et autres prêtres constitutionnels (*Ainsi noté à la marge*).

» jour à jamais mémorable, lesquels assemblés ont unanimement
» applaudi par leurs voix d'allégresse et béni dans toute la sin-
» cérité de leur âme les immenses travaux de l'Assemblée na-
» tionale qui, de concert avec le meilleur des rois, s'est occupée
» et s'occupe journellement *sur* l'heureuse régénération de la
» France entière, et l'heure de midi sonnante tout le monde ici
» assemblés ont *imposé leur silence*, les sieurs officiers munici-
» paux ont dit à haute voix, la main levée, d'être fidèles
» *à la nation, à la loy et au roy*, et de maintenir de
» tous leurs pouvoirs la constitution du royaume décrétée par
» l'Assemblée nationale, et tous les citoyens présents, leurs
» mains levées, ont tous unanimement prêté le même serment
» et nous sommes soussignés ceux qui ont su et voulu. » Suivent trente-deux signatures seulement.

Mais déjà au milieu des fêtes publiques retentissait le bruit des armes. Le 20 avril précédent, la guerre avait été déclarée à l'Autriche et trois armées mises sur pied. Le 15 juillet, eut lieu à Barrême, pour tout le canton, l'organisation de la garde nationale et la formation de quatre compagnies de fusiliers et d'une compagnie de grenadiers. De plus, le 22 du même mois, Barrême eut à fournir deux compagnies pour lesquelles furent élus : deux capitaines, Félix Martin et Jean Mariaud ; deux lieutenants, Pierre Laurens et Jacques Paty ; quatre sous-lieutenants, quatre sergents et huit caporaux. Enfin, le 17 septembre suivant, seize volontaires de Barrême se trouvaient rendus à Digne pour marcher au premier signal.

Détail significatif : les comptes du trésorier portent: « *pour faire descendre la croix du clocher par des volontaires, payé 15 livres.* » Cette opération s'exécuta le jour même de la formation de la garde nationale, 22 juillet. Le lendemain, ce fut le tour des cloches. Deux, ou peut-être même trois, sur quatre, furent enlevées et brisées pour être ensuite fondues et converties en pièces de canon. En réalité, on préludait ainsi à l'abolition du culte. Bientôt après, la chapelle de Saint-Blaise fut changée en *magasin national* de fourrages pour l'armée des Alpes.

Le 26 août suivant, une assemblée primaire composée des délégués de toutes les communes du canton, à l'exception de ceux de Bédejun, se réunit dans la chapelle de Notre-Dame, « la maison commune, dit le rapport, étant trop petite, à l'effet de
» procéder à la nomination de huit députés à l'assemblée électora-
» le qui doit se tenir à Forcalquier le 2 du mois prochain. » Après que le président eut fait lecture du décret de l'Assemblée légis-

lative portant la convocation d'une Convention nationale, on procéda au scrutin. Au premier tour, furent élus : J.-B. Castellan, par 86 voix ; Joseph-Abdon Fabre, curé, par 82 ; André Roustan, par 74, et Pierre Laurens par 70. Les électeurs, comme on voit, étaient en petit nombre. Le lendemain, la séance s'ouvrit à six heures du matin, vingt-quatre membres seulement se présentèrent. Pierre Laurens n'ayant pas accepté son mandat, il fallut nommer encore cinq délégués ; ce furent : François Michel, maire de Barrême, 18 voix ; Rolland, notaire de Lambruisse, 16 voix ; Jacques Paly, 15 voix ; François Baume, 14, et J.-B. Beraud, notaire, 16, lesquels furent proclamés et « invités à se » rendre, conjointement aux trois premiers, le 2 septembre, à » Forcalquier, avec pleins pouvoirs de nommer qui bon leur » semblera à la Convention nationale. » L'assemblée électorale de Forcalquier élut députés des Basses-Alpes à la Convention les sieurs Verdollin, Claude-Louis Réguis, Derbsè-Latour, Maisse, Peyre et Marc-Antoine Savornin.

CHAPITRE III.

BARRÊME SOUS LA CONVENTION ET LA RÉPUBLIQUE.

Le 21 septembre 1792, la royauté fut abolie en France et de toutes parts on se mit à planter des arbres de la *liberté* et de la *fraternité*. Ainsi les comptes du trésorier de la commune de Barrême portent : « payé 13 livres, prix d'un chêne pour l'arbre de la *fraternité* et d'un autre pour arbre de la *liberté*. » Le 6 octobre suivant, fut établi le calendrier républicain.

Cependant M. d'Aiminy passait, le 12 septembre, un bail à ferme de six ans pour divers immeubles qu'il avait conservés à Barrême (1), et la commune acquittait pour la dernière fois, le 30 frimaire (20 décembre), la somme de 96 livres au *ci-devant titulaire de Saint-Joseph* et celle de 291 livres au citoyen Abdon Fabre curé, pour frais de culte et de logement.

(1) C'étaient le château et ses dépendances, le moulin et le four.

Le 4 janvier 1793, le maire, J.-B. Beraud, se porta au presbytère en compagnie de son greffier Martin, fit passer l'inventaire des registres paroissiaux de Barrême et de Gévaudan et les transféra dans les archives communales. Puis, après les massacres de septembre et l'assassinat juridique de Louis XVI (21 janvier), plus d'autre pouvoir que celui de la Terreur, plus d'autre culte public que celui de la déesse *Raison* sous les traits de femmes éhontées (1).

A Barrême, comme dans la France entière, tout acte religieux fut interdit sous peine de mort, et le curé dut se tenir caché pour échapper aux émissaires du *Comité du salut public* (2). Durant près de trois ans, l'église et les chapelles demeurèrent fermées ou livrées à toutes sortes de profanations. L'église paroissiale devint un magasin de fourrages pour l'armée des Alpes et d'Italie. Rien pourtant ne fut détruit, les statues et reliques des saints avaient été d'avance enfermées dans les tombes, et personne, heureusement, ne trahit le secret. Les autels, la chaire, les tableaux, les bannières, les ornements sacerdotaux restèrent intacts et traversèrent la tourmente révolutionnaire.

Quant aux chapelles, celles de Notre-Dame et de Saint-Blaise subirent le sort de tant d'autres. La dernière fut détruite, on ne sait quand ni comment. La première subsista quelque temps encore ; mais un jour le feu ayant dévoré le four d'un particulier, celui-ci s'empara des tuiles de la chapelle pour rétablir sa toiture incendiée, et peu à peu les murs de l'édifice, à l'exception du sanctuaire, tombèrent en ruines, les tombes furent profanées et les ossements des ancêtres, foulés aux pieds et dispersés.

Seule la chapelle de Saint-Jean-Baptiste trouva grâce devant le fléau destructeur et survécut à la Révolution. Le respect populaire était sa sauvegarde.

D'ailleurs, la guerre préoccupait tous les esprits. La Convention ayant décrété une levée de trois cent mille hommes et institué la conscription militaire, le tirage au sort eut lieu à Barrême, le 20 janvier 1793, cinq soldats furent enrôlés dans l'armée des Pyrénées-Orientales, et la commune reçut ordre de fabriquer des *piques* pour la garde nationale destinée elle aussi à marcher aux frontières. En conséquence, le directoire de Digne approuva, le 28 mai, l'adjudication donnée par le conseil muni-

---

(1) Barrême toutefois s'épargna le spectacle de pareilles infamies.

(2) Il y eut alors plus de cinquante mille commis révolutionnaires, et la guillotine fut installée dans chaque département.

cipal au citoyen J.-B. Gibert, de Clumanc, de confectionner trente-cinq piques au prix de 315 livres, et une autre, le 4 juin, de cent piques à Jean-Antoine Paul, de Barrême, pour la somme de 1075 livres.

Les diverses communes du canton durent procéder à des adjudications du même genre, proportionnellement à leur importance. De plus, Barrême fut autorisé, le 19 ventose, an II (9 mars 1794), à requérir huit mulets ou chevaux pour le service de la République. Toulon venait d'être repris sur les Anglais (24 décembre 1793).

Il est fait mention, le 24 floréal an II (13 mai 1794), de *sept prisonniers Anglais* qui furent gardés une nuit à Barrême, amenés probablement de Toulon à la suite des compagnons d'armes du jeune Bonaparte à ses premiers débuts.

En ce moment la grande affaire qui intéressait au plus haut point tout le pays, c'était l'acquisition et le partage des biens seigneuriaux. Achetés, comme on l'a vu, par le sieur Michel, puis rétrocédés à la commune le 17 frimaire an II (7 décembre 1793), il ne s'agissait plus, en 1794, que d'en effectuer la distribution entre les particuliers. Cette opération se fit de la manière suivante : « M. Balthazar-Athanas-François-Xavier Michel, ayant acheté les biens seigneuriaux de M. d'Aiminy, par acte sous seing privé du 3 février 1792, enregistré le 4, les a cédés le 17 frimaire an II suivant, à cinq syndics agissant solidairement au nom des habitants, sous la condition expresse que les trois quarts des habitants accepteraient la vente et au prix de 47000 livres. »Les cinq syndics assistés du sieur Gleise, arpenteur de Digne, partagèrent les propriétés qui leur parurent divisibles, savoir à partir de la Grand' Bastide jusqu'au pont de pierre, en cent trente-huit lots, chacun de 135 à 150 cannes carrées, avec évaluation du prix de chaque lot (depuis 18 livres jusqu'à 120 livres). Ils furent ensuite désignés par autant de *numéros* (1) qui seraient tirés au sort et adjugés par cette voie à ceux qui se présenteraient comme acquéreurs.

Il y eut en outre six grands lots comprenant : les montagnes de la Fave et de Lièye, avec les bastides et terrains qui en dépendaient; le *Relarguier*, quartier situé entre l'Allée et la Bestorte; la *Remise*, attenante au moulin vers le levant, avec *patègue* au

---

(1) De là vient le nom de *Numéros* donné à ce quartier, et aux parcelles de la forêt de Lièye.

midi ; la *Tour*, au-dessous du cimetière, et le Ferrayon, au-dessus du fossé du moulin près de l'église, lesquels produisirent ensemble la somme totale de 40060 fr. 75 c. ; tandis que le prix total des cent trente-huit lots ou *Numéros* n'atteignit que 8440 fr., soit en tout 48500 fr. 75 c.

L'exécution de Robespierre et de ses adhérents, le 9 thermidor, an II (27 juillet 1794), mit fin au règne sanglant de la Terreur, et, sans rouvrir les églises, la Convention toléra les cérémonies du culte chez les particuliers.

L'année suivante, elle fit place au Directoire. « Le 20 fructidor, an III de la République française (6 septembre 1795), en exécution d'un décret de la Convention nationale du 5 du courant.. les membres actifs du canton de Barrême ont été convoqués au chef-lieu. » Suit l'énumération où sont nommées, entre autres, les communes de *Lions-d'Asse* (Saint-Lyons), et de *Jacques-près-Barrême* (Saint Jacques). Les noms des saints étaient toujours proscrits. L'assemblée se réunit dans la *ci-devant paroisse*, où se trouvèrent, sur 778 membres inscrits, seulement 54 électeurs présents, parmi lesquels *Joseph Abdon Fabre*, sans autre désignation. C'était le curé.

La majorité des suffrages proclama électeurs à la prochaine assemblée électorale de Digne (1) les quatre noms suivants : J.-B. Castellan, élu par 50 voix; Jean Laurens, par 47 ; Laurent Chaillan, de Lambruisse, par 45 ; et Alexandre Reboul, de Tartonne, par 40.

Le Directoire inaugura le cours de ses séances le 5 brumaire, an IV (27 octobre 1795).

CHAPITRE IV.

BARRÊME SOUS LE DIRECTOIRE ET LA CONSTITUTION DE L'AN III.

On ne rencontre guère, dans les registres de cette période, que les comptes rendus de quelques assemblées ou fêtes politi-

---

(1) Le nom ne se trouve pas indiqué ; mais cette omission même semble désigner le chef-lieu du département, lieu ordinaire des assemblées.

ques. Tel est le « Procès-verbal de la *célébration de l'anniversaire de la juste punition du dernier roi des français*, le 2 ventose an IV (21 février 1796). Les agents municipaux et assesseurs des communes du canton, *moins quelques absens*, se réunirent sur la place publique *devant l'arbre sacré de la liberté*, et déclarèrent *vouer attachement à la république et haine éternelle à la royauté*. C'était la formule consacrée.

Le compte rendu de 1797 ne se trouve plus dans nos archives. Celui de 1798 est un vrai modèle du genre, qui mérite d'être cité en entier.

« Verbal de la fête de la souveraineté du peuple, 1er pluviose an VII (20 janvier).

» Le son des tambours qui se fait entendre le 1er pluviose an VII de la République en cette commune de Barrême, annonce la proclamation de l'arrêté de l'administration centrale du département des Basses-Alpes du 19 nivose dernier, relatif à la célébration de l'anniversaire *de la juste punition du dernier roi des François*, fixé au 2 (21 janvier). La solennité qui est apportée à cette publication qui est faite par le président de l'administration municipale suivi des citoyens administrateurs municipaux de cette commune de Barrême revêtus de leur costume, et précédé de la brigade de gendarmerie, attire toutes les attentions et n'a été que le prélude des *excès républicains* qui se sont manifestés en ce jour. Le bruit des boîtes et des mousquets qui suppléent au défaut de pièces d'artillerie prévient que la publication est finie et donne à chaque individu la faculté de se rendre dans son foyer pour y goûter la douceur de la soirée.

» L'arrivée de ce jour à jamais mémorable se manifeste par *un* salve des boëtes, mousquets et tambours, un détachement nombreux de la garde nationale se réunit sous les ordres de ses supérieurs pour se joindre aux fonctionnaires publics à l'heure désignée qui semble devancer sa marche par la joye que chacun ressent en se *représentant l'anniversaire de la glorieuse journée de sa rédemtion*. Les fonctionnaires publics ne se font pas longtemps attendre. Ils arrivent de toutes les communes. Tous ceux qui sont dans le cas de prêter le serment sont bientôt réunis et le détachement de la garde nationale en tête, ils se rendent de la maison commune au lieu de la réunion des citoyens. La séance est ouverte par le chant de *l'hymne des Marseillais* et autres chansons patriotiques. Le citoyen président fait ensuite un discours des plus étendus et démontre de la manière la plus précise et avec le républicanisme qui le *caractérisait* les avantages que nous avons recouvrés en cette journée. Il prête ensuite le serment de *haine à la royauté et à l'anarchie* et d'attachement à la république et à la constitution de l'an III, tous les fonctionnaires le prêtent après lui. Le citoyen commissaire du directoire exécutif ne pouvait garder le silence en cette occasion et ma plume n'est pas à même d'exprimer les traits qu'il débite, et les chants recommencent, tout le cortège se rend autour de *l'arbre de la liberté* en chantant *une* hymne composée par le citoyen commissaire du directoire exécutif, et après y avoir chanté quelques couplets choisis, environnés de toute la population qui existe dans cette commune, on n'entend pendant un aussi long intervalle que le cri de vive la république.

» *L'arbre de la fraternité* ne devait certainement pas rester *ignoré*. Tout le cortège s'y rend en ordre précédé du détachement de garde nationale, et chacun se plaît à témoigner combien il *leur* paroît (heureux) de vivre en frères et l'avantage qu'il y a d'être unis.

» Le soleil nous *refuse sa chaleur pour la porter peut-être à des peuples moins heureux* ; et ceux surtout qui n'avoient pas eu *la précaution de se repaître de bon matin* désirent donner quelque intervalle à cette cérémonie non moins joyeuse que les précédentes. La fraîcheur du tems et les localités ne nous permettent pas de nous mettre tous ensemble, et cette désunion ne fait qu'apporter *que* plus de beauté par les chants républicains différents qui sortent tout à la fois de plusieurs endroits. Le bal devoit terminer cette agréable journée. Aussi n'a-t-il pas manqué d'avoir son tour, et le 3 pluviose nous a encore trouvés réunis dans le plaisir et la *gayeté et* dans la résolution de n'être jamais parjures et de (ne) voulloir que la république et ses lois ; et ainsi que dessus nous avons vu finir l'agréable journée du 2 pluviose an VII de la République française *une* et *indivisible* et avons dressé le présent que nous avons signé. » (1)

Tout ce charabia prolixe et ampoulé ne montre qu'une chose : les effort tentés pour chauffer les esprits en faveur du régime républicain et qui n'obtenaient de ses propres agents qu'un enthousiasme de commande. Une preuve entre autres, c'est qu'à l'assemblée cantonale du 1er germinal an V (21 mars 1797) il y eut à peine 49 votants sur 780 membres inscrits pour nommer les quatre délégués d'usage. François Michel obtint 42 suffrages;

---

(1) V. les registres des délibérations.

Étienne Castellan, 35; Pierre-André Espitalier, 32; et Denis Gibert, 30.

Le 1er germinal an VI (21 mars 1798), une autre assemblée primaire se réunit *dans le lieu servant pour le culte.* Ces termes du procès-verbal sembleraient dire que l'église avait été rendue aux cérémonies religieuses. Il y eut, cette fois, 193 membres présents sur 706 électeurs inscrits ; mais 180 seulement prirent part au vote et élurent : J.-B.-André Castellan, qui obtint 113 voix ; Félix Martin, 103 ; Pierre-Antoine Sauvaire, nommé à la majorité absolue, et André Roustan, à la majorité relative. Ils étaient convoqués à l'assemblée électorale qui devait s'ouvrir à Digne le 20 (9 avril).

Enfin une dernière assemblée primaire se tint le 1er germinal an VII (21 mars 1799), dans le local de la mairie, où sur 109 membres actifs, 64 seulement se présentèrent. Le vote eut lieu selon les formalités ordinaires, et après deux tours de scrutin, le président proclama élus : Joseph Roux, 42 voix ; Jean-Louis Mariaud, 46 ; François Michel, 46 ; et J.-B. Castellan, 42. L'assemblée électorale était convoquée au chef-lieu du département (1).

Là s'arrêtent les procès-verbaux de nos assemblées primaires. Le renversement du Directoire par Bonaparte (18 brumaire an VIII, 9 novembre 1799) donna naissance au Consulat et à la constitution de l'an VIII.

CHAPITRE V.

BARRÊME SOUS LE CONSULAT ET L'EMPIRE.

En vertu du concordat conclu en 1801 entre le premier consul, Napoléon Bonaparte, et le pape Pie VII, l'évêché de Senez avait été supprimé ainsi que plusieurs autres, et compris dans le diocèse de Digne. Mgr de Bonneval, retiré à Viterbe, avait, la même année, donné sa démission entre les mains du Souverain Pontife, qui nomma Mgr Dessoles évêque de Digne. Le nouveau pasteur légitime s'empressa de faire la visite de ses ouailles trop

---

(1) V. aux archives départementales, le cahier intitulé : *Assemblées primaires*, du n° 40 à 48.

longtemps délaissées (1). Le 5 octobre 1803, Mgr Dessoles se rendit à Barrême, où il donna la confirmation à six cent cinquante personnes.

A cette date, Joseph-Abdon Fabre n'était plus curé de la paroisse. Il avait été remplacé par Antoine-Balthazar Michel qui, nommé au commencement de 1801, n'entra en fonctions que le 1er janvier 1803. L'ancien prieur Fabre n'ayant pas accepté la cure de Fontienne, où l'évêque l'avait transféré, demeura à Barrême, son pays natal, se bornant à faire la classe à quelques enfants, et en l'année 1809 il se retira à Grasse, auprès de son neveu, et y mourut vers 1811.

Le 22 mai 1803, eut lieu la plantation solennelle d'une croix au cimetière, à laquelle assistèrent toutes les autorités locales au milieu d'un grand concours de peuple (Actes de M. Michel, curé).

L'année suivante, parut un décret impérial (12 juin 1804), ordonnant d'éloigner des centres populeux les cimetières situés dans leur enceinte ou à moins de 100 mètres de distance. Toutefois celui de Barrême ne semble avoir été transféré qu'après l'année 1813, où il fut délibéré *sur les moyens à prendre pour garantir des eaux le lieu des sépultures.*

Le 19 mai 1805, une deuxième croix fut plantée sur le rocher de Notre-Dame-du-Pont, et une troisième, le 23 juin suivant, sur la colline de Saint-Jean-Baptiste.

Peu à peu les populations revenaient aux pratiques religieuses du passé. C'est ainsi que, le 30 septembre 1807, M. Michel, curé de Barrême, obtint de Mgr l'évêque de Digne l'érection ou mieux le rétablissement des confréries du Saint-Sacrement et du Rosaire, tant pour la paroisse de Barrême que pour celle de Gévaudan.

Le 27 juin 1811, M. Raymond, d'Eoux, acquéreur d'un des fours de Barrême, le vendit avec son droit de banalité aux sieurs J.-B. Cruvellier et Antoine Ravel.

On sait que l'hiver de 1809 fut signalé par des froids meurtriers pour toute la Provence, et que le prix du blé monta, cette année-là entre autres, jusqu'à 100 fr. la charge. La disette se joignait ainsi aux maux de la guerre.

---

(1) Durant la Révolution, deux évêques intrus avaient occupé le siège de Digne, sous le titre d'évêques constitutionnels du département des Basses-Alpes. Ce furent J.-B. de Villeneuve, de 1791 à 1798, et André Champsaud, de 1798 à 1801. Ce dernier s'était rétracté en 1811 et mourut à Digne le 26 juillet 1826.

Par surcroît de malheurs, le 26 mai 1812, un violent orage dévasta tout le terroir de Barrême et enleva aux habitants l'espoir de leurs récoltes en foin, chanvre, trèfle, *pommes de terre* et autres denrées.

L'église paroissiale, de son côté, avait essuyé bien des pertes. C'est pourquoi, le 27 décembre 1813, le maire, J.-B. Beraud, exposa au conseil que M. le curé réclamait divers objets nécessaires au culte savoir : un calice, une croix pour les processions et un mobilier pour le presbytère, et demandait qu'il fût avisé aux moyens de préserver le cimetière des eaux qui rendaient les inhumations très pénibles. Mais considérant l'impossibilité où l'on était de suffire à toutes ces dépenses, *vu la position malheureuse où l'on se trouvait*, le conseil chargea M. le maire de retirer du sieur Espagnet, procureur de la commune, la somme de 161 fr. 83, dont il était débiteur, et autres fonds disponibles, pour les affecter aux articles ci-dessus.

Le moyen adopté pour assainir le cimetière fut sans doute, et avec raison, de le transférer sur l'emplacement qu'il occupe aujourd'hui, à environ 300 mètres des habitations. Quant à la *position malheureuse* signalée au conseil du 27 décembre, c'est évidemment une allusion aux terribles événements de 1812 et 1813, qui venaient de réduire la France à la dernière extrémité. En ce moment, l'Empire s'écroulait pièce à pièce, et la plupart de nos provinces subissaient toutes les horreurs de l'invasion. A la fin, après des efforts et des prodiges inouïs, Napoléon ayant abdiqué le 14 avril 1814, fut déporté à l'île d'Elbe, et d'universels transports d'allégresse accueillirent l'avènement de Louis XVIII au trône de France.

Barrême, aussi bien que toutes les communes et hameaux, avait fourni son contingent aux armées du grand capitaine. Tels furent, parmi un grand nombre d'autres : *François-Quentin Martin*, capitaine en retraite, qui figure, le 19 août 1809, dans l'inventaire de la succession de J.-B.-André Castellan, docteur en médecine, comme procureur de *J.-B.-François Castellan*, alors au service de la garde impériale ; *Antoine Galfard*, soldat retraité, de Barrême, qui, le 25 juin 1811, fit procuration à *Laurent Isnard*, capitaine d'infanterie légère, aussi en retraite, originaire du Bourg-d'Oisans et depuis longtemps domicilié à Barrême ; il le chargeait de retirer pour lui à Digne le montant de la pension qui lui était accordée *à cause de ses blessures* ; *Jean-André-Rossolin Martin, capitaine d'infanterie de bataille*, natif de Barrême, en résidence à Toulon, en faveur duquel fut passée, le 31 août de la même année, une obligation de 300 livres, par-devant M° Michel, notaire.

Le sieur J.-B. Granet avait servi 11 ans sous l'empire ; Granier, 13 ans, et combien d'autres encore dont le nom et les exploits ont été pour jamais ensevelis avec eux ?... Combien de nos braves prirent part à l'expédition de Russie, virent Moscou en flammes et subirent les glaciales étreintes des frimas du Nord, dans cette fatale retraite où tant d'infortunés perdirent sans retour l'espoir de revoir leurs foyers ?... On cite en particulier Joseph-Hyacinthe Maurel, chasseur au 7ᵐᵉ régiment d'infanterie légère, qui resta en Russie en 1812, et dont la famille n'eut plus de nouvelles.

Tandis que la première Restauration s'efforçait de cicatriser les plaies du pays, la population de Barrême réclamait la restauration d'un édifice bien cher à sa piété. Le maire Beraud, dans la séance du 12 mai 1814, après diverses motions, faisait observer, de plus, « que la générosité des habitants avait manifesté beaucoup de désir de rétablir la chapelle de Notre-Dame-du Pont, que plusieurs personnes charitables avaient même fait quelques dons, bien insuffisants encore, pour le rétablissement de cet édifice, qui présente en même temps l'agréable et l'utile et qui fait la satisfaction de toute la localité.....»

En conséquence, « le conseil, très satisfait de pouvoir concourir au vœu général des habitants en votant le rétablissement de la chapelle Notre-Dame, charge M. le maire de poursuivre par toutes les voies de droit, *le recouvrement et la restitution des tuiles qui avaient été usurpées, lors de la décadence de la dite chapelle, mal à propos abandonnée, pour être employées au rétablissement de cet agréable et utile édifice.* » (Délibérations de 1814).

Les poursuites décidées reçurent peut-être un commencement d'exécution. Il est certain néanmoins que, pour cette fois, l'entreprise demeura à l'état de projet. D'autres soins allaient bientôt appeler ailleurs l'attention du pays.

CHAPITRE VI.

PASSAGE DE NAPOLÉON A BARRÊME, A SON RETOUR DE L'ILE D'ELBE

Les travaux agricoles commençaient à s'ouvrir avec les premières journées du printemps de 1815, quand tout à coup retentit la foudroyante nouvelle que Napoléon vient de débarquer à Cannes, qu'il a pris la route des Alpes, qu'il est déjà à Castellane et que demain Barrême verra arriver dans ses murs l'illustre conquérant. Laissons parler à ce sujet un témoin oculaire. L'auteur a consigné ses souvenirs dans un volume intitulé : *Itinéraire de Buonaparte de l'île d'Elbe à Sainte-Hélène* (1816) Il raconte d'abord que Napoléon débarqué le 1er mars au golfe Juan, près de Cannes, avec 900 hommes, était venu coucher le 2 à Séranon et s'était dirigé le lendemain sur Castellane. Puis il continue :

« ..... Après une halte de trois heures, il continua sa route et vint coucher à Barrême. Buonaparte fut annoncé à Barrême par un exprès envoyé de Castellane et qui arriva sur les quatre heures.

» Une heure après, Cambronne arriva avec quelques officiers ; il mit pied à terre dans la maison la plus apparente du bourg (c'était celle de M. Tartanson, juge de paix.) Il était occupé à la visiter, à y marquer le logement de Buonaparte et à prendre les précautions de sûreté, lorsque Buonaparte lui-même entra (1). « Êtes-vous le propriétaire de cette maison ? dit-il en s'adressant à M. Tartanson, qu'il trouva sur ses pas. — Oui, Sire. — Comment vous appelez-vous ? — Tartanson. — Et ce jeune homme ? — C'est mon fils. — Que fait-il ? — Il est receveur de l'enregistrement. »

» Entrant dans la chambre qu'on lui avait préparée, il y trouva la femme de M. Tartanson fils et la salua d'une manière fort gracieuse. La dame répondit : Monsieur, j'ai l'honneur de vous saluer. Cambronne la prit par le bras et lui dit sur le ton du reproche : Madame, c'est l'empereur. A cette parole, la jeune

---

(1) En entrant dans le village, il montait, disent les anciens, un petit cheval blanc et saluait à droite et à gauche.

dame éprouva un saisissement dont elle se ressentit pendant plusieurs jours.

» Pendant que Buoaparte s'installait dans l'appartement marqué pour lui, le reste de la maison se remplissait d'une foule d'officiers, et les salles d'en bas étaient encombrées de bagages. Il fut à peine installé qu'il demande le maire. Il le questionne fort sur la route de Sisteron ; il témoignait le désir d'y aller coucher le lendemain, mais on lui dit que la chose était impossible pour les piétons. Il se fit donner des cartes de Provence qu'il examina, quoiqu'il eût celle de Cassini. Il fit une réquisition de deux cents voitures à deux colliers, ayant soin de désigner les villages qui devaient les fournir et choisissant de préférence ceux qui étaient placés sur la route de sa troupe, afin qu'ils n'osassent pas se refuser à la réquisition (1).

» Il dit que son artillerie passait par la grande route avec la cavalerie et parla de plusieurs débarquements effectués en même temps sur plusieurs points de la Provence. Il renvoya le maire avec la promesse d'une route militaire qui passerait par Barrême. Après le maire, la gendarmerie fut appelée ; il n'y avait qu'un brigadier et un gendarme, qui furent placés à la porte de la maison. Il demanda aussi le curé, M. l'abbé Galland, mais cet ecclésiastique ne se présenta pas. Pendant ces entrevues le bourg se remplissait de troupes qui étaient reçues avec le silence de l'étonnement et de la stupeur. Différents postes furent placés à toutes les avenues du bourg, ainsi que sur la place ; le reste se logea chez les habitants et les força d'illuminer leurs maisons (2).

» Après ces préparatifs, Buonaparte fit appeler le maître de la maison, et au milieu d'un grand nombre de questions sans intérêt comme sans liaison, il laissa échapper quelques mots sur son entreprise : « Si la troupe est pour moi, comme on me l'assure, les Bourbons ne peuvent pas tenir, mais ils peuvent être tranquilles sur leur sort. » — « Si la troupe est pour vous répondit M. Tartanson, le peuple ne l'est pas, du moins dans ce pays-ci. » Buonaparte laissa passer cette remarque sans la relever ; et, sans paraître déconcerté, il détourna la conversation

(1) Il est probable qu'il s'agissait non de voitures, mais de montures pour les bagages. Car à cette époque il n'existait pas de chemins rouliers dans le canton de Barrême et tous les charrois se faisaient à dos de mulet.

(2) Bertrand et Cambronne couchèrent chez M. Ravel.

sur des choses vagues, au milieu desquelles il intercala ces paroles remarquables : « Après-demain au soir, les Bourbons apprendront mon arrivée. » Puis se tournant du côté du fils : « Vous viendrez avec nous, lui dit-il, vous serez des nôtres, n'est-ce pas ? (1) — Sire, répondit M. Tartanson, je suis fils unique, j'ai une femme et des enfants. Il me seroit trop pénible de me séparer de ma famille. — Je vous donnerai un grade avancé, » reprit Buonaparte sans s'arrêter à ces observations. Mais M. Tartanson persista dans son refus, en alléguant qu'il servirait plus utilement son pays en restant dans l'emploi qu'il occupait.

» Bertrand, qui avait été simple témoin de cette conversation, vint peu d'instants après, prit en particulier M. Tartanson et lui renouvela les mêmes propositions avec de plus vives instances : « Je vous fais, lui dit-il, chef d'escadron à l'instant; passé Lyon, vous aurez un grade plus élevé, et à Paris je me charge de votre avancement. » Mais ces belles offres touchèrent si peu le modeste receveur, que, trois jours après, il marchait à la poursuite de son hôte à la tête d'un détachement de volontaires royaux.

» Pendant que Buonaparte et Bertrand, major-général *de la grande armée*, s'occupaient à recruter cette armée avec un zèle si opiniâtre, Cambronne faisant fonction de maître d'hôtel, descendit à la cuisine et demanda de la soupe. La maîtresse de la maison répondit naïvement que c'était jour maigre (vendredi), qu'on n'avait pas mis le pot au feu. « Madame, répliqua Cambronne en élevant la voix, il en faut cependant pour le souper de l'empereur. » On lui fit observer qu'on avait, à la vérité, de la soupe pour les domestiques qui allaient revenir des champs, mais qu'on n'aurait pas osé la lui offrir. — « Voyons, dit Cambronne en découvrant la marmite, ce que c'est que cette soupe. » Il prit une cuiller, la goûta, et l'ayant trouvée fort bonne, il ordonna de la servir sur-le-champ. Il s'empara en même temps d'un plat de morue, d'une omelette et de tout ce qui composait le souper de la famille. On y joignit un derrière de chevreau et quelques autre plats qui furent apportés de l'auberge (2), où ils avaient été préparés sous les yeux de deux factionnaires.

(1) Il fit la même question à plusieurs autres parmi lesquels un M. Fabry qu'il avait connu en Italie, où il était médecin de l'armée française.
(2) Chez J^h Abbès, à l'enseigne du Cheval-Blanc.

» Buonaparte fit demander aussi des vins de dessert, des fruits et des confitures. Il prit du café, qu'il apportait tout fait dans une bouteille et qu'on lui servit dans les tasses du ménage, les siennes n'étant pas encore arrivées.

» Pendant que le souper de la famille était consommé par Buonaparte et ses commensaux (Bertrand et Drouot soupaient avec lui), sa suite, très nombreuse, faisait main basse sur toutes les provisions du ménage et dévorait en quelques instants le fruit de plusieurs années d'économie (1).

» Après le souper, tous les lits et matelas furent mis en réquisition et étendus dans toutes les pièces de la maison et jusque sur les degrés de l'escalier. Buonaparte avait un lit de fer qui fut dressé en cinq minutes. La maison ne lui fournit que les draps et les matelas; il avait une couverture ouvrée, de laine, dont le travail était fort beau. Il se coucha et fut gardé par deux mamelroucks placés en sentinelle à chaque porte de sa chambre. L'escalier était jonché d'officiers couchés sur des matelas ou sur de la paille. Il y en eut qui, au lieu de se coucher, passèrent la nuit à écrire et à expédier des émissaires. Plusieurs avaient été déjà expédiés dans les premiers moments de l'arrivée de Buonaparte. On l'entendit demander à Bertrand : « Cet homme est-il parti ? — Lequel, Sire ? — Le correspondant de Grenoble ? — Oui, Sire. — Et ceux du Nord ? — Ils sont partis aussi » (2).

» Le brigadier qui était à la porte de la rue, excité et secondé par M. Tartanson fils, trouva le moyen d'envoyer un exprès à Digne. Il ne mandait au préfet que ces deux mots : « L'empereur Napoléon Buonaparte est arrivé à Barrême avec beaucoup de monde. » Une petite correction fut faite par M. Tartanson, qui ajouta le mot *ex* avant celui d'empereur.

» Les bagages de Buonaparte, qui étaient en retard, arrrivèrent

---

(1) Après le souper, le maire, J.-B. Beraud, son adjoint, P. Laurens, et plusieurs conseillers municipaux firent visite à Napoléon. Celui-ci sommeillait sur un fauteuil. On l'éveille, il fait entrer les visiteurs et s'entretient longuement et familièrement avec eux sur les besoins du pays, leur fait maintes promesses et les congédie heureux et fiers d'avoir pu contempler de si près le grand homme...

(2) Ici se trouve cette note de l'auteur : « Un ancien cocher de Lavalette passa, le 14 mars à Villejuif, voyageant dans une espèce de malle. On lui demanda s'il arrivait de Lyon et s'il avait des nouvelles de Buonaparte. « Je viens de bien plus loin, répondit-il, et Buonaparte sera le 20 à Paris ».

durant la nuit (1). On remarqua, entre autres objets, un magnifique service de vermeil dont il fit usage pour son déjeuner. A trois heures du matin, il demanda du café qu'on lui servit sur-le-champ. Il déjeuna deux heures après avec des tablettes de bouillon qu'il avait dans son nécessaire.

» A sept heures, il fit appeler de nouveau le juge de paix, qui vint avec son fils. Ils le trouvèrent assis dans un fauteuil, les jambes allongées sur une chaise, ayant l'attitude d'un homme cuirassé, gêné dans ses mouvements et roide comme une barre; il était nu-tête, en uniforme bleu, en bottes à l'écuyère avec des éperons. « Y a-t-il ici des biens nationaux ? — Non, Sire. — Que font ces faquins ? — (M. Tartanson hésitant à répondre, Buonaparte reprit :) Oui, ces nobles, ces émigrés ? que disent-ils ? — Ils sont fort tranquilles. — Y a-t-il des biens d'église ? — Il y a ceux de l'évêché de Senez. — Se sont-ils vendus à juste prix? — Oui, à peu près. — Y a-t-il eu d'autres biens vendus dans les environs ? — Oui, ceux de M. de Moriez. — Est-ce l'ancien chef d'escadre ? — Oui. — Est-il mort ? — Oui. »

» Ces questions étaient souvent entremêlées de plusieurs autres dans lesquelles l'interrogateur ne brillait pas par un esprit de suite. Revenant à son entreprise et aux moyens qui en assuraient l'exécution, il dit entre autres choses : « L'impératrice et le roi de Rome sont partis pour Paris ; elle arrivera bientôt avec les troupes que l'empereur lui donne pour l'accompagner. »

» Il fit à M. Tartanson fils des questions relatives à sa place, sur les biens communaux, sur les droits de succession, lui demandant s'il faisait ses recouvrements sans difficulté ; il demanda les noms des autorités de Digne ; et comme on lui nommait Duval, qui en était préfet, Bertrand s'écria : « Ah ! le brave Duval ?... » Buonaparte ne prononça jamais le nom du roi; il disait toujours: les Bourbons. Le mot de royalistes ne fut non plus jamais prononcé par lui ni par les siens.

» Cette conversation terminée (elle dura une demi-heure), Cambronne demanda la note de la dépense. Le maître répondit que n'étant pas aubergiste il n'avait pas fait de note. Cambronne ayant insisté inutilement, laissa sur une table cinq pièces de 20

---

(1) On raconte qu'un mulet chargé d'or fut précipité par un guide du haut du col de St-Pierre au fond du vallon, afin de s'emparer du butin. Le même fait se serait renouvelé non loin de Digne.

francs enveloppés dans un papier sur lequel étaient écrits ces mots : Vous donnerez 10 francs aux domestiques (1).

» A sept heures, Buonaparte monta à cheval, ou plutôt il y fut porté par deux ou trois écuyers, tant ses mouvements étaient gênés. Il vit à une croisée des dames qui regardaient en silence et les salua poliment.

» La troupe sous les armes fit entendre des cris de *Vive l'empereur !* qui furent répétés par la populace du bourg et par quelques paysans arrivés au nombre de deux cents avec leurs mulets sur lesquels tout le bagage fut chargé (2).

» Le passage de la troupe dura toute la journée ; elle faisait le chapelet dans cette marche. Buonaparte prit pour guide la gendarmerie de Barrême, qui consistait en un brigadier et deux gendarmes. Un de ces derniers, qui était en service lors de l'arrivée de Buonaparte, s'étant présenté le lis à la boutonnière, un des officiers le lui arracha brusquement en lui disant : Quel oiseau as-tu là ?

» Précédé de sa troupe et de cinquante lanciers à cheval, Buonaparte s'achemina vers Digne. Il fit halte à Bédejun, où il fit allumer un grand feu au milieu d'un pré, et là, un quartier de poulet à la main et un morceau de pain sous le bras, il déjeuna philosophiquement. Pendant ce temps-là, son avant-garde, qui continuait sa route vers Digne, rencontra un abbé (M. Allègre) qui allait prêcher une retraite à Senez (3). On s'empara de son cheval, et le pauvre abbé fut obligé de suivre à pied le ravisseur jusqu'à Digne pour obtenir le prix de ce cheval qui ne lui appartenait pas. M. Isnard, ex-percepteur de Barrême, faisant la même route monté sur un âne, fut pareillement obligé de rebrous-

---

(1) « Cette somme n'indemnisa pas le maître à beaucoup près ; mais il s'estima fort heureux de n'avoir pas perdu une seule pièce d'argenterie dans le désordre qu'entraînait un pareil hôte et sa suite » (Note de l'auteur).

(2) Sur ces entrefaites, racontent les anciens du pays, était arrivé de Marseille un certain colonel Fleurus envoyé pour suivre les mouvements de Napoléon, et qui s'efforçait d'arrêter les cris de *Vive l'empereur !* en distribuant des soufflets à droite et à gauche ; tandis que l'empereur de son côté encourageait les acclamations, en jetant à la foule des poignées de pièces d'argent.

(3) Il y a ici une confusion de noms : l'ecclésiastique dont l'avant-garde retint le cheval, s'appelait *Laurent*, alors économe au grand séminaire et qui lui-même a laissé une relation détaillée de cet épisode : « Où allez-vous? lui demanda Napoléon. — Je vais au prochain village de Chaudon pour y

ser chemin et de revenir à Digne en marchant à côté de Buonaparte, qui lui fit beaucoup de questions.....»

Laissons ici l'aigle impériale poursuivre son vol vers Digne, Malijai, Sisteron, et de là, sur Grenoble, Lyon et Paris. Ajoutons seulement qu'à la suite du héros marchèrent quelques-uns de nos compatriotes, notamment Amand Castellan et Jean Granet, qui, entraînés par le prestige de sa gloire et sans doute aussi par les brillantes promesses dont il sut les éblouir, voulurent partager les nouveaux hasards de sa poignée de braves. Tout le monde en connaît le résultat.

Entre temps, les esprits se prononçaient en sens contraire, qui pour l'empire, qui pour les Bourbons. Plus d'un dut se joindre même, dès le lendemain 5 mars, aux troupes royalistes qui passèrent par Barrême à la poursuite de l'usurpateur. Mais peu de jours après, l'empire était déjà rétabli et le conseil municipal eut à prendre la délibération suivante :

« Le 17 du mois d'avril, à 8 heures du matin de l'an 1815, sur l'invitation de M. le maire, le conseil municipal de cette commune de Barrême, réuni à la salle de la mairie, et le motif de cette réunion étant déjà connu, un grand nombre d'habitants s'y sont aussi rendus, ainsi que la brigade de gendarmerie de résidence en cette commune. M. le maire a fait lecture de la proclamation de M. le préfet du département dans le plus grand calme. Il n'a été interrompu que par les cris unanimes et réitérés de : *Vive l'empereur !*

» L'assemblée n'est embarrassée que par le choix de ses expressions pour manifester son adhésion à la révolution miraculeuse qui a replacé les rênes du gouvernement dans les mains de Sa Majesté le grand Napoléon.

» Les effets désagréables que les circonstances ont amenés dans cette pauvre commune depuis la journée du 5 mars dernier, n'y ont nullement ralenti ce calme dont elle s'honore. Elle espère (et plus que jamais) s'y maintenir, et elle ose encore se flatter qu'elle n'aura pas à se reprocher d'avoir excité la sollicitude de Monsieur notre digne préfet, à l'effet d'éloigner d'elle les funestes effets de la discorde. Elle charge M. le maire de faire parvenir à M. le préfet la présente délibération, témoignage réel de ses sentiments d'adhésion.

---

dire demain la messe à la place du recteur (*M. Allègre*), qui doit aller remplacer le curé de Senez, qui est malade. » (*V. Annales des Basses-Alpes,* t. IV, p. 200).

» Signé : Tartanson, Espitalier, Martin, Fabre, Abbès, Granier, Martin, Cruvellier, Bertrand, Le Noublet, Guichard, Laurens, adjoint, Beraud, maire. »

CHAPITRE VII.

BARRÊME SOUS LA RESTAURATION (1815-1830)

Il ne reste de cette période que quelques fragments des cahiers des délibérations municipales et un petit nombre de faits à recueillir. Ainsi :

Le 20 janvier 1816, le conseil dressait, comme il suit, son modeste budget :

I. *Recettes* : 4 francs imposés pour chaque journal de terrain ensemencé.

II. *Dépenses probables :*
   1° 2 écharpes pour la commune . 50 fr.
   2° Cordes pour l'horloge 10
   3° Entretien et réparation de la paroisse 60
   4° Pour le concierge de la mairie 15
   5° Réparations à la maison commune. 20
   6° Dépenses imprévues 30
   7° Entretien de la fontaine . . . 20

Il fut dit en outre « que s'il restait encore quelques fonds disponibles, après avoir satisfait aux articles ci-dessus, ils seraient employés au rétablissement de la chapelle de Notre-Dame. Ainsi délibéré ». Suivent les signatures.

Cette dernière motion n'eut pas plus d'effet que celle de 1813. Il en fut de même de la suivante concernant le presbytère, du 28 avril de la même année :

« M. le maire dit : Messieurs, vous ne devez pas ignorer que nous sommes dépourvus de presbytère, et M. le ministre de l'intérieur demande, par lettre circulaire du 22 mars dernier, la situation dans laquelle se trouvent les communes sous ce rapport. Il serait donc urgent de s'occuper des moyens à prendre sur cet objet important.

» Le conseil... après mûres réflexions et différents débats, voyant l'état de pénurie où la commune est réduite et l'impossibilité de faire aucune acquisition, considérant que le logement de la maison commune paraît assez vaste pour y loger décemment un curé, en y faisant les réparations nécessaires, a délibéré d'affecter ledit édifice pour ledit logement, à la réserve d'une salle pour les séances du conseil municipal..... »

On ne sait quel fâcheux contretemps empêcha l'exécution de ce projet.

Le 12 décembre 1817, fut enregistrée à la mairie l'autorisation donnée à M. Martin Pierre-Félix « d'ouvrir une école *primaire de 3º degré* dans la commune de Barrême, en se conformant aux statuts et règlements de l'instruction publique donnés à Aix le 22 novembre 1817 par le recteur de l'Académie... » Et un peu plus loin, le 19 décembre suivant, la même autorisation eut lieu en faveur du sieur Joseph Gassier. Nous eûmes donc deux instituteurs à la fois.

En 1825 (ou 26), la route départementale de Barrême à Saint-André ayant reçu quelques rectifications, le sol de la place située en avant de l'église paroissiale fut abaissé d'environ 0^{m}50, ce qui mit à découvert plusieurs tombes et ossements de l'ancien cimetière.

Dans sa séance du 6 décembre 1829, le conseil prit une délibération concernant la réparation ou plutôt la reconstruction de la fontaine de la place. Le projet comprenait le remplacement des tuyaux de conduite mis hors d'usage et des pierres de taille composant la fontaine, et la recherche des eaux qui devaient l'alimenter. Dans ce but on reprit les fouilles exécutées autrefois et surtout en 1783. L'eau fut retrouvée en abondance et les travaux achevés dans le courant de 1830.

Le 21 mai de cette année 1830, le conseil municipal, reconnaissant la nécessité qu'il y aurait de demander l'établissement d'un vicariat à Barrême, s'engagea à faire une allocation annuelle de 200 fr. pour le traitement du vicaire, présumant que la fabrique y contribuerait de son côté pour la somme de 100 fr. et l'Etat pour celle de 400 à 500 francs. Mais la révolution de juillet 1830 dispensa d'aller plus loin.

CHAPITRE VIII.

BARRÊME SOUS LE RÈGNE DE LOUIS-PHILIPPE (1830-48)

Les principaux faits qui signalent cette période sont d'abord l'achèvement des travaux relatifs à la grande fontaine, ensuite l'agrandissement du cimetière. Ce fut le 8 février 1832 que le projet fut soumis aux délibérations du conseil, et dans l'exposé des motifs le maire dit, entre autres choses, que le cimetière transféré *depuis environ trente ans là où il se voit aujourd'hui*, n'étant pas assez vaste, il serait nécessaire de *l'agrandir d'une are*. C'était peu de chose assurément, et l'on sera bientôt obligé d'y revenir.

Mais il fallait s'occuper avant tout de l'église paroissiale. A la suite d'une visite de confirmation, Mgr Miollis écrivit à M. le maire de Barrême pour le mettre en demeure de faire agrandir l'église, dont l'excessive exiguité était reconnue depuis des siècles. Lecture faite, le 6 août 1832, de la lettre épiscopale, le conseil fut d'avis de répondre avec la plus parfaite déférence *pour le caractère et le dévouement d'un si saint prélat*, lui témoignant le désir le plus sincère de se rendre à ses justes réclamations, mais en lui représentant aussi l'impuissance absolue où était la commune de supporter à elle seule une pareille dépense. Conséquemment on le priait d'intervenir auprès de l'autorité civile, afin d'obtenir pour ses chers diocésains de Barrême un secours tout à fait indispensable. La question demeura au même point où elle était dès le principe.

L'année suivante, un particulier ayant obtenu l'autorisation de construire un deuxième moulin à farine près du pont, la route venant de Digne fut élargie aux dépens du rocher de Notre-Dame et la croix érigée en 1803 fut transportée au pied du jardin appartenant au presbytère. Il n'en existe plus que les débris.

La même année, le maire J.-A. Bernard fit décider par le conseil que la foire de la St-Jean se tiendrait désormais, non plus au quartier de la *Place*, mais à celui de la *Plucette*.

Ce qui valait mieux pour le pays, ce fut un legs considérable fait en faveur des pauvres. Le 5 août 1833, le maire donne lecture au conseil d'un testament reçu par Me Beraud, notaire, par lequel Mlle Rose Brunias léguait au bureau de bienfaisance de Barrême le tiers d'un domaine dit *Ourgeas*. Les deux autres tiers étaient donnés l'un à Senez, l'autre à Saint-Jacques. C'est ce qu'on appelle aujourd'hui la *Bastide des pauvres*, produisant une rente annuelle d'environ six charges de blé à diviser par égales portions entre les trois communes.

L'année 1834 fut pour Barrême une année d'alarme et de désolation. Le choléra excerçait les plus terribles ravages dans les environs (1) et ne tarda pas à faire son apparition parmi nous. Toutefois il n'y eut d'abord qu'un petit nombre de victimes. Mais il n'en fut pas de même l'année suivante. Le fléau enleva plus de vingt-cinq personnes en trois mois, dont treize dans le mois d'août seulement, et l'on compta trente-quatre décès du commencement d'août à la fin de décembre, chiffre supérieur à celui des années moyennes. Dans ces cruelles circonstances, M. Pellautier, curé de la paroisse, déploya un zèle et un dévouement à toute épreuve. Aussi fut-il remarqué et signalé avec éloges auprès de l'administration civile, qui, en retour, lui offrit le choix entre la croix de la Légion d'honneur et une somme de 900 francs.

Mais M. Pellautier se souvenant que le bon pasteur n'attend point sa gloire de la part des hommes et ayant besoin d'argent pour ses bonnes œuvres, préféra les 900 francs qu'il s'empressa d'offrir à la commune, à la seule condition d'employer cette somme, d'urgence, à l'agrandissement de l'église paroissiale. La condition fut acceptée en principe, le projet mis de nouveau à l'étude et un devis estimatif s'élevant au dessus de 10000 francs, présenté au conseil. Mais la proposition votée au scrutin secret fut repoussée (1837).

Désolé, mais non rebuté par cet échec, M. le curé invoqua par lettre l'intervention du préfet, qui exigea du conseil une nouvelle délibération. Celui-ci, assemblé le 10 février 1838, opposa, comme toujours, l'impuissance de la commune, vota des remerciements à M. le curé pour la somme qu'il voulait bien offrir et « tenir en réserve, bien persuadé que dans peu de temps la commune pourra, si les temps sont meilleurs, non seulement agrandir l'église, mais en construire une à neuf sur de plus grandes proportions, » etc., et proposa en conséquence d'ajourner la proposition ; ce qui fut voté *à l'unanimité*.

---

(1) Des familles entières périrent dans la paroisse de Norante, à Aurans en particulier.

Dès lors M. Pellautier, réduit à ses propres ressources, dut se borner à rétablir la chapelle de Notre-Dame. Le sieur Chaillan obtint l'adjudication des travaux, dont le devis s'élevait à 2000 francs. M. Pellautier fournit la moitié de la somme et les habitants firent le reste au moyen d'une quête et de journées de prestation. L'ancienne chapelle fut réduite de beaucoup, en sacrifiant toute la nef latérale à gauche et ne conservant que le sanctuaire avec sa voûte et les fondations du mur du côté droit.

Cette même année 1838, la fête de saint Jean-Baptiste fut célébrée avec une pompe depuis longtemps inusitée : bravade composée d'une centaine de jeunes gens en uniforme, commandée par les notabilités du lieu (1) et précédée de plusieurs tambours et du corps de musique de Castellane. L'enthousiasme était universel. Malheureusement, le lendemain, un des jeunes troupiers fut grièvement blessé au moment d'une salve générale tirée sur la colline de Saint-Jean. Cet accident mit obstacle aux danses projetées pour ce jour-là.

Le 12 août, le conseil décida que le cimetière serait encore agrandi *de deux ares* de superficie, moyennant la somme de 180 francs pour l'achat du terrain et la plantation d'une haie vive.

La commune avait à soutenir alors un procès considérable contre M. Dauvergne, de Valensole. Celui-ci, propriétaire de l'une des bastides de Valbonnette, prétendait revendiquer à son profit la montagne de la Faye. Les débats furent longs et pleins de chances diverses, l'agresseur fertile en chicanes ne se lassant pas de susciter incident sur incident, appel sur appel. A la fin pourtant, le bon droit fut reconnu et proclamé en faveur de la commune de Barrème.

La même année 1838, le conseil général des Basses-Alpes adopta en principe la création d'une route royale de Digne à Castellane, Draguignan, etc., par Gaubert, Châteauredon et Barrème. Le projet s'exécuta en 1840 et 41.

Le 15 mai 1841, le conseil municipal eut à délibérer sur la translation du marché du jeudi au dimanche. Onze voix contre deux adoptèrent la motion ; mais trois ans après, l'autorité supérieure annula ce vote et remit le marché au jeudi.

En septembre 1841, à la suite de pluies diluviennes, l'Asse rompit ses digues en amont du pont de pierre et envahit non seulement les propriétés riveraines, mais encore toute la rue et

---

(1) M. Roux, capitaine ; M. Beraud, lieutenant.

les maisons de la Placette jusqu'à une hauteur d'environ 2 mètres.

Afin d'obvier à un tel danger pour l'avenir, le conseil communal demanda, en 1842, le passage de la route royale n° 85 par l'Allée vers les Condamines; mais toutes ses démarches furent vaines.

En 1843, la ville de Digne résolut d'ériger, par souscription, une statue à Gassendi, et fit appel à toutes les communes du département. Celle de Barrême y répondit en prenant cette résolution : « Le conseil exprime le regret que l'état de gêne de la commune ne lui permette pas de faire un vote plus digne de son objet, mais jaloux néanmoins de payer son tribut d'admiration à la mémoire du grand homme bas-alpin, il a déclaré unanimement s'inscrire pour une somme de 25 francs au monument à élever à Gassendi. »

L'érection de la statue de bronze du savant prévôt, philosophe et astronome, eut lieu en 1851.

Le 8 février 1844, le conseil arrêta que la foire de la St-Jean transférée en 1833, à la Placette, serait rétablie au quartier de la Place, où elle se tenait précédemment de temps immémorial.

Le 30 mai suivant, il adopta à l'unanimité le projet de dériver la rivière de Clumanc au pied de la *Vénerie*, et vota en même temps une somme de 400 francs pour les études préliminaires à effectuer. Mais M. Beraud, alors maire et promoteur de cette entreprise aussi avantageuse que hardie, ayant quitté le pays, le projet n'eut pas de suite. On trouva moins de difficulté à acheter, au prix de 1800 francs, le jardin de M. Beraud, pour le convertir en place publique. Acte passé le 13 août 1844.

Ce sera vers le haut de cette place que s'élèvera un jour la nouvelle église paroissiale. En attendant, après plusieurs enquêtes et divers rapports, le 25 septembre 1846, Mgr l'évêque interdit l'ancienne église, pour obliger la commune ou à la réparer convenablement ou à la reconstruire sur de meilleures proportions. La sentence épiscopale ne reçut son application que le 2 novembre suivant. Dès ce jour les offices durent se célébrer dans la chapelle de Notre-Dame, où peuvent entrer à peine 150 personnes.

La question ainsi posée, on crut pouvoir la résoudre en votant, le 7 mars 1847, la somme de 5000 francs pour *la reconstruction partielle* de l'église, à laquelle devait s'ajouter une autre somme de 1000 francs offerte par la fabrique. La mesure fut bientôt reconnue insuffisante. C'est pourquoi l'administration communale s'adressa à un architecte italien nommé Piattini pour qu'il dressât un plan et devis en vue d'une reconstruction complète, en profitant de l'emplacement et des matériaux de l'ancien édifice. Le total des dépenses portées au devis devait s'élever à la somme de 21762 fr.

Tout examiné, le conseil admit les plans et devis, mais en déclarant ne pouvoir y subvenir que pour la somme de 13907 fr., et espérant que le déficit de 7855 fr. serait comblé par le gouvernement (Délibération du 15 novembre 1847).

L'affaire en était là et la solution définitive ne paraissait pas éloignée, lorsque la révolution de février 1848 vint de nouveau renverser tous les plans conçus et toute espérance de succès.

CHAPITRE IX.

BARRÊME SOUS LA 2ᵐᵉ RÉPUBLIQUE ET LE 2ᵐᵉ EMPIRE (1848-70).

Le parti de l'opposition contre l'église triomphait et l'une de ses premières démarches fut d'exiger la restitution au culte de l'église interdite. Devant ces dispositions hostiles, M. Audibert, curé de la paroisse, se crut obligé de donner sa démission et se retira en effet à Castellane, son pays natal.

D'un autre côté, le citoyen Châteauneuf, commissaire des Basses-Alpes, révoqua le conseil municipal, nomma une commission administrative et obtint de Mgr Sibour la levée de l'interdit de l'église, moyennant certaines réparations à y faire exécuter par la commune. La dépense présumée atteignit le chiffre de 8000 fr., dont 4000 furent accordés par le ministre des cultes. Le sol de l'église fut abaissé de 25 centimètres sur toute sa superficie, on pratiqua une nouvelle sacristie ou plutôt un réduit obscur et humide en arrière du chevet, et enfin Mgr l'évêque ayant donné M. Bastide pour successeur à M. Audibert, le dimanche 6 août 1848 les offices reprirent leur cours dans l'ancienne église plus ou moins restaurée.

Le nouveau pasteur, profitant des bonnes dispositions de ses paroissiens leur fit donner une mission par deux religieux capucins, le P. Ange, gardien du couvent d'Aix, et le P. Véran, du couvent de Marseille. Les exercices commencés le 28 janvier 1849 et terminés le 18 février eurent un succès merveilleux, et la paroisse entière voulut en consacrer le souvenir par la plantation de trois grandes croix au sommet de la colline de St-Jean. Cette cérémonie fut suivie, quelques mois après, de l'érection d'un calvaire et de quatorze oratoires pour les stations du Chemin de la croix. M. Bastide en fit la bénédiction solennelle le 4 septembre 1849.

Dans le but d'accroître les ressources du pays, le conseil résolut par délibération du 7 janvier 1850, de solliciter l'établissement de deux nouvelles foires, l'une pour le dernier lundi d'avril et l'autre pour le dernier lundi de septembre. La demande obtint tout le succès désiré.

Le 14 juillet suivant, on traita avec le sieur Ginoyer, d'Entrevaux, pour la confection d'une horloge en remplacement de l'ancienne, fabriquée en 1733 par un horloger de Forcalquier. Le marché fut conclu à raison de 475 fr., prix de l'horloge, et 229 fr. 50 pour frais de pose et de maçonnerie. On conserva pour timbre l'ancienne cloche portant le nom de *Saint-Antoine* et la date de 1580.

Le coup d'État du 2 décembre 1851 et l'ébranlement général qu'il produisit, n'ont laissé aucune trace dans nos archives grandement appauvries. En somme, la population accueillit le deuxième Empire avec stupeur, mais sans beaucoup d'opposition de la part de la majorité des habitants.

En 1853, on eut à s'occuper de nouveau de l'église paroissiale. Malgré les efforts et les frais énormes qu'on y avait consacrés en 1848, son état d'humidité et d'indécence n'avait fait qu'empirer. Le conseil en revint donc au devis rédigé par le sieur Piattini. Toutefois, « considérant la pauvreté du plus
» grand nombre et les dispositions peu favorables des autres;
» attendu que le total des sommes qui peuvent être affectées par
» la commune n'atteignent que le chiffre de 7800 francs ; ce qui
» laisse un déficit de 13962 fr. (pour atteindre les 21762 francs
» exigés), est d'avis de supplier M. le préfet de vouloir bien
» obtenir de Sa Majesté ladite somme de 13962 fr., pour com-
» pléter la dépense. » (Délibération du 10 mai 1853).

C'était demander beaucoup, et la démarche n'eut aucun résultat. Or, tandis qu'on s'épuisait ainsi en expédients, la commune était sur le point d'hériter d'un legs considérable, dont l'emploi, mieux combiné par le testateur, eût fait la fortune de la localité. Le 14 mars 1854, décédait à Marseille le sieur Jean-Baptiste Coulet, rentier, natif de Barrême, qui léguait

200000 fr. à partager entre l'hospice de la Charité de Marseille et la commune de Barrême, à condition que la rente en serait affectée à doter chaque année une rosière, choisie alternativement à Barrême et à l'hospice de Marseille. Après de longs débats, qu'il serait trop long de rapporter, le Conseil d'État invité à prononcer arrêta que la succession Coulet serait divisée en trois portions égales entre la commune de Barrême, l'hospice de Marseille et les parents du défunt, ce qui, les frais prélevés, revenait à 86000 fr. pour chacune des parties (net pour Barrême, 86149 fr. 79).

A la suite, le conseil municipal dressa un nouveau cahier des charges et fut autorisé à nommer chaque année deux rosières, dont l'une et l'autre recevrait la somme de 1800 fr. environ le jour de ses noces. En attendant cette échéance, la commune jouirait des intérêts, et si la rosière venait à décéder avant d'avoir contracté mariage, la somme devait rentrer dans le capital au profit des rosières à venir.

En même temps que se traitait cette affaire, le choléra éclata subitement aux Sauzeries et y causa les plus affreux ravages. Sur trente familles environ pas une n'échappa au fléau, et dans plusieurs on compta jusqu'à deux et trois décès à la fois. Les malheureux survivants ne pouvant plus suffire à enterrer les morts, le curé, M. Martel, et M. Lafon, instituteur, n'hésitèrent pas à leur rendre les derniers devoirs avec un zèle au-dessus de tout éloge. Barrême et les environs furent préservés de l'épidémie. En reconnaissance, M. Bastide, curé de la paroisse, fit don à la chapelle de St-Jean-Baptiste d'une statue du saint patron. Mais il songeait surtout à obtenir la construction d'une nouvelle église. La guerre de Crimée absorbait alors tous les esprits (1855).

M. Fortoul, vicaire général, étant venu, le 30 septembre 1857, visiter la paroisse de Barrême, constata une fois de plus que « l'église actuelle était tout à fait insuffisante, extrêmement humide et insalubre, en un mot qu'il était urgent d'en construire une autre, ainsi qu'on l'avait reconnu depuis longtemps. » A ces réclamations la commune répondait constamment, et non sans quelque raison, par son état d'impuissance. L'orage du 25 septembre 1860 vint y ajouter encore un motif trop réel. Depuis ce jour, tout le quartier du Rochas et celui des Condamines sont demeurés ensevelis sous une énorme couche de gravier.

Heureusement, grâce à de hautes influences, le gouvernement accorda la somme de 45000 fr. pour la construction d'une puissante digue en avant du bourg et du quartier des Numéros.

La commune contribua pour le tiers de la dépense et les habitants purent dès lors se trouver à l'abri de l'inondation.

Vers la même époque, l'État mit la plupart de nos montagnes sous le régime forestier et fit semer diverses graines d'arbres pour en opérer le reboisement. Le fruit immédiat de ce travail fut de procurer du pain à une foule de familles pauvres, durant la morte saison.

Restait toujours la question de l'église. Le 23 novembre 1862, M. Bastide ayant fait à ce sujet un rapport longuement motivé, corroboré par celui de M. Raymond, architecte diocésain, du 4 mai 1863, l'autorité épiscopale recourut, comme en 1846, à la mesure extrême de l'interdit. La sentence fut prononcée par Mgr Meirieu le 20 juin 1863 et notifié le 23 juin suivant, la veille même de la fête de saint Jean-Baptiste. Au mois d'avril précédent, M. Bastide, atteint d'une grave maladie, avait quitté la paroisse pour quelques mois. Il ne rentra ensuite que pour voir aggraver ses douleurs physiques et morales, et finit par donner la démission de son titre, en 1865. Il mourut curé du Chaffaut en 1869.

CHAPITRE X.

CONSTRUCTION DE LA NOUVELLE ÉGLISE PAROISSIALE (1861-67).

Il était réservé à son successeur de réaliser enfin l'entreprise tant de fois avortée de la construction de l'église paroissiale. M. l'abbé Pellissier, d'Allos, curé de Thorame-Haute, fut nommé curé-doyen de Barrême, le 1er février 1866, et installé le 15 avril suivant. Il mit aussitôt la main à l'œuvre. De concert avec le clergé réuni à Barrême pour la solennité de saint Jean-Baptiste, le 24 juin, il arrêta le projet d'une souscription volontaire, et le 15 août, jour de l'Assomption, il fit, à la grand'messe, célébrée à St-Jean, un pressant appel à toute la population. Cet appel fut entendu, la liste s'ouvrit dès le lendemain, et les prêtres de la localité, M. le curé en tête, s'inscrivirent pour une somme totale de 2300 fr. tandis que M. Castellan, ancien maire et juge de paix, offrait 500 fr. pour sa cotisation. Afin d'encourager les souscripteurs, le conseil de fabrique avait voté, le premier juillet, quatre messes à faire célébrer chaque année, durant 50 ans, pour les bienfaiteurs de la paroisse.

Cela fait, on crut pouvoir présenter la liste à chacun des particuliers, en commençant par les maisons de campagne. Au mois d'octobre, M. le curé et M. Lions, notaire et maire de Barrême, se portèrent d'abord à la Forest, où ils obtinrent 155 fr.; de là à la Tuilière et à Repentance, dont les habitants offrirent en tout 249 fr.; puis venant à la population agglomérée, ils reçurent partout un généreux accueil. A la fin de décembre la somme des offrandes s'élevait déjà au chiffre d'environ 8000 francs. Le succès était désormais assuré.

Néanmoins une grave difficulté restait à résoudre au sujet de l'emplacement. Deux partis étaient en présence : celui de la *Place* préférait l'ancien local, comme étant tout trouvé et beaucoup moins dispendieux; celui de la *Placette* tenait naturellement à voir l'église rapprochée du bas quartier. Une intervention supérieure pouvait seule terminer le conflit. Après bien des discussions, des menées et des études, le préfet, M. Falcon de Cimier, amena le conseil municipal à se prononcer, le 20 décembre 1867, pour les bâtiments de l'ancien château seigneurial comprenant la mairie et deux maisons particulières, auxquelles on adjoignit une autre maison voisine et le jardin dit la *Garenne*. C'était le point le plus central et qui répondait le mieux au vœu de la majorité des habitants.

Dès l'année suivante, les fonds étaient assurés et votés en grande partie. D'abord, le 4 octobre 1868, le conseil de fabrique prit une importante délibération ainsi conçue : « Considérant
» l'absolue nécessité d'une église paroissiale, vu le compte an-
» nuel des recettes et dépenses arrêté dans la séance de Quasi-
» modo, vu le don de 500 francs fait à la fabrique, en vue de
» la construction de l'église, par les marguilliers de St-Jean-
» Baptiste et la Congrégation, le conseil arrête à l'unani-
» mité :

» Art. 1er. La fabrique vote pour la construction de l'église
» paroissiale la somme de 4000 fr.

» Art. 2. Pour compléter cette somme, les rentes de la fabri-
» que sur l'Etat seront vendues en temps opportun (la vente
» fut autorisée par décret impérial daté de Compiègne, le
» 3 novembre 1869).

» Art. 3. La fabrique demande le secours de la commune
» pour se procurer les autres fonds nécessaires à la construction
» de l'église. Un extrait de la présente délibération sera inces-

» samment transmis à M. le maire de Barrême. Signé : Isnard,
» Feraud, trésorier, Coulet, Cruvellier, Coulet, Pellissier, curé-
» doyen, A. Fort, président. »

La commune à son tour, par délibération du 15 décembre 1868, prenant en considération la demande faite par la fabrique, fit dresser un devis sommaire (1) d'après lequel les dépenses présumées devaient s'élever : 1° pour les travaux de construction, au chiffre approximatif de 34362 fr. 21 ; 2° pour frais d'emplacement, au chiffre approximatif de 10000 fr.

C'était beaucoup. Le conseil pouvait affecter la somme de 30390 fr. 40, ainsi spécifiée :

1° Secours offert par la fabrique . . . . 4000 fr. »

2° Total des souscriptions volontaires. . . 17000 fr. 40

3° Produit présumé de la vente des parcelles communales . . . . 9390 fr. »

Il était convenu d'avance qu'il ne serait fait aucune imposition extraordinaire ; mais on comptait pour le surplus de la dépense sur un secours de l'Etat, qui fut en effet demandé et obtenu dans la suite. Le gouvernement accorda en deux fois 8000 francs, et de plus une troisième allocation de 3000 francs pour le clocher.

L'entreprise, mise en adjudication en 1869, pour la somme de 43000 francs, fut délivrée aux sieurs Trotabas, père et fils, d'Ampus (Var), moyennant un rabais de 4 %.

Notons ici un fait vraiment providentiel : deux ans auparavant (en mai 1867), des ouvriers employés à tirer des blocs de la carrière du *Saut-du-Loup*, avaient imprudemment miné la montagne où était leur chantier. Tout à coup, durant la nuit heureusement, un énorme quartier de roche s'écroula avec un fracas épouvantable, et procura ainsi à souhait une immense quantité de pierres de toutes grandeurs, non seulement pour la future église de Barrême, mais pour suffire à mille autres entreprises.

Les travaux commencèrent sans retard, et par le fait il n'y avait pas de temps à perdre. La guerre était sur le point d'éclater entre la France et la Prusse, on sait dans quelles conditions

---

(1) Le plan et le devis furent dressés par M. Raymond de Digne, architecte diocésain, et mis en exécution, après sa mort survenue en 1868, par M. Lutton, nommé à sa place, qui y fit quelques légères modifications.

et avec quelle fatale issue....... Quelques mois plus tard, c'en était fait, tout se trouvait remis en question.

Mais enfin, tandis que l'univers catholique était représenté par ses évêques au concile œcuménique du Vatican, le 18 avril, deuxième fête de Pâques de l'année 1870, M. Barbaroux, vicaire-général, délégué par Mgr Meirieu alors à Rome, vint à Barrême faire la bénédiction solennelle de la première pierre du nouveau sanctuaire (1). La cérémonie eut lieu en présence de toute la population assemblée sur la *Place-Neuve*. M. le grand vicaire prononça un discours des plus éloquents, jamais peut-être il n'avait été mieux inspiré. Il rappela d'abord la piété des rois David et Salomon employant d'immenses trésors et une multitude d'ouvriers à la construction du temple de Jérusalem, puis le zèle des Juifs revenant de la captivité, relevant les murs de ce même temple détruit par Nabuchodonosor, et tenant d'une main leurs instruments de travail et de l'autre l'épée pour combattre et dissiper les ennemis d'Israël. Passant ensuite à l'entreprise plus modeste, mais, relativement, non moins difficile de l'érection de l'église de Barrême, il félicita la population de ses généreux efforts et de tant de sacrifices qu'elle s'était imposés, et termina en appelant sur elle pour le présent et pour l'avenir toutes les bénédictions du ciel.

Les travaux furent poussés avec une admirable activité. Au bout de trois mois, on était à la naissance des voûtes et l'on posait les colonnes qui devaient les soutenir à l'intérieur.

Mais à cette heure même (14 août 1870), le deuxième Empire s'effondrait sans gloire à Sedan, et les 8000 francs promis par l'Etat risquaient de ne passer jamais dans l'ordre des faits accomplis. De là, nouveaux sujets de crainte.

Heureusement la somme arriva, contre toute espérance, et de plus la fabrique garantit à l'entrepreneur une autre somme de 7000 francs, dans le cas où la commune viendrait à suspendre ses versements (Délibération du 6 mars 1871), et les travaux continuèrent sans relâche. De sorte que, le 24 juin suivant, fête

---

(1) Dès la veille, une croix en bois avait été plantée, suivant les règles liturgiques, sur le lieu du futur maître-autel. On enchâssa dans la première pierre de l'angle sud-ouest le procès-verbal de la bénédiction et diverses médailles et monnaies de l'époque, savoir : une médaille du concile apportée de Rome par M. l'abbé Andrau, jadis curé de Gévaudan, une pièce d'argent et plusieurs autres de cuivre à l'effigie de Napoléon III alors régnant, le tout dans un flacon de verre scellé.

patronale de saint Jean-Baptiste choisi pour titulaire, on put célébrer provisoirement les offices dans la nouvelle église presque entièrement achevée. Il n'y manquait plus que le dallage et le clocher, dont les murs toutefois se trouvaient élevés à la hauteur des nefs latérales.

Enfin, le 6 août 1871, il fut donné aux habitants de Barrême de voir ce jour après lequel leurs ancêtres avaient si longtemps soupiré. M. Fortoul, premier vicaire-général de Mgr Meirieu, procéda solennellement à la bénédiction de l'église dédiée au glorieux et vénéré patron de la paroisse.

A peine M. Pellissier, après le couronnement de cette première et laborieuse entreprise du temple matériel, se proposait-il, non de jouir du fruit de ses travaux, mais de mettre la main à l'œuvre plus nécessaire encore de l'édifice spirituel, que Mgr l'évêque le nommait, en septembre de la même année, professeur de morale au Grand-Séminaire. Il pouvait du moins chanter son *Nunc dimittis*......

FIN.

APPENDICE

VIES
DU
PÈRE BRUNO DE BARRÊME
ET DU
FRÈRE JACQUES DE GRASSE,
CAPUCINS

Ces deux notices biographiques ont été extraites des Annales des RR. Pères Capucins de Provence et reproduites d'après deux manuscrits presque identiques, appartenant l'un à la bibliothèque Méjanes de la ville d'Aix, n° 636, l'autre à celle du couvent des Pères Capucins de la *rue de la Santé*, à Paris (1). On trouve dans le *Dictionnaire des hommes illustres de la Provence* par Achard, à l'article *Frère Jacques de Grasse*, une courte notice sur ce même Frère Jacques et le P. Bruno de Barrême. L'auteur déclare l'avoir empruntée au P. Calixte de Brignoles (J.-B. Rolland), dont il vante l'érudition et qui, sans aucun doute, l'avait puisée

---

(1) Le R. P. Apollinaire, de Valence, religieux du couvent de Paris, a bien voulu revoir et rectifier la copie du premier de ces manuscrits, faite à Aix par une main peu habile et qui offrait bien des lacunes et des inexactitudes.

lui-même dans les *Annales franciscaines* d'Aix ou de Marseille. Les archives de la commune de Barrême et les études de nos anciens notaires ont fourni en outre quelques renseignements locaux destinés à compléter ceux des biographes contemporains et propres à éclaircir divers points demeurés obscurs et contestables.

La notice consacrée au Frère Jacques de Grasse vient naturellement après celle du P. Bruno, dont elle ne saurait être séparée. Car ces deux saints personnages étaient frères utérins, et si Barrême ne fut pas le berceau commun de l'un et de l'autre, ils y passèrent ensemble la plus grande partie de leur jeunesse, dans la maison seigneuriale, auprès de leurs parents, entrèrent ensuite et se sanctifièrent de concert dans le même Ordre religieux, et à leur mort laissèrent une mémoire également bénie et vénérée.

A la vérité, l'Église ne leur a pas décerné et ne leur décernera probablement jamais les honneurs d'un culte public. On peut dire, ce semble, néanmoins, qu'il n'a manqué à leur gloire ici-bas que le décret seul de canonisation. Leur vie religieuse et apostolique fut un prodige continuel d'héroïques vertus et un tissu de mérites sans nombre, que le ciel daigna même attester plus d'une fois, au rapport de nos biographes, par des miracles évidents. L'autorité compétente peut seule prononcer à ce sujet.

Quoi qu'il en soit, ces deux noms, populaires autrefois dans nos localités et dans la Provence entière, mais retombés, depuis la Révolution, dans un oubli complet, méritaient bien, assurément, de sortir un jour de leur obscurité. Puissent ces quelques pages contribuer pour leur humble part à cette future et juste réparation d'honneur, en même temps qu'à l'édification des personnes qui pourront les parcourir !

VIE
DU P. BRUNO DE BARRÊME
(JEAN DE VILLENEUVE), CAPUCIN.
(1589-1652)

CHAPITRE PREMIER

NAISSANCE ET ÉDUCATION DE JEAN DE VILLENEUVE.
SON ENTRÉE EN RELIGION.

Jean de Villeneuve, connu plus tard sous le nom de P. Bruno, était issu de la très noble et très ancienne maison de Villeneuve, en Provence, de laquelle sont sortis les marquis de Trans et des Arcs. Son père *Hours*, ou autrement Ours de Villeneuve, était le frère cadet de Claude II, marquis de Trans. Il avait reçu en apanage de Claude Ier, son père, la baronnie de Barrême et les terres de Saint-Lyons et de Gévaudan qui en dépendaient, ainsi qu'une portion des terres de Clumanc et de Thorame-Haute.

Ayant épousé, en 1572, Isabeau de Pontevez, fille de Jean-Baptiste de Pontevez, sieur de Bargème, et de Françoise d'Agoult, il était venu se fixer la même année à Barrême. Il eut de cette union quatre enfants dont les noms sont indiqués ci-dessus, p. 50.

---

(1) Certains Nobiliaires lui donnent le nom d'*Isabeau* d'Agoult, mais d'après divers actes notariés son vrai prénom était *Françoise*. Isabeau, sa fille, signait dans ces mêmes actes : *Isabeau de Bargème* ; son nom aura pu se confondre avec celui de sa mère, à moins que celle-ci ne réunit les deux noms.

Devenu veuf en 1583, il épousa en secondes noces, le 2 avril 1587, Sibile ou Sibylle de Grasse, fille d'Honoré de Grasse et de Delphine d'Ollioules, et veuve elle-même d'Honoré de Russan, sieur de Torenc, à qui elle avait donné un fils, Honoré, devenu plus tard le frère Jacques, et une fille, Melchione de Russan.

De ce second mariage naquirent, entre autres, Honoré de Villeneuve, qui fut d'abord avocat au parlement et ensuite capucin, en 1618, sous le nom de P. Sylvestre ; et *Jean*, dont la vie fait l'objet de la présente notice. Ce nom lui fut donné à cause de la dévotion de ses parents envers saint Jean-Baptiste, patron de la paroisse. Il naquit au château de Barrême dans le courant de l'année 1589, date qu'il est impossible de préciser davantage, les registres paroissiaux antérieurs à 1652 ayant disparu depuis longtemps (1).

Jean vint au monde à une époque de troubles et d'agitation universelle : c'était au moment où les guerres de la Ligue déchiraient la France et nos pays en particulier. La famille de Villeneuve en ressentit plus que bien d'autres les effroyables conséquences. Quelques années auparavant, en 1579, Claude II, marquis de Trans et frère du baron de Barrême, s'était vu assiéger dans son château et, malgré une héroïque défense, forcé de se rendre prisonnier, puis impitoyablement écorché vif et massacré avec tous les raffinements de la plus sauvage barbarie. Dès ce jour aussi, Jean, fils et héritier de Claude, avait juré haine à mort aux bourreaux de son père et poursuivait contre eux une vengeance implacable. Malheureusement tout le monde était victime de ces querelles de partis. Autant la Ligue pouvait se justifier dans son principe et dans son but essentiel, autant les excès des passions humaines et des rancunes privées l'avaient trop souvent rabaissée au niveau d'une simple faction. Du reste, dans ces actes de violence et de rapine, de cruauté et de fanatisme sanguinaire, les torts n'étaient pas toujours d'un seul côté. Royalistes ou Ligueurs, Protestants ou Catholiques, aucun parti ne pouvait se dire exempt de tout reproche. Il est juste seulement de mettre sur le compte des Calvinistes ou Huguenots cet instinct particulier d'impiété qui les poussait à la profanation et au

(1) « Il partagea, dit l'auteur du manuscrit, la joie de sa naissance avec *un frère jumeau* ». On ne trouve pas dans les archives locales la confirmation expresse de ce fait. Ou ce frère mourut peu après sa naissance, ou bien ce dut être *Jules* de Villeneuve, sieur de St-Lyons.

pillage des églises, à la violation même des tombeaux et à la destruction des reliques des saints. L'église cathédrale de Senez, veuve alors de son premier pasteur (1), portait les traces, récentes encore, de ces sacrilèges attentats. La collégiale de Saint-Jacques avait été plusieurs fois dévastée, son cloître était en ruines (2), et la commune de Barrême, épuisée par les calamités de la guerre, se voyait dans l'impuissance de réparer son église paroissiale complétement délabrée.

Ce fut au milieu de ces douloureuses conjonctures que le ciel donna à la terre cet enfant de bénédiction, destiné à marcher de près sur les traces de sainte Roseline de Villeneuve, et à devenir par son entrée en religion, une victime volontaire immolée à la divine justice, en expiation de tant de crimes et d'excès commis.

Issu d'une famille profondément chrétienne, où la piété et la vertu étaient comme héréditaires, Jean fut sans doute élevé par ses parents avec tout le soin que pouvaient exiger la nature et la religion. On n'a trouvé aucun détail à ce sujet. Lui donnèrent-ils un précepteur pour commencer son éducation dans la maison paternelle, ou bien fut-il envoyé, avec les autres enfants de la localité, à l'école publique? On est obligé de s'en tenir là-dessus à de simples conjectures. On dirait que pour lui donner dès lors un trait de ressemblance avec le Sauveur des hommes, dont l'Evangile raconte en quelques mots les trente premières années, son trop laconique historien s'est borné à nous dire que « Monsieur son père prit grand soin à le faire bien élever, étant d'un naturel docile, d'un jugement solide et d'une *piété chrétienne.* »

Puis l'auteur ajoute sans autre détail : « On l'envoya à Avignon pour y faire ses études, desquelles il profita beaucoup. » Le nom de l'établissement n'est pas indiqué ; mais il y a lieu de croire que notre jeune étudiant fut placé au collège des PP. Jé-

---

(1) Jean Clausse, évêque de Senez étant mort en 1587, n'avait pas eu de successeur. Henri III avait adjugé l'administration temporelle et les revenus de l'évêché au célèbre Louis de Berton des Balbes, si connu sous le nom de *brave Crillon*. Le siège demeura vacant jusqu'en 1601.

(2) Les Protestants ne furent qu'indirectement les auteurs de sa démolition. Ce fut le comte de Carcez, gouverneur de Provence, qui, sur l'ordre du roi, le fit abattre en 1575, *de peur*, est-il dit, *que les Huguenots de Seyne qui l'avaient occupé déjà, ne vinssent s'y établir de nouveau* (Bouche).

suites établis depuis 1571 dans la ville d'Avignon, où ils avaient un noviciat.

Suivant l'usage du temps, sa famille le mit en pension dans un hôtel en compagnie d'autres jeunes gens de son âge, avec lesquels il fréquentait les cours du collège. Assurément un pareil régime de vie, à cet âge surtout, n'était guère propre à favoriser la pratique de la perfection évangélique. Aussi la vertu de Jean dut-elle être plus d'une fois mise à l'épreuve et trouver par là-même, dans la lutte et le combat, l'occasion d'un mérite plus parfait et d'une victoire plus complète. Cette occasion ne tarda pas à se présenter.

Il avait atteint l'âge de dix-sept ans et, toujours docile à la voix du devoir, n'ayant d'autre ambition que celle de répondre, par son application et ses progrès, aux vœux de ses parents et de ses maîtres, il touchait au terme de ses études classiques et un brillant avenir semblait s'ouvrir devant lui dans le monde, lorsqu'un événement tragique dont il fut témoin vint tout-à-coup changer la direction de sa vie en déterminant sa vocation religieuse.

C'était en 1606, probablement dans le courant du mois de mai (1). Comme un jour il jouait au *mail* avec un de ses compagnons d'étude, jeune gentilhomme « assez libertin, dit la relation, et accoutumé à jurer et à renier », ce dernier, perdant au jeu et cédant à son humeur emportée, se mit à jurer et à blasphémer, selon sa malheureuse habitude, et cela d'une manière tellement scandaleuse pour tous les assistants, mais principalement pour son pieux partenaire, que Jean crut devoir rompre la partie et quitter le jeu, pour l'obliger lui-même à cesser ses imprécations et ses blasphèmes. Ce fut en vain toutefois ; car s'étant retiré dans un logis voisin de là, ce jeune forcené n'en continua pas moins de jurer, à sa façon ordinaire, le saint nom de Dieu. En même temps, tout enflammé encore et en sueur par l'effet du mouvement et du feu de la partie, il imagina de se faire préparer un lit de roses fraîches, « en étant pour lors la saison » ; et s'y étant couché tout déshabillé, il finit bientôt par s'endormir, mais pour ne plus se réveiller. Car la fraîcheur des roses ayant fait rentrer la sueur dans son corps, il mourut subitement sans avoir pu appeler personne à son secours, peut-être même sans avoir eu le

---

(1) Les dates indiquées par les biographes ne s'accordent pas entre elles. Pour les uns, le fait eut lieu en 1605 ; pour les autres en 1606. Cette dernière date paraît la plus certaine (V. Achard, T. I, p. 412).

temps de se reconnaître !... Tout le monde, mais surtout le sage et pieux Jean de Villeneuve vit dans une telle fin un coup de la justice divine. Faisant une profonde et sérieuse réflexion sur la mort funeste de son condisciple, et sur les terribles jugements que Dieu exerce contre les pécheurs obstinés dans leurs crimes et qu'il punit souvent de l'impénitence finale, il prit aussitôt la ferme résolution de quitter le monde et de se faire capucin. C'était là, sans contredit, de la part d'un jeune homme de dix-sept ans et d'une si noble condition, une détermination vraiment héroïque et d'autant plus méritoire qu'elle eut plus d'obstacles à surmonter. Mais une fois prise, elle fut définitive et invariable, comme on va le voir dans le chapitre suivant.

CHAPITRE II.

LA VOCATION DE JEAN EST MISE A L'ÉPREUVE. — SON NOVICIAT ET SA PROFESSION RELIGIEUSE.

Aussitôt son dessein bien arrêté dans son esprit, notre jeune héros répondant à l'appel du Roi des rois, n'hésita pas un instant à renoncer à tout pour suivre la voie étroite, et s'en alla frapper à la porte des Pères Capucins.

On aurait pu croire, avec apparence de raison, qu'une résolution aussi prompte n'était que l'effet d'une imagination sensible trop vivement frappée et qu'elle ne soutiendrait pas l'épreuve du temps et de la réflexion. Il était donc nécessaire de ne rien précipiter. D'ailleurs, le postulant se trouvait encore en âge de minorité et il fallait avant tout le consentement de la famille. La Providence divine avait pris soin d'épargner un tel sacrifice au cœur d'une mère en appelant, dès l'année précédente, Madame de Villeneuve à une vie meilleure. Mais quelle serait à ce sujet l'attitude du père ?...

Dès que le baron Ours de Villeneuve apprit la résolution de son fils, il en fut outré, et ne pouvant se rendre en personne à Avignon, il y envoya à sa place Honoré de Russan, frère utérin de Jean, ainsi qu'on l'a vu plus haut. C'était un gentilhomme accompli selon les idées du monde, brave, généreux, affable et jouissant de l'estime universelle. Il partit bien résolu et plein d'espoir de ramener le fugitif dans la maison paternelle.

« Mais, dit notre biographe, le succès fut tout le contraire de celui qu'on attendait. » Comme il arriva autrefois, dans une circonstance analogue, aux frères de saint Bernard, ce fut le tenté qui séduisit et gagna le tentateur. Après de longs et inutiles assauts, la grâce parla à son tour par la bouche de Jean et son langage fut si persuasif qu'Honoré, touché du Saint-Esprit et désabusé des vanités du siècle, où il était grandement engagé, prit le parti de suivre l'exemple de son frère, ce qu'il fit en effet l'année suivante, comme nous le verrons en sa vie.

Sur le rapport qu'il fit, dès son retour à Barrême, du résultat de sa mission, le père de Jean comprit bien que le ciel avait parlé et qu'il n'avait plus de résistance à opposer. Il laissa donc à son fils la liberté d'aller où Dieu semblait l'appeler. Trois mois s'étaient écoulés depuis le jour qui avait vu naître une vocation si extraordinaire, quand enfin, le 1er août 1606, l'heureux postulant fut admis comme novice et reçut le nom de frère Bruno avec l'habit de saint François.

Durant le temps de son noviciat et tout le reste de sa vie, il conserva un souvenir si vif et si profond du tragique événement auquel il devait son entrée dans l'état religieux, que sa ferveur première ne se refroidit jamais et s'accrut plutôt de jour en jour. Tel qu'un autre saint Bruno, dont il portait le nom, il ne s'étudia plus qu'à vivre dans la pénitence, l'oubli du monde et de ses vaines grandeurs, le mépris de soi-même et une charité inépuisable envers les autres, en un mot, dans la pratique de toutes les vertus chrétiennes portées jusqu'à l'héroïsme. De sorte que, à peine à ses débuts, le P. Maître des novices et tous les autres religieux le regardaient déjà comme un modèle accompli de fidélité à la règle et à la perfection évangélique.

Ses supérieurs reconnaissant en lui une aptitude pour les lettres et les sciences, le mirent d'abord à l'étude de la philosophie, pour le faire passer ensuite à celle de la théologie et l'élever enfin au sacerdoce. Or, tandis qu'il se livrait de tout son cœur à ses nouvelles occupations, il tomba dans une grave maladie qui mit ses jours en danger et dont il ne revint qu'à force de soins et après une assez longue convalescence. Ce qu'il regrettait le plus, durant ces jours de repos forcé, c'étaient ses livres. Toutefois il ne fit entendre aucune plainte et ne demanda pas même à reprendre des études qu'il aimait, préférant à ses propres goûts la volonté de ses supérieurs en qui il voyait celle de Dieu.

Il avait aussi un talent naturel et un goût prononcé pour la prédication ; mais, s'estimant indigne d'un si sublime ministère, il avait coutume de dire que ce serait trop de grâces pour lui d'être fait prêtre et que c'était lui faire assez d'honneur que de le laisser dans la condition de simple frère lai.

Telles furent les saintes dispositions avec lesquelles il parcourut les épreuves de son noviciat, commença et poursuivit l'étude de la théologie morale et reçut la tonsure ainsi que les ordres mineurs.

On ne doit donc pas être surpris si Dieu sembla dès lors vouloir manifester d'une manière surnaturelle le mérite de son fervent serviteur. Un de ses anciens biographes (1) raconte qu'en 1611, sa mère, Sibylle de Grasse, décédée quelques années auparavant, apparut à une de ses servantes et à l'un des frères de notre saint religieux, nommé aussi Jean de Villeneuve (2), prêtre et protonotaire apostolique, « auxquels, après avoir recommandé » quelques choses nécessaires à faire pour son soulagement, elle » dit que frère Bruno, qui était encore clerc, soutenait par ses » prières toute la maison de Barrême. »

En ce moment, le frère Bruno terminait sa vingt et unième année et se trouvait par conséquent en âge de faire ses vœux et de recevoir le sous-diaconat. Il est facile de comprendre avec quel redoublement de foi et de ferveur il se prépara à ces grands actes de la vie monastique et cléricale. La suite nous le fera mieux connaître encore.

CHAPITRE III.

LE P. BRUNO VA VISITER SA FAMILLE. — IL EST ENVOYÉ AU COUVENT D'ORANGE, OÙ IL DEMEURE QUINZE ANS. — UN AUTRE DE SES FRÈRES SE FAIT AUSSI CAPUCIN. — ORDONNÉ PRÊTRE, IL EST NOMMÉ GARDIEN DU COUVENT D'ORANGE. — SA PATIENCE, ETC. — MERVEILLEUSE INFLUENCE QU'IL EXERCE AUTOUR DE LUI.

On peut croire, à défaut de renseignements positifs, que le P. Bruno fit sa profession solennelle en compagnie de son frère

---

(1) Manuscrit d'Aix.
(2) Le deuxième des fils d'Ours de Villeneuve et d'Isabeau de Pontevez, sa première femme.

Honoré, dont il avait décidé la vocation et qui prit le nom de F. Jacques. Le fait est qu'ils vécurent assez ordinairement ensemble et qu'après leur profession religieuse, ils firent de concert une visite à leurs parents. En entreprenant ce voyage, ils s'exhortèrent l'un l'autre « à donner bon exemple et à garder » toutes les bonnes coutumes de l'Ordre, principalement celles » qui regardent l'austérité et mortification, comme disciplines, » abstinence du mercredi et ce qui regardait l'humilité. »

Il n'est pas douteux que leur conduite fut exactement conforme à la règle qu'ils s'étaient tracée d'avance. Avec quelle admiration, avec quelle édification surtout, les compatriotes du P. Bruno ne durent-ils pas le voir se comporter au milieu d'eux, non plus comme le fils de leur seigneur, mais en véritable religieux de St-François, vêtu du costume grossier des capucins, marchant nu-tête et nu-pieds, aussi pauvre et plus pauvre que la plupart d'entre eux, demandant, peut-être, et acceptant l'aumône de la main de ceux qui furent ses serviteurs ou ses laquais!... Si, dans cette circonstance, on ne l'entendit point prêcher de vive voix, ce que nous ignorons, sa seule présence et un tel genre de vie furent une prédication plus éloquente que tous les sermons. L'impression qu'il fit au sein de sa famille ne fut pas moins vive ni moins salutaire; car, nous le verrons bientôt, un de ses frères germains ne tarda pas à suivre son exemple dans la carrière du renoncement.

Revenu bientôt après à Avignon, ses supérieurs l'envoyèrent au couvent d'Orange, où il demeura depuis l'an 1611 jusqu'en 1626. Pendant onze ans, il fut employé à faire la quête afin de pourvoir à la subsistance de la communauté, et il remplit cette fonction si humiliante aux yeux du monde avec un zèle et une joie qui ne se démentirent jamais.

Joignant à une profonde et sincère humilité une charité sans bornes, il gagna tous les cœurs et excita l'admiration non seulement des catholiques, mais des protestants eux-mêmes, très nombreux alors dans cette ville, qui appartenait encore au prince de Nassau (1). Le gouverneur en était calviniste, et il y avait une Université et quantité de ministres de la même communion. Ceux-ci, néanmoins, connaissant sa haute naissance et voyant en

---

(1) Henri-Frédéric de Nassau, prince d'Orange, aïeul de Guillaume III, roi d'Angleterre. La principauté d'Orange avait passé, en 1530, dans la maison de Nassau, par le mariage de René de Nassau avec une fille du comte de Soissons, prince d'Orange, descendant de Louis de Chatou, fils de *Marie des Baux*, princesse d'Orange. vers l'an 1430) (V. *Louvet*, I, p. 240).

lui tant d'humilité, de douceur, de modestie et de charité, ne pouvaient s'empêcher de l'admirer, et particulièrement le gouverneur, qui, chaque année, demandait à ses supérieurs de lui continuer sa charge dans la même résidence.

On ne saurait imaginer les fatigues, les épreuves, les souffrances et les désagréments de toute espèce qu'il eut à endurer dans ce pénible exercice : se multipliant en quelque sorte pour se donner à tous, pourvoyant à la fois à l'entretien et au logement des religieux, dont la maison, à cette époque, était en voie de construction, et ne craignant pas d'aller quêter çà et là, soit dans les grandes chaleurs de l'été, dont il bravait les ardeurs, soit pendant les rigueurs de l'hiver, parmi les neiges et les glaces, qui plus d'une fois lui mirent les pieds et les jambes en sang.

Ce fut dans l'intervalle de ce long séjour à Orange, que le P. Bruno eut la consolation de voir un autre de ses frères, Honoré de Villeneuve, dire à son tour adieu au monde et embrasser la vie religieuse. On ne connaît guère de lui que ce qui est rapporté par Achard dans son *Dictionnaire des hommes illustres*, à l'article *P. Bruno* : « Honoré de Villeneuve, son frère aîné, aussi capucin, entra dans l'Ordre à l'âge de trente ans, le 7 novembre 1618. Il reçut le nom de *Silvestre* et mourut à Sisteron, le 12 avril 1629, après s'être distingué dans diverses chaires de la province » (1). Avant de quitter sa famille, il disposa de ses biens et légua, entre autres bonnes œuvres, la somme de 200 francs à la chapelle de Notre-Dame de Pitié de Barrême, son pays natal.

Le P. Bruno se trouvait encore, en 1622, appliqué saintement à ses humbles fonctions de F. Quêteur, lorsque ses supérieurs jugèrent le moment venu de le placer sur le chandelier, en lui confiant la charge de Gardien du couvent d'Orange et en l'élevant à la prêtrise. Catholiques et protestants accueillirent cette promotion avec le même bonheur. Lui seul s'en reconnut indigne. Toutefois, ne comptant que sur Dieu, il s'acquitta de ses nouveaux emplois à la grande satisfaction de chacun et à l'édification de tout le monde. Il y eut pourtant quelques hérétiques qui, par un zèle empreint de fanatisme, l'avaient pris en aversion.

---

(1) On trouve quelque part qu'il avait d'abord suivi la carrière du barreau. Un membre de la maison de Villeneuve-Flayosc écrivait en 1878 : « Je lis dans les Mémoires pour la maison de Villeneuve, page 129 : Un des enfants d'Ours de Villeneuve se *fait capucin par désespoir*. Un autre fils, Jean, naquit, etc. » Le premier des deux ne pouvait être qu'Honoré. Mais d'où venait ce *désespoir ?*...

L'un d'eux, homme de condition noble, *poussé par un esprit diabolique*, lui déchargea un jour, sans le moindre motif, un soufflet si violent qu'il en eut la joue tout enflée. Une injure aussi atroce n'excita en lui aucun ressentiment contre l'insulteur; mais il lui dit, au contraire, avec un visage calme et serein et d'un ton plein de douceur: « Monsieur, ce serait porter faussement la livrée de mon Sauveur et je mentirais en me disant son disciple, si je ne vous présentais l'autre joue, ainsi qu'il me le commande. La voilà! Je suis prêt à y recevoir un second soufflet en vue de mon Maître crucifié pour l'amour de moi. » Tel est l'héroïsme chrétien.

Quelques protestants et catholiques, présents à cette scène, intervinrent en faveur du P. Bruno et ils se montraient disposés à corriger cet insolent, si le saint homme ne les en eût empêchés, en leur disant que c'était son bon ami, qu'il n'avait fait cela que pour rire, et ajoutant quelques autres paroles de douceur qui calmèrent leurs esprits et donnèrent à l'hérétique le temps de se retirer, sans autre châtiment qu'une extrême confusion. Tout n'était pas fini là cependant. Le gouverneur ayant appris ce qui venait de se passer, évoqua l'affaire à son tribunal et il ne menaçait de rien moins que de faire condamner le coupable aux galères. Mais déjà ce dernier s'était repenti de sa faute. A quelques jours de là, il se rendit au couvent, se jeta à genoux devant le P. Bruno et lui demanda mille pardons, alléguant pour excuse qu'ayant appris qu'il avait converti au catholicisme un de ses parents, il en avait été vivement indigné contre lui; mais que depuis, vaincu par l'excès de sa bonté, il venait implorer sa pitié et le prier d'aller apaiser le courroux du gouverneur. Ce vrai disciple de l'Évangile se chargea très volontiers de la commission et s'en acquitta si bien qu'il obtint, quoique non sans peine, la grâce du pauvre malheureux.

Il eut bien d'autres fois encore à endurer les injures et les affronts des sectaires; mais toujours avec une patience inaltérable. Dans une occasion entre autres, ayant eu à rendre visite à une dame protestante, celle-ci lui dit mille injures sans parvenir à l'émouvoir, ce qui redoubla l'emportement de la dame, à tel point que le voyant insensible à ses outrages, elle en fut toute hors d'elle-même. Mais l'humble serviteur de Dieu ne répondit pas un seul mot et sortit avec la même paix du cœur qu'il avait en entrant, remerciant même cette personne de sa charité.

Un autre jour qu'il faisait la quête dans un village, il monta chez une femme aussi protestante et lui demanda l'aumône pour l'amour de Dieu. Celle-ci encore l'accabla d'injures, et joignant la violence à l'insulte, elle le poussa si rudement qu'il roula du haut en bas de l'escalier et faillit se briser la tête. Comme à son ordinaire, il ne dit mot et ne donna aucun signe à personne de ce qui lui était arrivé. Mais l'exemple de sa vertu ne fut pas sans effet ; car, dès ce jour, cette dame le prit en grande vénération, lui témoigna maintes fois la confusion et le regret de son crime et, depuis, ne cessa de lui donner d'abondantes aumônes. Enfin, ce qui valait mieux encore, elle recueillit comme fruit de tout cela, la grâce d'une parfaite conversion. Deux ans après, elle eut le bonheur de rentrer dans le sein de l'Église, elle et toute sa famille, ainsi qu'un certain nombre de personnes qu'elle entraîna à sa suite, en leur proposant cet exemple héroïque de patience.

CHAPITRE IV.

LE P. BRUNO EST NOMMÉ MAÎTRE DES NOVICES DU COUVENT D'AVIGNON (1631-39). — IL EST ENVOYÉ, EN 1640, AU COUVENT DE DRAGUIGNAN. — IL ASSISTE, AU LIT DE MORT, SON PÈRE OURS DE VILLENEUVE, DÉCÉDÉ A FLAYOSC LE 4 MAI 1641.

De l'année 1625, où finit sa charge de Gardien du couvent d'Orange, à l'année 1630, on ne sait pas quels furent les emplois ni le séjour du P. Bruno. Peut-être demeura-t-il quelque temps à Avignon pour se retremper dans la retraite au lieu même où il avait commencé sa vie religieuse. Peut-être aussi lui confia-t-on quelque mission apostolique, afin de répondre à son zèle et à son talent pour la prédication. On ne saurait douter, du moins, que la peste de 1629 et 1630 ne l'ait vu aux premiers rangs parmi tant de héros qui se dévouèrent au soulagement des malheureux pestiférés.

Quoiqu'il en soit, il ne reparaît qu'en 1631, où il fut nommé Maître des novices du couvent d'Avignon, titre qu'il conserva l'espace de huit ans et sous lequel se révéla en lui une sagesse incomparable. Il avait reçu de Dieu le discernement des esprits, ainsi que le prouve, entre autres, le fait suivant. Un novice qui montrait tous les dehors de la piété et de la mortification les plus exemplaires, avait conquis l'estime générale et obtenu les suffrages de tous les religieux relativement à son admission définitive. Le P. Bruno seul exprima un vœu défavorable et l'événement prouva qu'il avait raison ; car on s'aperçut bientôt que la prétendue vertu du novice n'était qu'hypocrisie, et il fallut le renvoyer.

Voici un autre fait non moins remarquable et plus heureux dans son issue. En 1632, le F. Maurice, de Toulon, étant novice à Avignon sous le P. Bruno, fut assailli d'une violente tentation qui le poussait à rentrer dans le monde, et il résolut même de s'enfuir en secret du couvent. Or, une nuit, comme il ruminait cette pensée dans son lit pour l'exécuter le lendemain, tout à coup il entend quelqu'un frapper à sa porte : c'était le P. Bruno, qui, sans attendre la réponse, entre, le salue au nom de J.-C., suivant la règle, et lui parle en ces termes : « Frère Maurice, je viens ici de
» la part de Dieu et de votre bon ange pour vous dire que vous
» avez tort et faites très mal d'écouter le diable et de consentir à
» sa suggestion, qui ne tend qu'à vous faire sortir de la sainte re-
» ligion à laquelle Dieu, par sa grâce spéciale, vous a appelé et ne
» veut pas que vous en sortiez, pour le seul intérêt de votre salut,
» que vous ne sauriez opérer dans le monde, surtout en exécutant le
» mauvais et déshonnête dessein que vous avez résolu d'accomplir
» après avoir quitté notre saint habit ; et partant, crachez au nez du
» diable, vous moquant de sa malice, de laquelle il vous veut
» faire complice pour vous rendre compagnon de ses peines ; et
» après, vous repentant de votre grande négligence, demandez-en
» pardon à Dieu, et dormez en lui, en la paix et repos duquel je
» vous laisse. » Là-dessus, le bon Père se retire et s'en va prier pour le pauvre novice. Celui-ci, tout d'abord stupéfait, a de la peine à revenir de son étonnement ; puis, il rentre en lui-même et, tout décidé à suivre les avis de son Père Maître, il s'endort fort doucement et s'éveille, le matin, délivré complètement et sans retour de sa terrible tentation. Il ne s'en souvint plus dans la suite, sinon pour admirer et proclamer la sainteté de son libérateur, qui n'avait pu connaître que par une révélation divine le trouble intime de son cœur, et auquel il ne cessa d'attribuer, après Dieu, la grâce de sa persévérance dans la vie religieuse. Le P. Maurice de Toulon devint en effet un saint religieux. Il composa et publia un ouvrage sur la peste, intitulé : *Le Capucin charitable*, où, sans le vouloir, il se peignit lui-même.

La conduite du P. Bruno dans la direction des novices fait voir en lui un maître consommé dans la science des choses spirituelles. Étant personnellement un homme d'oraison, il en recommandait d'autant plus puissamment la pratique à ses disciples et aux autres religieux. Il disait que sans elle on ne pouvait acquérir la perfection, et qu'il ne fallait jamais la quitter, fût-ce pour dire l'office de la Sainte Vierge ou pour faire d'autres dévotions libres, ajoutant qu'il valait mieux un quart d'heure d'oraison mentale que des heures entières de prières vocales, à moins qu'elles ne fussent d'obligation, qu'en un mot la pratique de l'oraison était la mesure exacte de l'avancement ou du reculement spirituel de chacun.

En même temps, il savait tout coordonner avec une méthode vraiment admirable. Chargé de diriger un jeune religieux qu'on destinait à l'étude de la philosophie et de la théologie, il l'exhortait à être toujours occupé ou à l'étude, ou à l'oraison, ou aux œuvres de charité, ou à celles de l'obéissance, mais en suivant cette ordre, savoir : qu'il fallait tout quitter pour l'étude, mais qu'il fallait quitter l'étude pour faire oraison, l'oraison pour faire la charité, et celle-ci pour l'obéissance.

Il avait à un éminent degré l'esprit de Dieu, de manière à pouvoir conduire les âmes non seulement des novices, mais aussi de tous ceux à qui il était donné de l'entendre. Car ses exhortations étaient si ardentes, si profondes et tellement animées du Saint-Esprit, qu'elles touchaient et remuaient avec une puissance irrésistible les âmes et les cœurs les plus froids. Il est vrai qu'il puisait toute son éloquence dans la ferveur de ses prières, et ses discours n'étaient autre chose que ce qu'il avait médité et traité avec Dieu dans le recueillement de l'oraison. Des instructions ainsi préparées ne pouvaient produire que des fruits de sainteté et de salut.

Tandis qu'il se livrait ainsi tout entier à la direction des jeunes religieux confiés à ses soins, il reçut de fâcheuses nouvelles concernant la santé de son père. Ours de Villeneuve, arrivé au déclin de l'âge, avait perdu la vue et il passa dans cet état les onze ou douze dernières années de sa vie. Le P. Bruno, son fils, informé qu'il s'approchait à grands pas du terme fatal, ne pouvait se dispenser de payer un dernier tribut à la piété filiale, et, d'ailleurs, sa tendresse, guidée par un motif tout surnaturel, tenait principalement à assister une âme si chère dans le terrible passage du temps à l'éternité. C'était en 1640. Il demanda humblement l'autorisation de se rendre au couvent de Draguignan, afin d'être à proximité de Flayosc, où, depuis quelque temps, s'était retiré son père alors centenaire. Qu'on se figure avec quelle affection et quel dévouement empressé il soigna le vénérable vieillard dans sa dernière maladie, avec quelle sollicitude et quel amour vraiment filial il lui procura tous les secours de la religion.

Ce fut alors apparemment qu'il fut appelé à rendre les mêmes services à son frère utérin, le F. Jacques. Leur biographe se borne à dire que le P. Bruno étant allé le visiter à Grasse quelque temps avant sa mort, qui arriva le 9 août 1640, le malade l'exhorta lui-même à se comporter toujours en vrai religieux et à se tenir constamment appuyé sur l'humilité, qui est le fondement de toute perfection. Tels sont les encouragements fraternels que les saints se donnent entre eux.

A son retour de Grasse, le P. Bruno ne songea plus qu'à prier pour son père, dont le moment suprême n'était plus éloigné. Il lui fit lui-même la recommandation de l'âme et eut la consolation de lui fermer les yeux, après l'avoir vu expirer dans les sentiments les plus chrétiens, le 4 mai de l'année 1641, à l'âge de cent ans.

CHAPITRE V.

LE P. BRUNO EST CHARGÉ DE LA DIRECTION DES RELIGIEUSES CAPUCINES DE MARSEILLE (1641-44). — IL EST NOMMÉ GARDIEN DU COUVENT D'APT (1644-50).

Le mérite éprouvé et le talent depuis longtemps reconnu du P. Bruno dans l'art si difficile de conduire les âmes déterminèrent ses supérieurs, en 1641, à lui confier la direction spirituelle des Capucines de Marseille; « charge, dit l'auteur de sa vie, qu'il a exercée durant trois ans très dignement et exemplairement, pratiquant avec éminence toutes les vertus : *l'humilité*, s'estimant indigne de conduire de si saintes servantes de Dieu et de marcher par où elles avaient passé ; *la charité*, s'y employant avec très grande affection à souffrir toutes les incommodités de cette charge, leur faisant de très ardentes et ferventes exhortations qui étaient l'expression de ses oraisons ». Ses principales leçons spirituelles étaient : la confiance filiale qu'on doit avoir en Dieu; *l'obéissance* ; « ne pouvant pas dépendre ordinairement des ordres du R. P. Gardien, il avait soumis son jugement à la R^e Mère Abbesse du monastère, comme si elle eût été son supérieur, lui déférant cet honneur par un excès de son humilité, qui ne lui faisait trouver rien de bas ni de vil dans le couvent qu'il ne fît avec agrément et satisfaction ; » la *réserve* et la *mortification* des sens ; « toutes les religieuses capucines attestent (1) qu'étant fort souvent entré dans leur monastère, suivant le devoir de sa charge de confesseur (pour les malades), il n'avait jamais regardé aucune religieuse ni autre chose du monastère, tenant toujours sa vue collée à terre devant lui.... » (p. 16, 17).

Ainsi tout devenait, pour cet homme de Dieu, un moyen de progrès continuel dans la voie de la perfection et de la sainteté. Après cela, il n'y a pas lieu de s'étonner que le ciel opérât des prodiges par les mérites d'un si éminent intercesseur. « Le P. Eugène, de Saint-Paul-de-Vence, qui a été de ses novices, dépose qu'en l'an 1641 et au mois de septembre, s'étant exposé au service des pestiférés, au village de Villedieu, diocèse de Vaison, au comté d'Avignon, avec le P. Ambroise, de Sarrians, prêtre, il fut saisi d'un grand mal de tête, vomissement, fièvre et inflammation au visage, qui sont les véritables signes du mal contagieux. Un jour ou deux après cet accident, ledit P. Ambroise lui porta une lettre que le P. Bruno lui écrivait pour l'animer à poursuivre le généreux dessein de servir les pestiférés, laquelle ayant ouvert et ayant vu la signature du P. Bruno, il la baisa et rebaisa plusieurs fois, et dès la première fois il fut entièrement guéri, sans aucun ressentiment de son mal, ce qu'il a attribué à la sainteté du serviteur de Dieu » (p. 20).

Ce ne fut pas le seul fait de ce genre, comme nous allons le voir. Au bout de trois ans, on l'envoya de Marseille au couvent d'Apt, en qualité de gardien ou supérieur de la maison. Cette ville devint, pour plusieurs années (de 1644 à 1650), le théâtre de ses vertus et en particulier de son zèle apostolique.

« Il était fort charitable à tous, poursuit son biographe, mais particulièrement aux religieux malades et aux séculiers, qu'il visitait fort souvent, les consolant, exhortant, confessant et aidant à bien mourir. Ce qu'il faisait avec plus d'affection à ceux qui étaient plus pauvres, leur procurant des aumônes pour soulager leurs nécessités, étant ordinairement employé à ces bonnes œuvres. Chacun avait recours à lui avec grande confiance, lui découvrant leurs infirmités tant corporelles que spirituelles, principalement en confession, et pour demander son conseil, chacun y trouvant le remède propre à son mal et le soulagement

---

(1) Expression qui dénote, aussi bien que le style, un auteur contemporain. L'indication des pages se rapporte à la copie du manuscrit original, dont la rédaction est très informe.

à sa misère ; car il avait un soin extrême des pauvres honteux pour les empêcher de faire un double naufrage, d'honneur et de conscience.

» Plusieurs malades qui l'avaient demandé, ont été guéris et on attribue leur guérison aux mérites de ses oraisons et de sa sainteté.

» Le nombre n'est pas petit des hommes obstinés et des femmes de mauvaise vie qui se sont convertis par ses soins et par le zèle de sa charité, tant de la cité d'Apt, où il a demeuré longtemps, que partout ailleurs où il a été de famille, ayant toujours été occupé aux confessions des séculiers, comme très prudent confesseur et directeur des âmes.

» Aussi avait-il acquis, par ses rares vertus et ses bonnes œuvres, cette estime de saint dans l'esprit du public, et on disait ordinairement lorsqu'on le voyait venir : « Voici le bon Père Bruno ! Voici le saint Père ! » Et lorsqu'il entrait en quelque maison, tous les voisins et ceux de la famille accouraient pour le saluer et se réjouir d'avoir le bien de le posséder chez eux. Ses discours étaient tous de Dieu et en Dieu, et il avait une merveilleuse grâce à consoler les malades et les affligés. Et on a remarqué fort exactement qu'il n'a jamais dit une parole oiseuse ni fait une action vaine.

» Il n'y avait aucun malade qui ne reçût un extrême allégement de son mal par sa visite et bien souvent une guérison merveilleuse. Plusieurs étaient poussés à se convertir par ses paroles et par sa seule présence, qui avaient quelque chose de particulier. »

Pendant le séjour de six années qu'il fit à Apt comme supérieur du couvent, il fut atteint d'une maladie qui le conduisit aux portes du tombeau. « Mais étant relevé par la grâce de Dieu, la première fois qu'il alla en ville, une grande foule de peuple l'environna pour lui témoigner des congratulations de joie et d'allégresse et le féliciter de son retour à la santé. Les artisans sortaient de leurs boutiques ; la plupart se mettaient aux fenêtres pour le voir passer, et tous s'approchaient de lui, s'estimant heureux de pouvoir baiser le bord de son manteau, ce qu'ils faisaient avec de grands sentiments d'amour et de joie. Aussi, à la vue de toutes ces démonstrations, le religieux qui l'accompagnait dans ses visites, ne pouvait s'empêcher de conclure qu'il y avait dans sa personne quelque marque de sainteté qui lui attirait tous les cœurs : c'était de voir la grande douceur avec laquelle il parlait à chacun, leur faisant mille remerciements de tant d'honneur et d'amitiés qu'on lui témoignait, et protestant que, de son côté, il ne souhaitait rien tant que de leur prodiguer ses services, dans le cas où Dieu viendrait à les affliger du fléau de la peste, comme ils semblaient en être menacés. »

D'après les constitutions de l'Ordre, les Gardiens des couvents ne sont nommés que pour trois années, après lesquelles ils doivent être ou remplacés ou réélus. La gestion du P. Bruno finissait donc en 1647; mais à la pensée du bien que Dieu faisait par son ministère dans la ville d'Apt, le conseil, réuni pour une nouvelle élection, n'hésita pas à lui continuer sa charge pour une deuxième période de trois ans. Pour lui, accoutumé à ne rien désirer comme à ne rien refuser, il ne vit autre chose en ce choix que l'expression de la volonté divine et il se soumit.

CHAPITRE VI.

DE QUELQUES VERTUS EN PARTICULIER DU P. BRUNO.

Ce qui précède démontre déjà surabondamment que la vie du P. Bruno ne fut qu'un tissu de vertus peu communes. Il reste à entrer à ce sujet dans quelques détails sur lesquels ses biographes ont insisté plus particulièrement.

On aura remarqué sans peine que, fidèle à suivre les conseils et l'exemple des saints, il fit de l'humilité le fondement de tout son édifice spirituel. Sur ce principe, il s'estimait digne des plus grands mépris, il allait au-devant des humiliations comme la plupart des hommes courent après les honneurs et les louanges, et il les recevait non seulement avec calme et résignation, mais avec une joie intime qui se révélait sur ses traits. La noblesse de sa naissance, le rang qu'il aurait pu occuper dans le monde, les talents naturels et acquis dont il était doué, il oubliait tout pour demeurer confondu dans la foule des religieux ses confrères, se plaisant à marcher nu-pieds, à faire la quête la besace sur le dos, comme un pauvre mendiant, et à se faire le serviteur de tous, à l'exemple de Jésus-Christ.

Comme, sur ses vieux ans, accablé d'infirmités, il demeurait au couvent d'Apt, Madame de Baumettes, sa cousine, et Madame la baronne de Castellane, son alliée, témoignèrent l'intention de l'assister en ses besoins. Mais le P. Bruno les pria avec instances de ne point le considérer comme leur parent, mais comme un pauvre capucin ; que si elles voulaient faire quelques charités, elles devaient les faire en vue du couvent en général, et non à sa considération, afin que leur intention étant plus pure, leur mérite en fût plus grand devant Dieu ; que si, au contraire, elles regardaient la chair et le sang, elles en seraient privées, et lui-même il refuserait absolument leurs services, attendu qu'il n'était plus qu'un misérable mendiant, un va-nu-pieds à qui on faisait l'aumône pour l'amour de Dieu. Il répéta souvent à une personne de sa confiance intime que rien n'était plus propre à lui rappeler sa bassesse que de jeter fréquemment les yeux sur ses pieds nus, sales et boueux, qui lui apprenaient qu'il devait travailler pour gagner du moins une portion de sa pauvre vie. C'est ce qu'il fit toujours fidèlement, soit en servant la sainte religion ou le prochain, soit en s'appliquant à quelque honnête travail et vivant, selon l'esprit de son Ordre, dans une pauvreté et un détachement absolus.

Cet esprit de renoncement avait son principe dans la confiance toute filiale qu'il avait en Dieu. Quelques emplois qu'il eût à remplir, quêteur, gardien, infirmier, jamais il ne montra ni anxiété ni empressement pour trouver les choses nécessaires à la vie ; mais, se reposant doucement pour tous les soins temporels sur les bras de la divine Providence, il tâchait d'y pourvoir lui-même par les voies ordinaires, en remettant la conduite et le succès de ses démarches à la bonté de Dieu, qui ne lui fit jamais défaut.

Lorsque quelqu'un s'apitoyait sur ses infirmités, il répondait que le Seigneur, par une vocation spéciale, ne l'avait tiré du monde que pour l'attacher à son service, que, dès lors, il ne pouvait mieux servir la divine Majesté qu'en faisant son bon plaisir dans la santé comme dans la maladie, et que tout ce qui lui arriverait de sa part avait pour lui le même prix, « car, ajoutait-il, plus on souffre avec patience et soumission à la divine volonté, plus on acquiert de mérites ; c'est pourquoi je veux m'y conformer entièrement et sans réserve ».

Aussi, par un heureux effet de ce complet abandon de lui-même entre les mains de Dieu, on le voyait constamment d'humeur égale en toutes circonstances de temps ou de lieu, toujours maître de lui-même au milieu des événements les plus contraires, et dans une parfaite tranquillité contre toute sorte d'accidents. Il avait coutume de dire avec le Roi Prophète : *Mihi autem adhærere Deo bonum est, ponere in Domino Deo spem meam* (Ps. 72) (1). « Et il en était logé là, ajoute notre érudit anonyme, que, *si totus illapsus fuisset orbis, impavidum feriissent ruinæ* » (2).

Après Dieu, le P. Bruno honorait d'une dévotion sans égale la Très Sainte Vierge Marie. Il s'était consacré de bonne heure à son service et il ne cessa jamais de lui offrir chaque jour ses vœux et ses hommages. Il avait même composé un petit office en l'honneur de son Immaculée Conception, à laquelle il était extrêmement affectionné, et, non content de lui rendre lui-même un culte filial, il tâchait d'attirer tout le monde aux pieds de cette auguste Reine et de décider grands et petits à la prendre pour avocate et pour patronne.

Il ne parlait jamais de son Ordre, de la règle, de la messe, de l'office divin et autres choses semblables, sans faire précéder ces noms du mot *saint* ou *sainte*. Il avait une si haute estime de sa vocation à l'état religieux qu'il s'efforçait de l'inspirer à tous ses novices et aux profès, leur disant que leur Institut était le plus favorable pour y faire leur salut ; car, bien qu'il pût y avoir quelque autre société religieuse aussi sainte, plus sainte même que la leur, ils devaient néanmoins être persuadés que leur Ordre était le plus excellent pour eux, afin de les engager ainsi à vivre selon son esprit et à croire que Dieu avait attaché leur salut à cette règle exclusivement à toute autre.

S'il recommandait une parfaite obéissance à ses supérieurs, nous avons vu aussi avec quelle scrupuleuse exactitude il la pratiquait de son côté, toujours ponctuellement soumis à la règle commune et quittant tout au moindre signal de son supérieur. Il avait pour maxime et pour ligne de conduite de ne jamais examiner les ordres qui lui étaient donnés, et il aurait obéi à un simple novice avec la même docilité qu'à un ancien, s'il avait eu autorité sur lui. Il était devenu sourd depuis quelque temps, lorsqu'un jour le P. Gardien, son supérieur, voulant sans doute montrer en lui un modèle d'obéissance, lui ordonna d'aller visiter un malade également atteint de surdité. Tout autre aurait peut-être représenté son infirmité physique et l'inutilité d'une pareille visite. Pour lui, il partit aussitôt, sans raisonner, sans

---

(1) « Pour moi, mon bonheur est de m'attacher à Dieu et de placer dans le Seigneur toute mon espérance. »

(2) Il fait allusion au mot d'Horace parlant ainsi de l'homme juste : *si fractus illabatur orbis, impavidum ferient ruinæ* ; l'univers viendrait à s'écrouler sur lui, qu'il demeurerait intrépide sous le poids de ses ruines. (*Odes*, L. III).

rechercher quel pouvait être le motif et le but de l'ordre reçu, et il s'en alla voir son malade, auprès duquel il n'avait à espérer que de l'ennui.

Malgré cette simplicité si méprisable aux yeux du monde, il était d'une prudence rare et d'une grande fermeté de caractère. Ne faisant jamais acception de personnes et n'ayant d'autre vue que celle de plaire à Dieu dans toutes ses actions, il reprenait et corrigeait, au besoin, indistinctement quiconque se trouvait répréhensible, mais aussi avec tant d'adresse, de tact et d'à-propos, que, loin d'en être offensé, chacun en tirait son profit pour en devenir meilleur.

Il serait trop long de s'étendre davantage sur chacun de ses mérites. On admirait sa douceur, son affabilité, sa régularité, son attention infatigable à mortifier ses sens extérieurs et surtout celui de la vue. En un mot, on le regardait comme un type vivant de toutes les vertus, un de ces héros chrétiens *que le monde,* suivant l'expression de saint Paul, *n'est pas digne de posséder* (1). Le P. Bruno était mûr pour le ciel.

CHAPITRE VII.

DERNIÈRES ANNÉES DU P. BRUNO. — SA DERNIÈRE MALADIE ET SA MORT. — DE QUELQUES OPUSCULES QU'IL AVAIT COMPOSÉS. RECHERCHES A FAIRE.

Le Seigneur, ainsi qu'il a coutume d'en agir avec ses élus, permit que le P. Bruno eût bien des épreuves à soutenir, tant du côté des contradictions qui lui vinrent de la part des hommes, que sous le rapport des maladies et des infirmités corporelles dont il fut affligé, surtout dans les dernières années de sa vie. Outre la perte de l'ouïe, Dieu lui envoya plusieurs autres croix qu'il endura avec une patience inaltérable.

En 1650, usé moins par l'âge que par la souffrance, il rentra au couvent d'Avignon, d'où il ne devait plus sortir que pour quitter cette vie terrestre et périssable. Il était âgé de soixante et un ans. Placé alors sous un supérieur qui avait été autrefois au nombre

---

(1) *Quibus dignus non erat mundus* (HEBR. XI, 36).

de ses novices, il lui obéissait et acceptait ses corrections comme le dernier des frères lais. Ses devoirs ou ses infirmités l'obligeant quelquefois de se lever la nuit, il avait soin de marcher les pieds nus, même en hiver, pour éviter de faire du bruit et d'éveiller ses confrères. Mais le P. Gardien l'ayant appris lui en fit une sérieuse réprimande. Le saint homme la reçut avec une parfaite soumission, loua son zèle et s'accusa soi-même, témoignant son regret de lui avoir donné sujet, par son immortification, de lui reprocher sa faute, tandis qu'ayant déjà un pied dans la fosse, il était tenu plus qu'aucun autre de donner le bon exemple.

Cependant ses forces diminuaient de jour en jour et il se trouvait dans l'impuissance de faire un travail considérable. S'efforçant néanmoins de gagner sa vie jusqu'au bout, il ne restait jamais oisif, s'occupant aux menus travaux de la maison et allant tous les jours ramasser des broussailles et autre petit bois dans le jardin, qu'il portait ensuite au bûcher pour l'usage de la communauté.

Simple et mortifié dans ses habits comme dans toute sa personne, il ne porta de tunique intérieure que sur le déclin de ses ans, où il fut obligé de la prendre à cause de ses infirmités et sur l'ordre de ses supérieurs.

Enfin le moment arriva où Dieu voulut récompenser son fidèle serviteur de tant de sacrifices et de labeurs endurés pour son amour, durant les quarante-six ans d'une vie religieuse si remplie de mérites. Il lui envoya une maladie aiguë caractérisée par des douleurs violentes et sans relâche, qui acheva de le purifier pour le ciel et fit éclater plus que jamais l'héroïsme de sa patience. Tous ceux qui en furent témoins pendant les longs jours que durèrent ces terribles assauts, en étaient dans l'admiration et la stupeur.

Ce généreux disciple d'un Dieu crucifié connut d'avance sa dernière heure et il prédit qu'il mourrait au bout de dix jours (on était au 1er mai), ce qui se vérifia exactement. Pendant la rigueur de son mal, ayant demandé au religieux qui le soignait, d'une certaine eau qu'on lui avait prescrite, mais qui, en ce moment, était épuisée, l'infirmier trouva cependant le flacon tout plein de la potion accoutumée, et l'on vit en cela l'effet d'une attention merveilleuse de la bonté divine, qui voulait glorifier, à son lit de mort, celui dont la vie entière n'avait été qu'un acte perpétuel d'humilité et d'abjection.

Pour lui, il ne soupirait plus désormais que pour son Dieu. Prévoyant bien sa fin prochaine, il voulut faire une dernière confession, demanda et reçut avec une ferveur extraordinaire qui édifia tous les assistants, le saint viatique et l'Extrême-Onction, et attendit paisiblement l'heure de l'appel suprême. Elle ne tarda pas à sonner. Ce fut le 11 mai 1652 (1), à dix heures du matin, que le P. Bruno termina une vie d'innocence et d'austérités par une mort bienheureuse, en prononçant le saint nom de Jésus, assisté de tous les religieux, qui pleuraient la perte d'un si bon père, et « laissant, dit la relation, une très suave odeur de perfection à chacun d'eux et une grande estime de sa sainteté à tout le monde. » Il était âgé de soixante-trois ans, dont il avait passé dix-sept dans le siècle et quarante-six en religion.

Son corps fut déposé au cimetière commun du couvent, sans aucun signe, à coup sûr, qui pût faire distinguer sa tombe de celle des autres religieux. Ainsi l'humilité et l'oubli qu'il avait tant aimés sur la terre, le suivirent au-delà même du tombeau.

Que sont devenues, depuis, ses dépouilles mortelles ? Rien ne paraît pouvoir nous l'indiquer. L'ouragan de la Révolution a passé sur elles comme sur la France entière et a tout emporté : maison et habitants, archives et souvenirs. Heureusement les mérites des saints sont inscrits dans le *Livre de vie*, qui sera ouvert un jour en présence de l'univers.

Outre l'office de l'Immaculée Conception, dont nous avons parlé plus haut, le P. Bruno avait composé quelques autres ouvrages de piété qui n'ont pas été mieux conservés. « Il s'esti-
» mait ignorant, disent nos manuscrits, bien qu'il fût très savant;
» car il avait composé en rimes latines un très excellent office
» de saint Bruno, son patron ; un autre, de saint Bonaventure ;
» un, de saint Louis, évêque de Toulouse ; un, de saint Bernardin
» (de Sienne) ; un, de saint Félix (de Cantalice) et plusieurs
» autres de même style que celui de saint François.
» Il a encore composé plusieurs autres doctes proses, vers
» et sentences en rithmes latins. » C'est là tout ce que l'on sai aujourd'hui de ces diverses productions, dont l'humble et pieux auteur n'avait livré aucune à la publicité. Sont-elles perdues à jamais? Il est indubitable qu'elles existaient encore peu d'années avant la révolution de 1789, puisque le P. Calixte, de Brignoles, qui écrivait en 1784, en donna la liste à l'auteur du *Dictionnaire des hommes illustres*, sans élever le moindre doute au

---

(1) Les diverses biographies offrent une variante, concernant l'année précise de cette mort : l'auteur de la *Généalogie de la maison de Villeneuve* la place en 1651 ; Achard et nos manuscrits, en 1652, ce qui paraît plus exact.

sujet de la conservation de ces opuscules, et Achard, qui la reproduisait en 1787, se borne à dire que le P. Bruno ne les avait composés que « pour satisfaire sa dévotion, et qu'ils » n'ont point vu le jour. »

Il paraîtrait cependant, d'après une note du R. P. Apollinaire récemment consulté, que le P. Calixte, de Brignoles, aurait publié un *Office de saint Louis, évêque de Toulouse*, qui pourrait bien être le même que celui du P. Bruno, mentionné ci-dessus. On l'aurait même réédité depuis quelques années, et, dans ce cas, il ne serait pas impossible de le retrouver. Quoi qu'il en soit de ces écrits, le fidèle serviteur de Dieu a accompli d'autres œuvres éminemment plus excellentes et que le temps ne détruira jamais ; ce sont les exemples de sa vie et les mérites sans nombre qui lui ont valu la couronne des élus. *Bienheureux ceux qui meurent dans l'amitié du Seigneur, car leurs œuvres les suivront ! (Apocal.* xiv, 13).

FIN.

VIE
du Frère JACQUES de GRASSE
(HONORÉ DE RUSSAN), capucin.
(1577-1640)

Il a été dit dans la vie du P. Bruno comment Sibylle de Grasse, veuve d'Honoré de Russan, sieur de Torenc, ayant épousé en secondes noces Ours de Villeneuve, baron de Barrême, ses deux enfants du premier lit, Melchione et Honoré de Russan, avaient suivi leur mère à Barrême, résidence ordinaire de la famille seigneuriale. C'était en 1587. Honoré entrait alors dans sa onzième année. La mort de son père l'avait laissé héritier d'une fortune assez considérable, sous la tutelle de sa mère, qui, de concert avec le baron son nouvel époux, veilla tendrement sur l'éducation de son fils.

Le jeune Honoré dut fréquenter d'abord quelque temps l'école du village. Ses parents lui firent commencer ensuite ses études classiques dans un établissement qui n'est pas indiqué. On pouvait espérer de la vivacité naturelle de son intelligence qu'il en poursuivrait le cours avec un juste et rapide succès. Mais il se dégoûta bientôt d'un genre de vie incompatible avec son caractère impétueux et bouillant qui ne respirait que l'indépendance, le bruit et les aventures romanesques. Le temps où il vivait, d'ailleurs, répondait parfaitement à la trempe de son naturel. Il se jeta donc tête baissée dans le fracas des plaisirs et des luttes qui partageaient alors la société, et il brilla, dès le début, parmi la jeune noblesse de l'époque. Reçu dans les meilleures compagnies, il s'acquit l'estime générale pour sa valeur et ses allures chevaleresques, unies à une grande maturité d'esprit, et ses belles qualités le mirent tellement en vue que le duc de Guise lui-même, Charles de Lorraine, gouverneur de Provence, le distingua de la foule et le prit en affection. Dans une circonstance, entre autres, il lui donna un témoignage particulier d'estime et d'amitié en présence d'une grande réunion de seigneurs et d'officiers. Honoré fut extrêmement flatté d'une telle faveur, au point que, dès ce jour, comme il le déclara dans la suite, il eût donné mille vies pour le service de ce prince.

Cependant le tumulte des passions et les attraits du monde n'avaient pas étourdi notre jeune et brillant gentilhomme jusqu'à lui faire complètement oublier les choses de la foi et de la religion. Il atteignait à peine sa vingt-quatrième année, lorsqu'en 1600 il résolut de faire un pèlerinage à Rome et aux divers lieux saints d'Italie. Achard nous apprend que l'occasion et le motif d'une pareille décision fut la circonstance du jubilé universel. Avant de partir, il emprunta du baron Ours de Villeneuve, son beau-père, la somme de 125 écus, pour ses frais d'équipement et de voyage (1), et se mit en route, vêtu de l'habit de pèlerin, marchant à pied et le bourdon à la main, selon toutes les règles et l'usage traditionnels.

Il ne revint qu'en 1601. A son retour, il appendit son bourdon et son camail de pèlerin dans l'église paroissiale de Barrême, où, dit Achard, on les conserva longtemps (2). Il apporta aussi plusieurs reliques aujourd'hui inconnues. Veut-on savoir quel était le costume complet du pèlerin? M. J. Quicherat le décrit ainsi: « Il a la tête couverte du *galérus*, sorte de chapeau à large bord, auquel est fixée une coquille: c'est *l'enseigne* du pèlerinage... Vient ensuite le surtout, qui était ou un sarreau en drap grossier et velu appelé *esclavine* (3), ou bien une *jupe*, sorte de tunique écourtée. Le pèlerin portait en bandoulière un sachet ou escarcelle, appelée aussi *écharpe*. Cette pièce eut une importance capitale dans l'équipement du pèlerin. Elle était l'objet d'une consécration religieuse... Le bourdon consistait en un gourdin enveloppé de lanières de cuir, surmonté d'un pommeau et terminé à l'autre bout par une broche en fer. Il servait de défense en cas d'attaque, ou de point d'appui pour traverser les mauvais pas; au repos, on s'accotait dessus; en marche, on le portait sur l'épaule » (4).

---

(1) Voir les actes notariés de Me Andravy, notaire à Barrême, années 1600 et 1601.

(2) *Dictionnaire des hommes illustres de Provence*. — Voir aussi le manuscrit d'Aix.

(3) En Provence, proprement *pèlerine*.

(4) *Revue archéologique*, livraison de septembre 1879. Citée dans la *Revue des questions historiques*, 1er janvier 1880.

Il paraît qu'à la suite de ce pèlerinage, Honoré de Russan conçut le projet d'entrer dans l'Ordre de Malte. Ce qui est positif, c'est qu'en 1603, il fit son testament par-devant M⁰ Andravy, notaire royal à Barrême, où il disposa de ses biens en faveur d'Honoré de Villeneuve, son frère utérin, et qu'il s'embarqua pour l'île de Malte dans le courant de la même année. Toutefois, il n'y fit pas un long séjour. Car, le 21 juin 1604, il fit un autre testament (même notaire), où il ordonnait, entre autres choses, qu'il fût dit une messe de morts tous les jours de fête de la Sainte Vierge, soit dans l'église paroissiale, soit dans la chapelle de Notre-Dame, aux dépens de sa succession. On pressent déjà que le moment de la grâce, qui le poursuivait visiblement, ne devait plus tarder longtemps à venir (1).

Nous avons vu, dans la vie du P. Bruno, par quelle voie extraordinaire Dieu l'appela, en 1606, à embrasser l'état religieux. Ce fut le 2 juillet 1607 qu'il reçut, à Avignon, l'habit de capucin et le nom de frère Jacques de Grasse. La veille du jour de sa profession solennelle, il donna vingt-deux mille écus à divers hôpitaux ou à constitution de rente annuelle pour doter des filles pauvres à marier (2).

« Sa réception, dit l'auteur de sa vie, fit un grand éclat et donna un grand exemple, attendu son illustre naissance, étant gentilhomme bien fait, paraissant aux meilleures compagnies et âgé d'environ trente ans. Et ce qui donna plus de sujet d'admiration fut de voir qu'il choisit l'humble état de frère lai, bien qu'il eût pu être clerc, ayant quelque peu étudié. Mais il aima mieux être humble et abject dans la maison de Dieu, que grand et honoré dans le monde ».

Quelque temps après avoir fait ses vœux, il vint, en compagnie du P. Bruno, rendre visite à ses parents de Barrême, et il se montra, aussi bien que son frère, étranger à tout respect humain et fidèle observateur des règles de son Ordre : jeûnes, discipline, abstinence du mercredi et surtout humilité parfaite. Il en agit de même toutes les fois qu'il revint visiter sa famille. S'il se trouvait à table avec un prêtre ou même avec quelque jeune ecclésiastique à peine minoré ou tonsuré, en vain lui offrait-on

---

(1) Le 27 septembre 1605, dans un dernier testament, il institua son frère, Honoré de Villeneuve, son héritier universel, à condition qu'il ajouterait à son nom celui de Russan.

(2) Ce détail ne se trouve pas dans les actes des anciens notaires de Barrême, mais dans sa biographie manuscrite et dans Achard, *Dictionnaire des hommes illustres.*

la préséance, jamais il ne voulut l'accepter, disant qu'il n'était qu'un frère lai et qu'il ne serait jamais autre chose, tandis que ce jeune clerc serait un jour prêtre et peut-être son confesseur et son provincial.

Le F. Jacques se voua de cœur et d'âme au service des ignorants, des pauvres et des malheureux. Bien des fois, on le vit, dans les plus hautes montagnes du Dauphiné, au diocèse de Gap, allant de village en village, une clochette à la main, pour rassembler ces pauvres montagnards, et ensuite leur enseigner le *Pater* et l'*Ave* ainsi que les éléments de la doctrine chrétienne. Il remplissait ces fonctions avec tant de zèle et de fruit qu'il semblait être l'apôtre spécialement choisi de Dieu pour aller, au prix de fatigues incroyables, montrer la voie du salut à ces populations incultes et grossières. Venait-il à rencontrer sur ses pas un paysan ou un berger, il ne manquait jamais de s'arrêter auprès de lui pour le catéchiser avec ferveur, laissant aller en avant ses compagnons de route, quitte pour courir ensuite afin de les rejoindre et tout heureux d'avoir pu retrouver çà et là et rendre au divin bercail quelque brebis égarée.

Son zèle apostolique redoublait en temps de mission. Ne pouvant prêcher lui-même, il allait de maison en maison visiter chacun des habitants ; là il leur faisait les plus vives exhortations pour les ramener à Dieu et ne lâchait prise qu'il ne les eût décidés à venir aux pieds des confesseurs. C'étaient les pauvres qui avaient sa préférence, et il avait reçu du ciel le don de les instruire et de les convertir.

A Riez, à Orange, aux Vaux, à Barjac et autres lieux, il recueillit les mêmes fruits qu'il avait obtenus dans le diocèse de Gap. Partout les pauvres, les hommes des champs venaient en troupes, les jours de dimanche et de fête, pour recevoir ses instructions et s'en retournaient changés et pleins de ferveur.

Le couvent de Riez eut l'avantage de le posséder sur la fin de la peste de 1629-30, qui exerça de terribles ravages dans cette ville et appauvrit beaucoup ses habitants. Malgré l'héroïque dévouement qu'avaient déployé les Pères Capucins auprès des malades et des victimes du fléau, les survivants se montraient peu reconnaissants à leur égard, et faisaient essuyer aux frères quêteurs de fréquents et pénibles refus. Ce fut pour le F. Jacques un motif de plus d'ambitionner la charge de quêteur, et il disait en riant, à celui qui devait l'accompagner : « Mon frère, allons joyeusement, pour l'amour de Dieu, à la quête des injures, et si nous ne rapportons pas nos besaces pleines de pain, nous les remplirons de souffrances et de mérites. »

Notons ici un fait extraordinaire que le manuscrit d'Aix raconte en ces termes. « On se servit, en cette peste de l'année 1629, de notre couvent de Riez pour l'infirmerie des pestiférés ; et après qu'elle eut calmé et que nos religieux y furent rétablis, ils oyaient *(entendaient)* de grands bruits et particulièrement au chœur et à l'église ; de quoi, ils étaient tous effrayés. Il n'y avait que le F. Jacques, qui avait une si grande foi et confiance en Dieu, qu'il ne craignait ni démons, ni esprits, et allait nuit et jour tout seul, tant par le couvent que dans l'église et au chœur, sans que jamais il s'effrayât de quoi que ce fût, quelques bruits qu'il eût ouïs ou quelque vision qu'il y eût. Tous ces bruits et visions cessèrent peu après, lorsqu'on eut fait des prières et dit des messes à cette intention en ce couvent et par la Provence. »

L'esprit d'humilité et de renoncement de ce parfait religieux était sans bornes. Dans le temps qu'il résidait à Riez, un homme qui avait été longtemps son laquais, étant venu le voir et lui offrant quelques marques d'honneur et de respect, il lui dit : « Vous n'êtes plus obligé d'agir ainsi ; car vous n'êtes plus à mon service ; et c'est moi à présent qui vous dois la déférence à vous-même, comme étant au-dessus de moi, puisque je ne suis qu'un pauvre et chétif frère lai. »

Une autre fois, Madame de Torenc, sa tante, abbesse du monastère de Saint-Benoît de la Celle, près Brignoles, qu'il était allé visiter, se plaignant à lui de ce qu'il ne lui demandait rien, en le priant de se départir d'une pareille retenue, il lui répondit : « Madame, puisque vous avez tant de bonté pour moi, je vous supplie de me permettre de choisir, dans la forêt de votre monastère, du bois pour faire un manche à une bêche. » En vain, la digne abbesse pressa-t-elle son neveu d'élever plus haut sa requête, il lui répondit : « Madame, je n'ai besoin que de ce manche, qui regarde mon office de frère lai. »

Pour s'entretenir dans ces bas sentiments de lui-même et ranimer sa ferveur dans le service de Dieu, il n'avait pas de meilleur moyen, comme il le déclara un jour à l'un de ses intimes confidents, que de songer à l'attachement qu'il avait voué autrefois au duc de Guise, en retour de quelques faveurs dont celui-ci l'avait honoré. « Car, disait-il, si, pour une petite caresse et un léger témoignage d'affection, je n'eusse rien épargné, jusqu'à exposer ma vie pour le service de ce prince, que ne dois-je pas faire pour le service de Dieu, après avoir reçu de lui tant d'incomparables faveurs ? » Et cette pensée le mettait tellement hors de soi qu'il en demeurait tout ravi et privé de ses sens.

Sa patience à supporter les injures et les persécutions n'était pas moins admirable que son humilité. Employé quelque temps à la conversion des protestants de la ville des Vaux, dans les Cévennes, et d'Orange presque entièrement hérétique, il eut à subir toutes sortes d'avanies. Ainsi, en 1633, une dame calviniste d'Orange, irritée de ce qu'il avait contribué à convertir un certain hérétique, le chargea d'injures, « avec tant de colère et d'indignité, ajoute le biographe, qu'elle fut sur le point de le battre.» Mais le F. Jacques endura tout, sans répliquer un seul mot, et le visage souriant. Ce qui émerveilla les quelques catholiques et protestants témoins de cette scène.

Une autre fois, pour le même sujet et dans la même ville, un calviniste lui donna un soufflet. Aussitôt, à l'exemple de son frère, le P. Bruno, il lui présenta en riant l'autre joue. Tant de vertu obligeait les hérétiques eux-mêmes, qui, d'ailleurs, n'ignoraient pas sa naissance et son courage, à l'honorer, à l'aimer et à lui faire beaucoup d'aumônes.

Les catholiques, de leur côté, le vénéraient comme un saint et ne pouvaient rien lui refuser. Un jour qu'il se trouvait à Aix, apercevant, sur la place des Prêcheurs, deux gentilshommes l'épée à la main et en train de se battre, il accourt, se jette au milieu d'eux et tenant sa besace en guise de bouclier, il les sépare, leur demande leurs épées et les garde jusqu'à ce qu'il les voie réconciliés et devenus bons amis.

« Le juste, dit l'Ecriture, vit de la foi, qui opère par la charité ». *Foi et charité*, telle était aussi la vie du F. Jacques. Il avait une dévotion extraordinaire au saint nom de Jésus, qui lui rappelait en un seul mot tous les prodiges de la bonté divine envers les hommes, et il en retirait les fruits les plus merveilleux, tant pour lui que pour les autres. L'ayant fait imprimer (peut-être en forme de litanies) sur des feuilles volantes, il en distribuait à tout venant et spécialement aux malades, en les exhortant à invoquer avec foi ce nom divin. Il en remit un exemplaire, entre autres, à un pauvre homme de Jonquières si gravement malade qu'il semblait sur le point de rendre l'âme, et que plusieurs même le croyaient déjà mort. Mais le serviteur de Dieu, s'approchant du moribond, se mit à lui parler du pouvoir du saint nom de Jésus, en le pressant de l'invoquer au fond de son cœur, et soudain le mourant recouvra la santé. A la vue de ce prodige, les assistants conservèrent précieusement la feuille salutaire et la transmirent à un bon nombre d'autres malades ou infirmes qui en éprouvèrent aussi les merveilleux effets, jusqu'à ce que, à force de passer de main en main, elle finit par s'user et disparaître.

Le Seigneur répondit par bien d'autres marques de bonté à la confiance de son fidèle serviteur : cette confiance, jointe à une charité inépuisable envers les malheureux, était si absolue qu'il distribuait aux pauvres des vêtements, des fruits et tout ce qu'il avait à sa disposition, faisait du potage tout exprès pour eux et quelquefois leur donnait même le pain recueilli en aumône, jusqu'à n'en rien réserver pour la communauté. C'est ce qui lui arriva, par exemple, au couvent de Riez, où il était chargé de la quête en ville. Le P. Gardien, averti du fait presque au moment du dîner, lui fit une sévère correction de ce qu'il n'avait pas gardé de quoi faire manger aux religieux du couvent, à quoi le F. Jacques répondit : « Mon révérend Père, tant que votre révérence aura soin que Dieu soit bien servi au couvent, elle doit être assurée que jamais Dieu ne lui manquera ni à ses religieux, et qu'il les pourvoira abondamment de tout leur nécessaire. » Et comme le Père Gardien lui répliquait qu'en attendant il ne se trouvait ni pain ni vin pour la communauté, voilà qu'on entend sonner à la porte : c'était justement un homme conduisant une bête de somme chargée de pain et de viande qu'envoyait Madame d'Argens (1), qui demeurait à Moustiers. Le Père Gardien étonné de l'événement en fit aussitôt rendre grâces à Dieu.

La même chose arriva deux fois encore au couvent de Grasse, où le bon F. Jacques ayant donné tout le pain aux pauvres et les religieux n'en ayant point au moment de se mettre à table, Dieu y pourvut de nouveau extraordinairement : une fois, par l'entremise de Madame de Cabris, et l'autre, par celle de Monseigneur Pierre du Vair, évêque de Vence, qui envoyèrent à point nommé ce qui était nécessaire pour le repas des religieux.

Dans une autre circonstance, se trouvant, avec l'emploi de frère quêteur, au couvent de Draguignan, il partit pour faire la quête de l'huile aux environs de cette ville, sous la condition et promesse formelle d'être de retour au jour voulu, pour la quête du pain. Or, il n'arriva que le lendemain dans la matinée, et comme le P. Gardien lui remontrait que, se reposant sur lui, il n'avait envoyé personne à sa place et qu'on n'avait rien à manger : « Je loue Dieu, lui repartit le saint homme, et lui rend un million de grâces de ce qu'il veut que notre couvent soit un véritable couvent de saint François, c'est-à-dire pauvre. » Là-dessus, ayant pris la bénédiction du P. Gardien, sa besace et un compagnon, il part pour aller quêter en ville. Mais, à peine arrivé à la porte du cloître, il trouve un jeune homme chargé

(1) Femme de N. de Villeneuve-Vauclause.

d'un sac de bon pain blanc tout chaud, qui le dépose à ses pieds, sans vouloir ni reprendre le sac, ni même dire son nom et de la part de qui il était venu. Qu'on juge de l'étonnement général. Tout le monde crut et non sans raison, dit le narrateur, que c'était un ange envoyé de Dieu pour apporter à ses enfants le pain de chaque jour; et ils lui en rendirent les plus vives actions de grâces.

Après Dieu, c'était vers la bienheureuse Vierge Marie que le pieux F. Jacques tournait toutes les pensées et les affections de son âme. Il lui recommandait continuellement le salut des pauvres pécheurs et ne cessait d'exhorter religieux et séculiers à l'honorer, à la servir et à recourir dans tous leurs besoins à cette bonne Mère. Voyait-il quelqu'un travaillé de quelque affliction engagé dans quelque difficulté ou exposé au danger de se perdre, il l'engageait à entreprendre quelque dévotion en l'honneur de la Sainte Vierge, avec promesse d'en recevoir le secours nécessaire.

Un jour, les patrons de la madrague des thons des Ambiers (1) lui témoignaient leur grande infortune de ce que, n'ayant rien pris depuis fort longtemps, ils éprouvaient un préjudice considérable. Touché de leur peine, il se mit à les exciter, selon son habitude, à avoir une sainte confiance en Dieu, à faire tous ensemble quelque dévotion à la Très Sainte Vierge et à l'honorer surtout en imitant ses vertus, et il leur prédit qu'infailliblement ils feraient une pêche d'au moins cent trente beaux thons. Ces braves gens, dociles et croyants comme autrefois les Apôtres à la voix du Sauveur, tombèrent tous à genoux et récitèrent dévotement le chapelet, puis allant à leurs filets, ils pêchèrent le même jour cent trente thons, ainsi que l'homme de Dieu le leur avait promis.

Cependant il approchait, lui aussi, du terme de sa journée et du moment où il devait recevoir du père de famille le salaire promis à l'ouvrier laborieux. Il passa les dernières années de sa vie au couvent de Grasse. Ses supérieurs l'avaient envoyé dans son pays natal sans doute afin d'y rétablir, s'il était possible, une santé délabrée par tant de mortifications et de travaux. Pour lui, il ne se ménagea pas davantage. Quoique déjà chargé d'ans et d'infirmités, il ne laissait pas d'aller, appuyé sur un bâton, par les rues montantes et raboteuses de la ville, pour rendre quelques services soit aux religieux ses frères, soit aux pauvres malades, les membres souffrants de J.-C.; d'autant qu'en certaines conjonctures personne que lui ne pouvait remplir ce devoir de charité,

(1) Iles en face de Saint-Nazaire (Var).

Entre autres infirmités qui, en affligeant sa vieillesse, servirent à augmenter le trésor de ses mérites, il faut placer d'abord de violents maux de tête compliqués de vertiges, qui obligèrent les médecins à lui ouvrir un cautère sur la nuque. Mais le chirurgien, ayant mal placé l'appareil, la plaie qui s'ensuivit prit une mauvaise tournure et exigea l'emploi du bistouri. Ce qu'il eut à souffrir, tandis que le fer tranchait dans la chair vive, on le conçoit facilement, mais il endura tout sans donner aucun signe de douleur, sans faire le moindre mouvement, *non plus*, dit son biographe, *que s'il eût été un pieu ou une pierre.*

De plus, il lui survint aux jambes de grandes enflures avec abcès, ce qui nécessita de nouvelles incisions pour prévenir ou arrêter la gangrène. On lui donna, sur une jambe seulement, plus de cinquante coups de rasoir. Il subit ce nouveau martyre sans se plaindre ni remuer tant soit peu, bien que la douleur fût si sensible qu'elle lui tirait les larmes des yeux.

Le P. Bruno de Barrême, son frère, étant allé comme on l'a vu dans sa vie, le visiter sur son lit de douleur et lui porter les consolations de la foi, le saint moribond l'exhorta vivement, de son côté, à se conduire toujours en vrai religieux et à se tenir constamment appuyé sur l'humilité, qui est le fondement de l'édifice spirituel et de la perfection chrétienne. Ce fut là comme son dernier testament.

Cette dernière maladie fut longue et excessivement douloureuse. Le corps du malade n'était qu'une plaie qui laissait à nu la chair vive; et pourtant, comme s'il eût été insensible, il ne proféra jamais une plainte, jamais il ne fit un mouvement d'impatience. On eût dit un nouvel homme Job. Durant tout le cours de sa maladie, il ne cessa de louer et de remercier le Seigneur, il ne voulut entendre parler d'autre chose que de Dieu, et si quelqu'un s'oubliait en cela, il le priait de changer de discours et de revenir à son sujet de prédilection. « Il est bien juste, disait-il, qu'au moins, à la fin de mes jours, je ne pense plus qu'à mon Dieu, que je ne parle et n'entende parler que de Dieu. » La terre n'était plus rien pour lui.

Tels furent ses sentiments jusqu'à sa dernière heure. Sa foi, son amour et sa ferveur redoublèrent encore au moment où le prêtre lui administra les sacrements des mourants. Il les reçut avec les dispositions d'un saint et parfait religieux, et remit enfin son âme à Dieu, le 5 août 1640, laissant tout le monde intimement persuadé que la terre venait de perdre un élu et le ciel de s'ouvrir à un bienheureux. *Benedictus Deus in Sanctis suis !.. Et ipsi intercedunt pro nobis ad Dominum.*

TABLE DES MATIÈRES

Préface III

1re PARTIE. — BARRÊME AVANT LA RÉVOLUTION DE 1789.

Chapitre I. — Origine de Barrême, d'après Bouche et Papon. — Peuples des Alpes. — Culte druidique à Barrême . . 1
Chapitre II. — Barrême sous les Romains. — Conversion au christianisme. — Première église paroissiale 3
Chapitre III. — Invasion des Barbares du Nord et des Sarrasins. — Barrême est compris dans la baronnie de Castellane (408-1040) 7
Chapitre IV. — Incendie et destruction de Barrême en l'an 1040. 12
Chapitre V. — Principaux événements depuis l'an 1040 jusqu'en 1348 18
Chapitre VI. — Depuis la cession de Barrême par la reine Jeanne à Arnaud de Villeneuve, jusqu'aux guerres de religion (1348-1559) 28
Chapitre VII. — Barrême durant les guerres de religion et de la Ligue. — Premiers troubles. — Translation du service paroissial de l'église de Saint-Jean-Baptiste à celle de Saint-Antoine. — Barrême est fortifié, etc. 39
Chapitre VIII. — Des guerres de la Ligue à la reconstruction de la chapelle de Saint-Jean-Baptiste. — Gaufrédy et la procession du 13 juillet. — Le Père Bruno de Barrême. — Peste de 1629. — H. Bouche, prévôt de Saint-Jacques, etc. . . 49
Chapitre IX. — De la reconstruction de la chapelle de Saint-Jean-Baptiste à la peste de 1720. — Evénements divers . . . 62
Chapitre X. — Peste de 1720. — Agrandissement de la chapelle de Saint-Jean. — Invasion autrichienne. — Vente de la baronnie de Barrême au marquis d'Aiminy. — Inondations. — Assemblée générale à Notre-Dame. — Révolution de 1789. 76

2me PARTIE. — BARRÊME DEPUIS LA RÉVOLUTION DE 1789.

Chapitre I. — Barrême sous l'Assemblée constituante 88
Chapitre II. — Barrême sous l'Assemblée législative 97

CHAPITRE III. — Barrême sous la Convention et la République. .	100
CHAPITRE IV. — Barrême sous le Directoire et la Constitution de l'an III	103
CHAPITRE V. — Barrême sous le Consulat et l'Empire	106
CHAPITRE VI. — Barrême sous les Cent jours. Passage de Napoléon.	110
CHAPITRE VII. — Barrême sous la Restauration	117
CHAPITRE VIII. — Barrême sous Louis-Philippe	119
CHAPITRE IX. — Barrême sous la deuxième République et le deuxième Empire	123
CHAPITRE X. — Construction de la nouvelle église paroissiale . .	126

APPENDICE

Vie du Père Bruno (Jean de Villeneuve), de Barrême	133
Vie du Frère Jacques (Honoré de Russan), de Grasse.	156

TABLE ALPHABÉTIQUE
des NOMS PROPRES et des CHOSES REMARQUABLES.

ABRÉVIATIONS : *V.* signifie voyez; *vill.*, village; *ham.*, hameau; q^r quartier; *emp.*, empereur; *év.*, évêque.

Abbès Joseph, 112, 117.
Accoules (les), Marseille, 51.
Achard, auteur, *passim*.
Adoloxio, vill., 25.
Aétius, général, 8.
Affouagement, 20.
Agart Aug., 68.
Agnel Bertrand, 47.
Agoult (Françoise d'), 42, 133.
— (Isabeau d'), 133.
— (Raymond d'), 29.
Aiguines, vill., 59.
Ailhaud André-Étienne, consul, 82.
— Honoré, 93.
Aimar, archev. d'Embrun, 22.
Aiminy (Honoré d'), 81, 82, 83, 85, 86.
— (Pierre-Louis d'), 89, 96, 97, 100, 102.
Aix, *passim*.
Aix-la-Chapelle, 80.
Alains, peuple, 7.
Alamon, vill., 4.
Alaunium, q^r, 4.
Albiciens, peuple, 2.
Aldebert, V. Castellane.
Allée (l'), q^r, 75, 102, 122.
Allègre, prêtre, 115, 116.
Allemagne, vill., 11.
— (baron d'), 42, 46.
Allivrement, 20.
Allons, vill., 10, 18, 22, 29, 41.
— (sieur d'), 77.
— (Guillaume de Requiston d'), 18.

Allos, vill., 2, 37, 72, 126.
Alpes-Maritimes, province, 3, 6.
Alphonse Ier, roi, 19.
Amat (d'), év. de Senez, 84.
Amaudric, capitaine, 44.
Ambiers, îles, 163.
Ambroise (le P.), capucin, 147.
Amelius, év. de Senez, 13.
Ampus, vill., 128.
Andrau, curé, 129.
— Judith, 46.
Andravi André, notaire, 47, 48.
— Claude, notaire, 44, 46, 70.
— Monet, recteur, 36.
Anduze (sires d'), 30.
Angles, vill., 4.
— (sieur d'), 41.
Anjou (Charles Ier d'), 23, 24.
— (Charles II d'), 25.
— (Louis Ier, II, III d'), 30, 32, 33, 34.
Annexion de la Provence, 35.
Annot, ville, 4, 10, 25, 43.
Antibes, ville, 10.
Antonin, emp., 4.
Antraunes, vill., 43.
Apollinaire (le P.), capucin, 131, 155.
Apt, ville, 4, 32, 147, 148, 149.
Arbres de la liberté et de la fraternité, 100, 105.
Arbuyes, q^r, 55.
Arcs (les), ville, 22.
Argens (Madame d'), 162.
Arles, 5, 18, 30, 31, 54.

Arnaud Jacques, 43, 44.
Asse, rivière, *passim*.
Audibert, curé, 123.
Auguste, emp., 2, 3, 4.
Augustins, religieux, 36, 40.
Aups, ville, 37.
Aurans, ham., 18, 120.
Auteville (d'), 29, 30, 71.
Avançon, vill., 2.
Avantici, peuple, 2.
Avignon, 9, 29, 32, 54, 59, 135, 140, 143, 152, 158.
Aymar (d'), député, 88.
Bagarris, ancien vill. 11.
Balafré (le), V. Guise.
Balbe G., 21.
Bancheiron, qr, 58, 64.
Barbaroux Claude, 74.
— Pierre, 71.
— chanoine, 65.
— notaire, 48.
— vicaire général, 129.
Barcelonnette, 8, 74.
Bargème (sieur de), 42.
Barjac, vill., 159.
Barjols, vill., 37.
Barles, vill., 24.
Barras (Marie de), 60, 66, 81.
Barras (sieur de), 77.
Barre (la), qr, 23.
Barrême, origine, ancien nom, 1, 2.
— fief de la baronnie de Castellane, 11, 17.
— passe aux comtes de Provence, 21, 23.
— donné aux Pontevez, 25.
— compris dans le bailliage de Digne, 23.
— rendu au bailliage de Castellane, 27.
— réuni de nouveau à celui de Digne, 34.
— est fortifié, 45, 47, 48, 69.
Basse-Fontaine, qr, 16.
Bastide, curé, 123, 124, 125, 126.
Bastide (sieur de la), 41.
Bastide (Grand',) 66, 75, 102.
Bastide des Pauvres, V. Ourgeas.

Baudoin André, 71.
Baume François, 100.
Baumettes (Madame de), 149.
Baussenques (terres), 19.
Bausson André, 38, 61.
Baux (Hugues des), 19.
— (Marie des), 140.
— (Raymond des), 19.
Béatrix, comtesse, 23.
Beaujeu, vill., 24.
Beauvais (de), évêque, 86.
Beauvezer, vill., 51, 72.
Bédejun, vill., 4, 26, 92, 99, 115.
Belle-Isle (de), maréchal, 79.
Bellevue (Bernard de), 29.
Bellier Jean-Michel, 89.
Bénévent (Guill. de), archevêque, 20.
Benoît XIII, pape, 32, 33.
Bérard H., 22, 25, 26.
Beraud, entrepreneur, 83.
— André, 71.
— J.-B., notaire, maire, 75, 80, 95, 100, 101, 108, 109, 113, 117, 119, 121, 122.
Bérenger, marquis d'Ivrée, 10.
Bernard Arnoux, 47.
— Claude, notaire, 41.
— Gaspard, 155.
— J.-A., maire, 119.
— Joseph, 71.
— Mathieu, 50.
Bernardin de Sienne (saint), 154.
Berton des Balbes, le brave Crillon, 41, 47, 135.
— (Girard de), son frère, 47.
Bertrand, général, 111, 112, 113, 114.
— conseiller municipal, 117.
Bestorte, qr, 102.
Bevons (saint), 10.
Beynes (sieur de), 41.
Bezaudun, ancien vill., 11.
Biel-les-Eaux, Yonne, 53.
Blache (la), qr, 58, 75.
Blanc Joseph, 92.
Bledontici, peuple, 2.
Blieux, 10, 11, 49, 69.
— (sieur de), 29.

Boades, ancien vill., 11, 31.
Bonaparte Napoléon, 102, 106, 108.
— passe à Barrême, 110, 116.
Bonaventure (saint), 154.
Boniface, v. Castellane.
Bonnefoy J.-J., prêtre, 94.
Bonnet Claude, 71.
Bonneval, capitaine, 37.
Bonneval (de), év., 86, 87, 93, 94, 106.
Bouche Charles-François, auteur, 4, 88, 97.
— Honoré, prévôt, auteur, *passim*; sa vie, 1, 56, 58.
— Jean, frère d'Honoré, 58.
Boulogne (Ant. de), év., 53.
Bouquet, bastide, 70.
Bourbon, connétable, 37.
Bourgade de Barrême, 7, 15, 16.
Bourg-d'Oisans (le), Isère, 108.
Bourguignons, peuple, 7, 8.
Bourne, bastide, 75.
Bourrillon Jean-Bapt., 59, 71.
— Jean-Louis, 95.
— Joseph, 71.
— Paul, 61, 68.
Boyer Pierre, 95.
Brandis, vill., 11.
— (Pierre de), 37.
Brantôme, auteur, 38.
Brauc, vill., 11.
Braux, vill., 25.
Bravade, 24, 65, 121.
Brignoles, ville, 131, 154, 155, 160,
Brown, général, 80.
Brun de la Caille, 39,
Brunet (sieur de), 50.
Brunias Rose, 119.
Bruno (le P.), capucin, V. Jean de Villeneuve.
— sa vie, 133-156.
Bureau de bienfaisance, 119, 120.
Burgondes, V. Bourguignons.
Burles (de), député, 88.
Cabriers (prieur de), 50.
Cabriès (madame de), 162.
Calas, vill., 42.
Calixte II, pape, 18.

Calixte (le P.), capucin, 131, 154, 155.
Callians (sieur de), 37.
Calvaire de Barrême, 124.
Calvinistes, V. Protestants.
Cambronne, général, 110, 111, 114.
Cannes, ville, 33, 57, 110.
Carcez (comte de), 37, 40, 42, 43, 49, 135.
— (Jean de), 41.
Carcistes, 43.
Carmes, religieux, 36.
Carrel, instituteur, 98.
Cartier Jean, 45.
Cassini, géographe, 111.
Castellan Amand, 116.
— Etienne, 106.
— J.-B.-André, 92, 93, 95, 96, 98, 100, 103, 106, 108.
— J.-B.-François, 108.
— N., maire, 126.
Castellane, ville, 4, 9, 10, 11, 17, 19, 110,
— (Aldebert de), 18.
— (Aldebert de), év., 19.
— (Bertrand de), 19.
— (Boniface II de), 19; III, 19; IV, 21, 23.
— (Claude de), 42.
— (Guillaume de), 10, 11.
— (Pierre de), 18; Ier et II, év., 18.
— (madame de), 149.
Castellane-Adhémar (de), év., 86,
Castellane-Esparron (de), 77.
Castellar, bastide, 75.
Castellet (le), vill., 11.
— (Roche du), qr, 12, 22.
Castillon, vill., 4, 11.
Castrum de Barrême, 6, 15, 16, 22.
Cathédrale de Senez, 23.
Celse (saint), 6.
Cemelio, V. Cimiez.
Céreste, vill., 4.
Cervole (Arnaud de), 30.
César (Jules), 2, 5.
Chabert, 2.
Chaffaut (le), vill., 126.

Chaillan Antoine, 90.
— Laurent, 93, 95, 103.
— Lazare, 96.
— N., 121.
Champsaud, év. constitut., 107.
Champtercier, vill., 24.
Chapelle Notre-Dame, 3, 7, 11, 16, 39, 50, 51, 56, 58, 65, 72, 83, 91, 96, 101, 117, 121, 122, 158.
— N.-D. de l'Assomption, V. Chap. Notre-Dame.
— N.-D. d'Espérance et de Consolation, V. N.-Dame.
— N.-D. de Pitié, 50, 59, 66, 141.
— N.-D. du Pont, V. Notre-Dame.
— St-André d'Aurans, 18.
— St-Antoine, 7, 11, 36, 39, 41, 42, 50 ; elle prend le nom de Saint-Jean-Baptiste, 42.
— St-Antoine, à Riez, 91.
— St-Bernard, 58.
— St-Blaise, 59, 72, 76, 99.
— St-Éloi, 56, 58.
— St-Gervais, 59.
— St-Honoré, à Riez, 91.
— St-Jean, 3, 6, 11, 16, 36, 39, 40, 41, 42, 61, 62, 78, 84, 96, 101, 125.
— St-Joseph, 58, 91, 96, 100.
— Messieurs (des), V. N.-D. de Pitié.
— St-Pons, 6, 7, 11, 36.
— St-Rosaire, 58.
— St-Théoffred, 18.
— Ste-Anne, 6, 58, 61.
— Ste-Croix, 59.
— Ste-Madeleine, 59.
Chaperon, costume, 82.
Chardavon, prévôté, 56.
Charlemagne, emp., 9, 10.
Charles V, roi de France, 30 ; VIII, 35 ; IX, 42.
— II, roi de Provence, 35.
Charles, duc de Calabre, 26.

Charles d'Anjou, V. Anjou.
Charles-Quint, 16, 36, 37, 38, 39.
Chaspoul Jacques, 93.
Chastelard, qr, 23, 25, 58, 75.
Chasteuil, vill., 4, 11, 41, 80.
Châteaudouble, vill., 28.
Château-Garnier, vill., 44.
Châteauneuf, commissaire, 123.
Châteauvieux, vill., 11 ; qr, 22.
Chatou (Louis de), 140.
Chauchets, qr, 16, 39, 48, 82.
Chaudon, vill., 4, 17, 18, 20, 24, 26, 34, 48, 63, 69, 79, 80, 81, 92, 115.
— (P. Raimond de), 22.
— (sieur de), 59.
Chaussegros, prêtre, 94.
Chauvet, député, 97.
Chenerilles, vill., 54.
Choléra, 120, 125.
Cideville, Nord, 53.
Cimetière, 6, 36, 39, 67, 78, 92, 107, 108, 118, 119, 121.
— de St-Lyons et de Gévaudan, 92.
Cimiez, ville, 3, 4.
Clappe (la), V. Bédejun.
Clausius, archiprêtre, 20.
Clausse Jean, év., de Senez, 36, 41, 42, 46, 135.
Clément XIV, pape, 91.
Clocher, 81, 99, 128.
Cloches, 44, 78, 83, 99, 124.
Clovis Ier, roi, 8.
Clue (la), qr, 97.
Clumanc, vill., *passim*.
— (B. de), 22.
— (Olivier de), 22.
— (Pons de), 18.
Colle (la), vill., 11.
— de Barcelonnette, montagne, 57.
Colmars, vill., 8, 19, 25, 27, 30, 31, 37, 44, 45, 60, 71, 72.
Colomb Jacques, 38.
Colonia (sieur de), 71.
Cominaux, 16.
Commode, emp., 5.

Compiègne, ville, 127.
Condamines, qr, 29, 74, 122, 125.
Confréries :
    Corpus Christi, 38, 65, 96, 107.
    Notre-Dame, 38, 58, 107.
    Pauvres malades, 74.
    St-Antoine, 7, 38.
    St-Sacrement, V. Corpus Christi
    St-Sébastien, 38.
Congrue, 91.
Conseil général de Barrême, 16, 64.
— ordinaire, 16, 38, 64.
— du Val de Barrême, 17.
Constance Chlore, emp., 5.
Constantin, emp., 5, 6.
Constitution civile du clergé, 93.
Consuls, 16, 38, 64, 65, 69, 82.
Convers Antoine, 71.
Costes, qr, 58.
Costume de pèlerin, 157.
Côte-Saint-André, Isère, 83.
Cotignac, ville, 11, 55.
Coulet, 128.
— J.-B., 124, 125.
Courchons, vill., 11.
Coutton, entrepreneur, 83.
Crest, ville, 90.
Crillon, V. Berton.
Croisade de saint Louis, 23.
Croisette, fort, 57.
Crose, 85, 86.
Cruvellier Antoine, 47.
— Jacques, 84.
— Jean-Baptiste, 89, 95, 107, 117.
— Louis, 71.
— Hip., 128.
Dalmas de la Forest, 29, 71.
Damiette, ville, 23.
Dante, poète, 22.
Daumas J.-B., 89, 92.
Dauphin, qr, 8.
Dauvergne, 121.
Deblieux Joseph, 81.
Déléon, prieur, 41, 42.
Delmas, prévôt, 56.
Déluge (an du), 59.

Demandols, vill., 10, 40.
— (Madeleine de,) 52, 53.
Denain, ville, 74.
Derbès-Latour, député, 97, 100.
Dessoles, év., 106, 107.
Dettes de Barrême, 58, 60, 64, 72, 75, 80.
Digne, ville, passim.
Dioclétien, emp., 5.
Disette, 48, 49, 67, 74, 85, 93, 95, 107.
Doctrine (Pères de la), 64.
Dol, consul, 79.
Dolle Antoine, 74.
Domnin (saint), 6.
Domus, prévôt, 19.
Doulce, comtesse, 19.
Dourbes, vill., 23.
Draguignan, ville, 10, 25, 28, 30, 40, 145.
Droits féodaux, 17.
— royaux, 26, 27, 68-71.
Drouot, général, 113.
Druidisme, 3.
Ducelia, Castellane, 2.
Duchaine, év., 58.
Duguesclin, 30.
Durance, rivière, 8, 29, 46, 59.
Durand Claude, 55.
— Nicolas, 36.
Duras (Charles de), 30.
— (Robert de), 29.
Duval, préfet, 114.
Echevins, 16.
Ecoles, 17, 79, 98, 118.
Eglise (l'), qr, 16, 55.
Eglise paroissiale, 50, 58, 78, 101, 108, 119, 120, 122, 123, 124, 125, 126, 135; sa construction, 126-130; voir aussi Chapelles.
Elbe, île, 108.
Elections, 92, 93, 95, 98, 99, 100, 103, 105, 106.
Embrun, ville, 4, 6, 8, 9, 20, 25.
Encadastrement des biens, 95, 96.
Endiguements, 85, 125.
Enfernet (l'), capitaine, 79, 80.

Entrecasteaux, ville, 11.
Entrevaux, ville, 25, 37, 124.
Eoulx, vill., 11.
— (Raymond d'), 107.
Epernon (duc d'), 49.
Espagnet, 108.
Espagnolet, capitaine, 42, 43.
Esparron, vill., 11.
Espinouse, ville, 34, 40, 42.
Espitalier, 117.
Espitalier Etienne, 85.
— Jacques, 61.
— Jean-Pierre, 86.
— Pierre-André, 106.
Estoublon, vill., 4, 8, 18, 42.
Etats de Provence, 30, 31, 34, 35, 75, 83.
Etiennette, comtesse, 19.
Eugène (le P.), capucin, 147.
Euric, roi, 8.
Expéditions de Lérins, 33.
Fabre, 117.
— J.-F., prieur, 84.
— Joseph-Abdon, curé, 90, 91, 92, 94, 96, 98, 100, 103, 107.
Fabry, médecin, 112.
Falcon de Cimier, préfet, 127.
Faustine, impératrice, 4.
Faye, montagne, 58, 102, 121.
Félix (saint), 154.
Femme (la) de Barrême, V. Andrau J.
Féodalité, origine, 11.
Feraud, 97, 128.
— de Thorame, 22
— R. d'Allons, 22.
— Paul, 82.
Ferrayon, q^r, 103.
Fête de la Fédération, 89, 95, 98.
— de la Souveraineté, 104.
Feu, valeur agraire, 20.
Feuils, vill., 11.
Fiefs de la baronnie de Castellane, 11.
Flayosc, vill., 22, 29, 30, 40, 42, 81, 145.
Fleurus, colonel, 115.
Florin, monnaie, 30.
Foire de l'Assomption, 39.

Foire nouvelle, 124.
— de Saint-Jean, 119, 122.
Font (la), q^r, 39.
Fontaines, 68, 85, 86, 118, 119.
Fontaine du Maure, 11.
Fontconille, q^r, 68.
Fontienne, vill., 107.
Forbin (Louis de), 34.
Forcalquier, 31, 32, 88, 99, 124.
Forest (la), ham., 29, 127.
Forest (sieur de la), 71.
Fort A., 128.
Fortoul, vicaire général, 125, 130.
Four, q^r, 16.
Fourbin, V. Forbin.
Fourches (les), q^r, 58.
François Ier, roi, 35, 36.
— (le P.), capucin, 83.
— Marie-Françoise, 96.
Fraxinet des Sarrasins, 9, 10.
Fréjus, ville, 6, 10, 40, 90.
Fugeret, vill., 68.
Fulginet (Léopard de), archev., 26.
G..... J., 90.
Galérus, coiffure, 157.
Galfard Ant., 108.
Galland, curé, 111.
Gallien, emp., 5.
Gallites, peuple, 2.
Gap, ville, 4, 159.
Garcin Durand, 25.
Garde (la), vill., 11, 28.
— (Barrière de la), 26.
Garde nationale, 99, 101.
Garenne (la), q^r, 66, 127.
Garic, vill., 25.
Gassendi, député, 88.
— prévôt, 53, 55, 88 ; sa statue, 122
Gassendy-Tartonne (de), 93, 95.
Gassier Jos., 118.
Gaubert, vill., 121.
Gaufredy, vicaire, 51, 52, 53.
Gebellin Pierre, 35, 36.
Gênes, 4.
Genève, 39, 41.
Geoffroy, seig. de Chaudon, 24.
— bailli, 24.

Gerbert, comte, 19.
Gerburge, comtesse, 19.
Gérente (Isabeau de), 50, 51.
Géta, emp., 4.
Gévaudan, vill., *passim*; érigé en commune, 95.
— (défens de), 58.
Gibert, curé, 94.
— Denis, 106.
— J.-B., 102.
Gimel, capitaine, 68.
Ginoyer, horloger, 124.
Giraud Claude, 68.
— Joseph, 71.
Glanateva, V. Glandèves.
Glandèves, ville, 4, 6, 8, 9, 18, 20, 25, 40.
— (François de), 69.
— (Gaspard de), 66.
— (Honoré de), 50.
— (Isnard de), 31.
— (Louise de), 50, 53.
— (Philippone de), 34.
Gleise, arpenteur, 102.
Godefroy de Bouillon, 18.
Gondebaud, roi, 8.
Gondy (Albert de), gouverneur, 42, 43.
Gontran, roi, 8.
Gonzalve (Jean de), 33.
Goths, peuple, 7,
Grailhet, qr, 39.
Grambois, vill., 32.
Grand'Bastide, 66, 75, 102.
Grandier Urbain, prêtre, 53.
Granet J.-B., 109, 116.
Granier, 109, 117.
Grasse, ville, 6, 10, 19, 25, 32, 36, 37, 80, 107, 146.
— (Honoré de), 42, 133.
— (Sibylle de), 50, 133, 139, 156, 163.
Grenoble, 40, 83, 113, 116.
Gréoulx, vill., 42.
Grignan (comte de), 67, 71. 73.
Grimaldi (Gebellin), comte, 10.
— Jérôme, cardinal, 67.
Grimaud, golfe, 9, 32.

Gros Jacques, 95.
Guerres : d'Autriche, 79, 99.
— de Catalogne, 55.
— de Crimée, 125.
— de la grande coalition, 71.
— d'Espagne, 73.
— des Trois Henri, 45, 46.
— de Lérins, V. ce mot.
— de la Ligue, id.
— de Prusse, 128, 129.
— de religion, 39-44, 134, 135.
— de Russie, 109.
— de Trente ans, 57.
Guichard, auteur, 22.
— N., 117.
Guillaume, comte, 10.
— III, roi, 140.
— prévôt, 20.
Guiramand Marcellin, 34.
Guise (Charles de), 156, 160.
— (Henri de), 45.
Haches celtiques, 3.
Haute-Fontaine, qr, 16.
Hauteval (sieur d'), 81.
Henri III, roi, 45, 46, 135.
— IV, 46, 47, 49.
Hommages féodaux à :
 Alphonse 1er, 19.
 Béatrix, 23.
 Charles Ier, 24.
 Charles, duc, 26.
 Jeanne et Marie, 26.
 Raymond-Bérenger III, 19 ; IV, 21.
 Robert, 25.
Horace, poète, 151.
Horloge publique, 44, 78, 81, 124.
Hospitaliers, V. Malte.
Hôtel de ville, 80, 87, 92.
Huguenots, V. Protestants.
Hugues, comte, 9, 10.
Hugues, év., 18.
Hugues Bérard, 22, 25, 26.
Huns, peuple, 7.
Impère (mère et mixte), 26.
Incendie de Barrême, 12-16.
Innocent III, pape, 18.

Inondations, 51, 59, 63, 73, 74, 83 84, 108, 121, 125.
Inscription lapidaire, 5.
Interdit de l'église, 122, 123, 126.
Invasions des Barbares, 7, 8.
Isarne (saint), 7, 13, 14, 15.
Isle (sieur de l'), 42, 43.
Isnard, év., 19.
— percepteur, 115.
— Audibert, 25.
— de Glandèves, 31.
— Jean, 39.
— J.-B., 68.
— Laurent, 108.
— N., 89, 128.
— de St.-Julien, év., 32.
Isnardy, notaire, 33.
Isoard, 25.
Jacques (le F.), V. Russan.
Janson (marquis de), 57.
Jaubert, 68.
Jean XII, pape, 10.
Jean, év. de Nice, 20.
— év. de Senez, 22.
Jeanne, reine, 26, 27, 28, 29, 30, 33.
Joffrédy, auteur, 20.
Jonquières, vill., 161.
Juan, golfe, 110.
Juglar Henri, député, 97.
— J.-P., 93.
Labaud, château, 23, 26.
Lafon, instituteur, 125.
Lambesc, ville, 17, 75, 83.
Lambruisse, vill., 17, 19, 20, 25, 26, 34, 92.
Langalerie, év., 72.
Laplane (de), auteur, 10, 82.
Latil, député, 88.
Laugier, prévôt, 22
Laurens André, 96.
— Jean, 92, 103.
— Pierre, 99, 100, 113, 117.
Laurensy, auteur, *passim*.
Laurent, prêtre, 115.
Lavalette, vill., 113.
Laydet (Pierre de), 66.
Lefèvre, horloger, 78.

Lépante, bataille, 47
Lérins, monastère, 33, 56, 57.
Lesdiguières, capitaine, 41, 46, 49.
Leyde, droit, 27.
Liéye, forêt, 26, 29, 42, 58, 65, 75, 102.
Ligue (la), 42-49, 134.
Lions, maire, 127.
Livre cadastrale, 20.
Livre terrier, 20.
Lombards, peuple, 8.
Lorraine (Charles de), V. Guise.
Lorry, près de Metz, 96.
Loudun, ville, 53.
Louis (saint), év., 154, 155.
Louis d'Anjou, V. Anjou.
Louis II l'Aveugle, 10.
Louis IX, 24 ; XI, 35 ; XII, 35 ; XIV, 56, 73 ; XVIII, 108.
Louis de Tarente, 29.
Luminiers, 38.
Lutton, architecte, 128.
Lyon, 54, 112, 113, 116.
Machaolico, chevalier, 79.
Mail, jeu, 136.
Maisse, député, 100.
Majastre, vill., 4, 11, 42,
Majorque (?), 26.
Malijai, vill., 116.
Malte (Ordre de), 23, 25, 54.
Manosque, ville, 35, 81, 85.
Marcellin (saint), 6.
Marchand E., fondeur, 83.
Marchés, 92, 121.
Marguilliers de St-Jean, 78.
Mariaud J.-L., 89, 92, 93, 99, 106.
Marie, duchesse, 26.
— de Blois, reine, 30, 32.
Marle (de), grand sénéchal, 31, 33.
Marseille, *passim*.
Martel, curé, 125.
— Charles, 8.
Martigues, ville, 17.
Martin V, pape, 9.
— André, prêtre, 91, 96.
— id., 71.
— Cl.-A., 87.

Martin Félix, 96, 99. 106, 117, 118.
— Fr.-A., 95, 96.
— Fr.-Q., 108.
— Jacq., év., 49, 51, 53.
— Jean, 82, 83, 98, 101.
— J.-A., 108.
— J.-P., curé, 94.
— N., viguier, 40.
Massoure (la), bataille, 23.
Maulevrier (de), marquis, 79.
Maure (fontaine du), 11.
Maurel, 11.
Maurel, év., 20.
— Jean-Fr., 93.
— Joseph-H., 109.
Maurelière (la), q^r, 11.
Maures, V. Sarrasins.
Maurice (le P.), capucin, 144.
Mauvans Ant. et Paul, 39-40.
Maximien, emp., 5.
Maysonnasses, q^r, 16.
Médicis (Cath. de), 44.
Mées (les), ville, 46.
Meirieu. év., 126, 129, 130.
Menhir, 3.
Mercœur (duc de), V. Vendôme.
Messieurs (chapelle des), V. N.-D de Pitié.
Metz, 96.
Meynier François, 54, 98.
— (Jeanne de), 54.
Meyrargues, vill., 25, 32.
Meyronnet (de), prévôt, 97.
Mezel, vill., 40, 97.
Michel Ant.-B., 107.
— Claude, jésuite. 91.
— Fr.-X., 87. 92, 93, 97, 98. 100, 102, 105, 106, 109.
— J., 80.
— N., prêtre, 90, 91.
— Pierre-A., vicaire, 91, 94, 95.
Mineurs (PP.), religieux, 36,
Miollis, év., 119.
Missi dominici, 9.
Mogins, château, 33.
Monaco, ville, 4.
Monnaies marseillaises, 1.

Monnaies romaines, 4, 5.
Montauban (de), chevalier, 77.
Montblanc (de), 50.
Montbrisson, vill., 11.
Montdauphin, vill., 83.
Montmajour, abbaye, 18.
Montpezat, vill., 42.
Mont-de-Piété, 73.
Montrond (de), 96.
— (Sophie de), 96.
Morenon, peintre, 78.
Moriez, vill., 31, 69, 71, 72.
Moriez (sieur de), 71, 77, 114.
Morris H., auteur, 80.
Moscou, 109.
Motte d'Orléans (la), év., 84.
Mourgues, V. Monaco.
Moustiers, ville, 4, 29, 79, 162.
Mummol, général, 8.
Mure (la), vill., 11.
Naples, 27, 28, 34, 84.
Napoléon Ier, V. Bonaparte.
Napoléon III, 129.
Nassau (prince de), 140.
Nazaire (saint), 6.
Nice, 2, 6, 9, 18, 20, 33, 37.
Norante, vill., 4, 17, 18, 26, 49, 60, 63, 86, 92, 97, 120.
Nostradamus, auteur, 19, 29.
Notre-Dame (portail de), 48.
— chapelle, confrérie, V. ces mots.
— du Bourg, Digne, 40.
— de Grâce, Cotignac, 55.
— de Verdelay, 50.
Noublet (le), 117.
Noyers, vill., 10, 80.
Numéros, q^r, 29, 102, 103, 125.
Œuvre des pauvres, 65, 89, 90, 92, 96.
Olivier de Clumanc, 22.
Ollioules (Delphine d'), 133.
Oraison (baron d'), 42.
— (J.-B. d'), év., 37.
Orange, ville, 140, 141, 143, 159, 161.
Orméo (marquis d'), 79, 80.
Ostrogoths, peuple, 8.

Othon Ier, emp., 10; III, 11.
Ourgeas, bastide, 29, 64, 90, 120.
Palud (la), qr, 26
Papon, auteur, *passim*.
Paraire, qr, 59, 68.
Parelles (marquis de), 71.
Paris, 112, 113, 114, 116.
Pascal Claude, 47.
Patron, droit de patronage, 36.
Paty, 68.
— Jacques, 92, 99, 100.
Paul Jean, 92, 102.
Paulon, capitaine, V. Mauvans.
Pavie, ville, 37.
Peire-Martel, qr, 75.
Peiresc (Fabri de), 52, 53.
Pellaport J.-B., 61.
Pellautier, curé, 120, 121.
Pellissier, curé, 126, 128, 130.
Pelote, jeu, 73.
Penne (Raymond de la), 22, 24, 26.
Pennes (sieurs des), 21.
Périer (de), 29, 81.
Pertuis, ville, 25.
Peste, 8, 29, 54, 55, 62, 76, 77.
Pétardier, fête, 46.
Petra Castellana, 9, 13.
Peyre, député, 100.
Peyron Mathieu, 71.
— Sauvère, 38.
Peyroules, vill., 10, 11.
Peyruis, vill., 4.
Philippe le Bel, roi, 25.
Philippe de Lavène, 24.
Piattini, architecte, 122, 124.
Pie VII, pape, 106.
Pierre l'Ermite, 18.
Pillafort, grand vicaire, 93.
— notaire, 80.
— André, 74.
— J.-J., chanoine, 94.
— (Jos. de), 87.
— (N. de), 29, 59, 89.
— Pierre-Jacq., 94.
Pinchinat, député, 97.
Place (la), qr, 16, 119, 122, 127.
— Neuve, 129.
Placette (la), 16, 119, 122, 127.

Placide (saint), 24.
Pluie de sang, 52.
Poil ou Poir (le), vill., 11, 43, 69.
Poitiers, ville, 8.
Pons de Clumanc, 18.
Pontevez (sieurs de), 37.
— (Fouques de), 25.
— (Gaspard de), 69.
— (Isabeau de), 42, 50, 133,
— 139.
— (J.-Bapt. de), 40, 42, 43, 133.
— (Marguerite de), 42.
Ponts, 59, 60, 63, 79, 83.
Pont du Verdon, 30, 32.
Porte (Mathieu de la), 28.
Pourrières (sieur de), 66.
Prat-Bérard, qr, 25.
Prat-Nouvel, qr, 55.
Presbytère, 118.
Prétorienne (voie), 4.
Prisonniers anglais, 102.
Prix de la viande, 67.
Probus, emp., 5.
Procès, 63, 64, 65, 121.
Procession du 1er mai, 57, 83.
— du 13 juillet, 51.
— à Cotignac, 55.
Pron, qr, 16.
Protestants, 39-49, 71, 134, 135.
Provence, 2 ; son annexion, 35.
Prud'hommes, 16.
Puget-Théniers, ville, 20.
Puimichel, vill., 81.
Puimoisson, vill., 4, 42, 49.
Puiségur (marq. de), 80.
Quetet Reine, 53.
Quicherat J., auteur, 157.
Quinson, vill., 59.
Rachimbourgs, 16.
Raffin, député, 97.
Rausson Sauvaire, 74.
Ravel Ant., 107, 111.
Raybaud, seigneur, 24.
Raymond, architecte, 126, 128.
Raymond-Bérenger Ier, 19; III, 19; IV, 21-23.
Raymond d'Eoux, 107.

Raynard, grand vicaire, 85.
Razats, parti, 43.
Reboisement, 126.
Reboul Alex., 103.
Recensement, 78, 83.
Reguis, député, 100.
Reii, 2.
Reillane, vill., 4.
Relarguier, q^r, 93, 102.
René, roi, 34, 35.
Repentance, q^r, 127.
Requiston d'Allons, 18.
— d'Auteville, 29, 30, 71.
Retenions, 65.
Retz (maréchal de), 42, 43.
Reverbeillet, q^r, 66.
Rhône, fleuve, 8, 31, 32.
Rians, vill., 17.
Ribiers, vill., 46.
Richieud, V. Mauvans.
Riez, ville, 2, 4, 6, 8, 21, 32, 37, 40, 42, 49, 54, 76, 80, 159, 160, 162.
Riswick, traité, 72.
Robert, roi, 25, 27, 28, 29.
— Sauvaire, 71.
Robespierre, 103.
Robion, vill., 10, 11.
Rochas, q^r, 125.
Rochassons, q^r, 7.
Rolland Ant., notaire, 93, 100.
— J.-B., 131.
— J.-F., député, 88.
Roman Guill., 25.
Roque Ant., 31.
Rosières, 125.
Rougon, vill., 10.
Rousset, vill., 11.
Roustan André, 100, 106.
Routes, 97, 118, 119, 121, 122.
Routiers, 30.
Routte (sieur de la), 29, 81.
Roux Jean-Jos., 93, 106, 121.
Rouzier, 48.
Russan (Honoré de), 50, 53, 134, 156.
— (Honoré de), capucin, 50, 134, 137, 140, 146; sa vie, 156-164.

Russan (Louise de), 50.
— (Melchione de), 134, 156.
Sabran (Yolande de), 35.
Saint-André, vill., 49; V. Aurans et Valbonnette.
— Antoine, relique, 90. 97.
— — q^r, 7, 16.
— — chapelle, confrérie, V. ces mots.
— Benoît, vill., 25.
— — de la Celle, monastère, 160.
— Bernard, V. Chapelles.
— Blaise, q^r, 59, 101; V. Chapelles.
— Césaire, vill., 66.
— Eloi, V. Chapelles.
— Estève (chev. de), 42.
— Etienne-de-Théniers, vill., 25;
— Georges, terre, 28; fort, 43. place, 59.
— Gervais, V. Chapelles.
— Honorat, V. Lérins.
— Honoré, V. Chapelles.
— Jacques, prévôté, 1, 11, 12, 18, 19, 20, 22, 25, 34, 40, 43, 56, 135; vill., 4, 5, 8, 17, 20, 25, 26, 34, 54, 55, 57, 66, 68, 69, 90.
— Jaume, q^r. 55.
— Jean-Baptiste, 6, 24, 44, 58, 84, 85; chapelle, V. ce mot; fête, 24, 65, 121, 126, 130; fort, 48; q^r, 1, 16, 24, 48, 68, 84, 107, 124.
— Joseph, V. Chapelles.
— Julien, vill., 11,
— Julien (Isnard de), év., 32.
— Légier, prieuré, 20
— Lyons, vill., *passim*; est érigé en commune, 95; défens, 58.
— Martin, vill., 11.
— Martin-de-Théniers, vill., 25.
— Michel d'Ourgeas, 90.
— Nazaire, vill., 163.
— Paul, vill., 19.
— — de Vence, 147.
— Pierre, monastère, 18
— Pons, chapelle, V. ce mot; q^r, 6, 36, 84, 85.

Saint-Pons de Nice, 20.
— Sacrement, V. Confréries.
— Sébastien, V. Confréries.
— Théoffred, chapelle, 18.
— Victor, abbaye, 13, 14, 18.
Sainte-Anne, V. Chapelles.
— Croix, V. Chapelles.
— Madeleine, id.
— Perpétue, 24.
Salagerio de Nigro, 32.
Salernes, ville, 11, 28.
Salette, institutrice, 79.
Salinæ Suetriorum, 2.
Salinaria (voie), 4.
Sallagriffon, vill., 25.
Salon, ville, 32.
Saluces, ville, 8.
Salyens, peuple, 2.
Sambracie, V. Grimaud.
Sanitii, V. *Sentii*.
Sarrasins, 8, 9, 10, 11.
Saulces, vill., 25.
Sault, vill., 29.
Saut-du-Loup, qr, 128.
Sauvaire, 80, 106.
Sauzeries, ham., 23, 125.
Savornin, député, 100.
Saxons, peuple, 8.
Sécheresse, 57.
Sedan, ville, 129.
Sémiranis, ville, 2.
Senez, vill., *passim*.
Sentii, peuple, 2, 3.
Séranon, vill., 79, 110.
Serène (Jacq. de), archev., 25.
Seyne, ville, 9, 19, 25, 32, 37, 42, 46, 77, 135.
Sibour, év., 123.
Sigale, vill., 25, 26.
Sigalloux, notaire, 81.
Signac (de), 48.
Sigoyer, vill., 66.
Silvestre (le P.), capucin, V. Villeneuve (Honoré de).
Sisteron, ville, 4, 21, 31, 32, 35, 46, 47, 56, 111, 116, 141.
Soanen, év., 3, 23, 61, 73, 77, 79.
Soleilhas, vill., 10, 11.

Soliers, ville, 33.
Solliers, député, 88.
Sommerive (comte de), 41.
Spitalier Hérige, 38.
Statuts de Raymond-Bér., 21-23.
Stoublon, V. Estoublon.
Suetrii, peuple, 2.
Suèves, peuple, 7.
Suse, ville, 4.
Syndics, 16.
Taloire, vill., 11, 41.
Tanaron, vill., 42.
Tarascon, ville, 19, 30, 31, 54.
— (Pierre de), 19.
Tard-Venus, 30.
Tarente, ville, 26, 29.
— (Charles de), 31, 33.
Tartanson, 110-114, 117.
Tartonne, vill., 11, 17, 18, 19, 20, 21, 26, 34, 41, 43, 92.
Taulane, vill., 4, 5, 10, 11.
Tauma, Italie, 84.
Templiers, 23, 25.
Tende (comte de), 40, 42.
Terraciona, seigneur, 22.
Terre-Neuve. 43, V. Allos.
Terreur (la), 101, 103.
Théniers, vill., 25.
Théodebert, roi, 8.
Théodoric, roi, 8.
Théoffred, V. Saint.
Thorame, vill., 2, 11, 21, 26, 31, 43, 44, 126, 133.
Thoramène, V. Thorame.
Thorenc, V. Torenc.
Topassier, qr, 66.
Torenc, vill., 11, 21, 133, 156.
— (madame de), abbesse, 160.
Touchart, qr, 75.
Toulon, 6, 73, 74, 102, 108, 144.
Tour du baron, 44, 45, 48, 66, 75, 103.
Tour (la), V. Valbelle.
Tour-Meyane, qr, 75.
Tournon (sieur de), 41, 42.
Tourrettes, vill., 42, 50.
Trans, V. Villeneuve.
Tretz (Val de), 17.

Trévans, 4, 36, 40, 43.
Trotabas, entrepreneur, 128.
Tuchins, 30.
Tuilière, qr, 127.
Tunis, ville, 24.
Turbie, rivière, 2.
Turenne (Raymond de), 30, 31, 32,
Ubraye, vill., 10, 11.
Urbain II, pape, 18 ; v. 30,
Ursus, év., 6.
Utrecht (traité d'), 74.
Vair (Pierre du), év., 162.
Val de Barrême, 10, 17, 21, 25, 32.
    34, 56, 57, 71, 77, 80.
Valbelle, vill, 80.
Valbonette, qr, 11, 36, 43, 60, 75,
    121.
Valence, ville, 90.
Valensole, ville, 97, 121.
Valentinus, capitaine, 9.
Valérien, emp., 5.
Valette (duc de la), 47, 48.
Vallées, 17.
Valois (Henri de), 45.
Val-de-Roure, 90.
Vandales, peuple, 7.
Var, rivière, 4, 8.
Vatican, concile, 129.
Vauclause, 31.
Vaux, ville, 159, 161.
    — V. Vallées.
Vcaminiens, 2, 3.
Vence, ville, 4, 6, 9, 18, 19.
Vendôme (Louis de), 60.
Vénerie, qr, 122.
Vente des biens seigneuriaux, 97, 102.
Verdaches (sieur de), 44.
Verdollin, député, 100.
Verdon, rivière, 6, 8, 30, 59, 72, 77.
Vergons, 2, 4.
Verguni, 2.
Versailles, 79, 87.
Vertot, auteur, 54.
Vicariat de Barrême, 118.
Vienne, ville, 25.
Vignal, qr, 51, 84, 85.
Viguier, 16.
Villa de Barrême, 7, 15.

Villars (le), vill., 72.
— (maréchal de), 74, 75.
Ville (la), ou Villone, qr, 8.
Villecroze, vill., 11.
Villedieu, Vaucluse, 147.
Villejuif, Seine, 113.
Villeneuve-Bargemont (de), év., 34, 35.
Villeneuve-Barrême (de) :
— Alexandre, 54, 60, 66.
— Alexis, 35, 38, 54.
— André, 54.
— Anne, 66.
— Antoine Ier, 30, 31, 32, 33;
    II, 33, 34; autre, 53.
— Arnaud Ier, 22, 28, 29, 30;
    autre, 54.
— Balthazar, 66, 75, 78, 81.
— Catherine, 38.
— Claire, 66.
— Claude Ier, 38, 40, 41, 42,
    133; II, 42, 133, 134;
    autre, 50, 54.
— Elisabeth, 38.
— François, 54.
— Gaspard, 50.
— Henri, 50, 60, 70.
— Honoré, capucin, 50, 53,
    134, 141, 158.
— Jean, 56, 59, 60, 63, 66;
    prieur, 50, 139; capucin,
    50, 53, 131, 132, 134;
    sa vie, 133-156.
— Jean-Bapt., 50, 54, 56.
— — év. const., 90, 97,
    107.
— Joseph, 38.
— Joseph-André, 81,
— Jules, 50, 56, 134,
— Jules-César, 54.
— Louis, 34, 35 ; un autre, 54.
— Louise, 50.
— Lucien, 50.
— Ours, 29, 42, 43, 45, 48,
    50, 54, 133, 137, 139,
    141, 145, 146, 156, 157.
— Roseline (sainte), 135.
— Rossoline, 33.
Villeneuve-Espinouse (Hélion de) 34.,

Villeneuve-Flayosc (Claude de), 38, 40, 41, 60.
— (Géraud de), 31.
— (Louis de), 34.
Villeneuve (Romée de), 22, 28, 33.
Villeneuve-Tourrettes-les-Vence (de) :
— Bertrand II, 33.
— Pierre, 66.
Villeneuve-Trans (de) :
— Anne, 35.
— Arnaud, 35.
— Charlotte, 35.
— Claude, 38, 40, 41.
— Hélion, 31, 32.
— Jean, 49.
— Louis, 35.
Villeneuve-Vauclause (Jacques de), 31.

Villeneuve-Vauclause (Pons de), 34.
— (N. de), 162.
Villeserin (de), év., 64.
Villevieille, vill., 25.
Vincent (saint), év., 6.
Vincent Ferrier (saint), 33.
Vinon, vill., 49.
Vins (de), 40, 43.
Visigoths, 8.
Visitation, monastère de Castellane, 64.
Viterbe, ville, 106.
Vitigès, roi, 8.
Vitrolles, vill., 32.
Voconces, peuple, 2.
Vœu à saint Jean-Baptiste, 62, 96.
Voies romaines, 4.
Yolande, reine, 33.

Calais. — Imp. des Orphelins, 70, quai de l'Est. — 680-90